Como as crianças
APRENDEM

Como as crianças APRENDEM

O papel da garra, da curiosidade e da personalidade no desenvolvimento infantil

PAUL TOUGH

Tradução de Clóvis Marques

intrínseca

TÍTULO ORIGINAL
How Children Succeed

PREPARAÇÃO
Juliana Trajano

REVISÃO
Isabela Fraga

DIAGRAMAÇÃO
ô de casa

CIP-BRASIL. CATALOGAÇÃO-NA-FONTE
SINDICATO NACIONAL DOS EDITORES DE LIVROS, RJ

T664c

Tough, Paul
Como as crianças aprendem : o papel da garra, da curiosidade e da personalidade no desenvolvimento infantil / Paul Tough ; tradução Clóvis Marques. - 1. ed. - Rio de Janeiro: Intrínseca, 2017.

272 p. ; 23 cm.
Tradução de: How children succeed
ISBN 978-85-510-0211-7

1. Educação de crianças. 2. Personalidade. 3. Criatividade (Educação). 4. Crianças - Formação. I. Título.

14-08637 CDD: 372.21
CDU: 372.21

[2017]

EDITORA INTRÍNSECA LTDA.
Rua Marquês de São Vicente, 99/3º andar
22451-041 — Gávea
Rio de Janeiro — RJ
Tel./Fax: (21) 3206-7400
www.intrinseca.com.br

Para Ellington,
que prefere livros sobre caminhões basculantes

Sumário

Prefácio à edição brasileira

Escrever o prefácio para o excelente livro do jornalista Paul Tough, em minha opinião, parece mais uma daquelas coincidências que acontecem quando o universo conspira para que as grandes mudanças se realizem.

Quase vinte anos atrás, quando o Instituto Ayrton Senna começou a estabelecer parcerias com as redes públicas de educação para desenhar e propor soluções de crescente qualidade, já nos perguntávamos: como garantir a aprendizagem efetiva, que amplie as oportunidades e a capacidade de todas as crianças e jovens para continuarem aprendendo ao longo de toda a vida?

Inspirado nos ideais do Ayrton, nosso instituto sempre buscou o desenvolvimento pleno do ser humano, fomentando competências para além dos conteúdos escolares. Em nosso DNA, o objetivo de garantir a aprendizagem sempre veio agregado à necessidade de desenvolver habilidades como determinação, garra, criatividade e colaboração.

Quando nosso primeiro programa, o Acelera Brasil, foi criado, em 1997, a busca pela garantia de aprendizagem e o foco no sucesso do aluno, que introduzimos como princípio de gestão do cotidiano escolar, andavam lado a lado com o olhar individualizado dirigido a cada criança. O investimento e a alta expectativa empenhados para que cada aluno desenvolvesse seu potencial e tivesse êxito na escola e na vida começavam sempre com o aprimoramento de competências não cognitivas, como autoestima e autoconfianca, responsabilidade e perseverança, e foram parte integrante do trabalho desde o inicio.

O SuperAção Jovem, iniciado em 2003, deu mais um salto na direção do desenvolvimento dessas competências. O programa busca contribuir fortemente para formação da identidade e propõe a elaboração de um projeto de vida por parte dos estudantes que dele participam. Esses processos educativos centrais são ali tão importantes quanto os da leitura e da escrita. O programa prepara professores e gestores para desenvolver, de forma intencional e planejada habilidades como autonomia, iniciativa, protagonismo, colaboração, entre outras — competências que entraram de vez em cena, ou melhor, entraram e passaram a frequentar as salas de aula brasileiras.

Nessas últimas duas décadas, no entanto, as políticas educacionais no Brasil e no mundo deram mais importância aos "estoques cognitivos" (traduzidos nos conhecimentos contidos nas disciplinas) tanto em sala de aula quanto nas políticas de avaliação.

Apesar de esses conteúdos continuarem sendo absolutamente primordiais, nós sabíamos (e sabemos) que uma parte importante de nosso trabalho ficava de fora no momento de medir e mostrar o impacto que um projeto de educação plena e integral tinha tanto nos resultados escolares como no futuro dos alunos.

Foi então que conhecemos o trabalho do professor de economia da Universidade de Chicago e ganhador do prêmio Nobel James Heckman. Ele nos trouxe, naquele momento, a confirmação de que era possível medir o alto e positivo impacto de uma educação integral na vida de crianças e jovens.

À luz desse novo conhecimento, organizamos um seminário internacional, em 2011, para trazer essas ideias ao Brasil e para poder, com mais interlocutores, aprofundarmos o debate.

No ano seguinte, em 2012, estabelecemos uma parceria com a Organização para a Cooperação e Desenvolvimento Econômico (OCDE) e com as redes estadual e municipal do Rio de Janeiro em uma empreitada mais ousada: selecionar, adaptar e criar instrumentos capazes de permitir a avaliação, em larga escala, das chamadas habilidades "não cognitivas" — essas mesmas sobre as quais Paul Tough, neste livro, fala e apresenta as mais recentes descobertas de pesquisadores, algumas iniciativas escolares e bons exemplos detalhados de alunos americanos que conseguiram mudar suas trajetórias de vida para melhor.

De uma maneira que parece leve aos olhos do leitor, Tough reúne as evidências científicas e os exemplos da sua reportagem para mostrar como as políticas educacionais negligenciavam (ou ao menos não trabalhavam de forma intencional e nem mensurável) fatores imprescindíveis para que as crianças e os jovens continuem seu processo de aprendizagem por toda a vida. Essa é a verdadeira missão da escola.

Foi esse, aliás, o ponto confirmado por uma pesquisa que realizamos com o Boston Consulting Group, em 2013, com mais de 3.700 respondentes — entre diretores e professores. Quase 70% dos depoimentos declararam que as principais competências a serem desenvolvidas na escola são socialização, autonomia, pensamento crítico e resolução de problemas.

E todas essas competências, que podem ser desenvolvidas mais tarde nos adolescentes e jovens (pois não se cristalizam tão cedo como as habilidades cognitivas, na primeira infância), contribuirão para que os trampolins sociais existam e que as desigualdades possam ser reduzidas e ultrapassadas com mais velocidade.

Viviane Senna
Presidente do Instituto Ayrton Senna

Introdução

No verão de 2009, cerca de duas semanas após o nascimento de meu filho, Ellington, passei um dia em uma escola maternal de uma cidadezinha de Nova Jersey. Os dois fatos não tinham relação entre si: eu não estava visitando a sala 140 do Red Bank Primary School para sondar a turma como pai de um aluno novo, mas para tentar entendê-la como jornalista. À primeira vista, parecia uma sala de aula comum. As paredes de concreto eram pintadas de amarelo-vivo; ao lado do quadro de avisos havia uma bandeira dos Estados Unidos. Pela sala, crianças de quatro anos participavam alegremente dos passatempos habituais de uma turma de maternal: erguer torres de Lego, dirigir caminhões em bancadas de areia ou montar quebra-cabeças. À medida que o dia avançava, contudo, dei-me conta de que o que acontecia na sala 140 era absolutamente fora do comum, de uma maneira ao mesmo tempo óbvia e sutil. Para começo de conversa, os alunos se mostravam extraordinariamente tranquilos e comportados. Não houve choro naquele dia, nem ataques de fúria, explosões de raiva, pirraça ou brigas. Curiosamente, todavia, a professora, uma jovem de cabelo escuro chamada sra. Leonardo, parecia não ter muito trabalho para manter a ordem, ou sequer para orientar o comportamento das crianças de forma mais declarada. Não houve advertências, distribuição de estrelinhas, pausas para descanso, nada de "Gostei de ver como Kellianne está prestando atenção!" — na verdade, nenhuma recompensa por bom comportamento ou castigo por malcriação.

Os alunos da sala 140 participavam de um programa chamado Ferramentas Mentais,[1] um currículo escolar relativamente novo nos jardins de infância e maternais criado por dois educadores de Denver e baseado numa teoria nada ortodoxa de desenvolvimento infantil. A maioria das salas de aula para a primeira infância nos Estados Unidos tem como objetivo desenvolver nas crianças um conjunto de capacitações pré-acadêmicas específicas, quase sempre relacionadas à compreensão de textos e à manipulação de números. O programa Ferramentas Mentais, por sua vez, não se volta muito para a leitura e para a habilidade em matemática. Suas intervenções dedicam-se invariavelmente a ajudar as crianças a aprender uma forma diferente de capacitação: controlar os impulsos, manter-se atento à tarefa do momento, evitar distrações e armadilhas mentais, administrar as próprias emoções, organizar os pensamentos. Os criadores do Ferramentas Mentais consideram que essas habilidades, reunidas sob a rubrica *autorregulação*, poderão contribuir mais para os resultados positivos de alunos a partir do primeiro ano do ensino fundamental do que o tradicional cardápio de capacitações pré-acadêmicas.

Alunos que participam do programa Ferramentas Mentais aprendem uma série de estratégias, truques e hábitos que podem ser utilizados para manter a mente focada. Aprendem a usar a "fala íntima": conversar consigo mesmos enquanto desempenham uma tarefa difícil (como escrever a letra *W*), para melhor se lembrar do passo seguinte (*para baixo, para cima, para baixo, para cima*). Valem-se de "mediadores": objetos físicos que lhes lembram como concluir determinada atividade (por exemplo, dois cartões, um contendo um par de lábios e outro com um ouvido, indicando de quem é a vez de ler em voz alta no grupo e quem deve apenas ouvir). Toda manhã, eles preenchem "planos de atividade", formulários nos quais escrevem ou desenham descrições das brincadeiras do dia: *Vou conduzir o trem; Vou levar as bonecas à praia.* E passam longas horas envolvidos em "jogos dramáticos maduros": longas e complexas atividades de mentirinha que, segundo os idealizadores do Ferramentas Mentais, servem para ensinar naturalmente as crianças a obedecer às regras e a controlar os impulsos.

Enquanto eu observava as crianças na sala 140, comecei inevitavelmente a pensar em Ellington, o pequeno ser que balbuciava, choramingava e arrotava a quase cinquenta quilômetros ao norte dali, em nosso pequeno apartamento em Manhattan. Eu queria que ele tivesse uma vida feliz e bem-sucedida, mas não sabia exatamente o que isso podia significar, ou o que minha esposa e eu deveríamos fazer para orientá-lo nessa direção. E eu não estava sozinho em minha confusão. Ellington nasceu num momento de particular ansiedade na história dos cuidados paternos nos Estados Unidos. E essa ansiedade se tornava especialmente mais forte em cidades como Nova York, onde a competição por vagas nas escolas maternais de qualidade era bastante agressiva. Recentemente, uma dupla de economistas da Universidade da Califórnia dera a essa disputa precoce pela excelência acadêmica o nome de Corrida de Bebês, e a cada ano que passa a corrida parece começar mais cedo e tornar-se mais intensa.[2] Dois anos antes do nascimento de Ellington, a rede de ensino Kumon abriu em Nova York a primeira franquia Kumon Junior, na qual crianças de apenas dois anos passavam as manhãs preenchendo formulários e fazendo exercícios de reconhecimento numérico e alfabético. "Três anos de idade é o momento ideal", explicou o diretor financeiro do Kumon a um repórter do *New York Times*.[3] "Mas, se a criança já não usa fraldas e consegue sentar quieta com um instrutor do Kumon por quinze minutos, pode ser admitida."

Ellington cresceria, então, numa cultura impregnada de uma ideia que podemos chamar de hipótese cognitiva: a crença, raramente anunciada, mas ainda assim generalizada, de que o sucesso hoje em dia depende basicamente de nossa capacitação cognitiva — o tipo de inteligência que pode ser avaliado em testes de QI, incluindo a capacidade de identificar letras e palavras, calcular, detectar padrões — e de que a melhor maneira para desenvolver essas capacitações é praticá-las tanto quanto possível, começando o mais cedo possível. A hipótese cognitiva tornou-se tão universalmente aceita que é fácil esquecer que, na verdade, é uma invenção relativamente nova. Seu advento contemporâneo remonta mais precisamente a 1994, quando a Carnegie Corporation publicou *Starting Points: Meeting the Needs of Our Youngest Children*, relatório que soava um alarme a respeito do desenvolvimento cognitivo das crianças americanas.[4] Segundo ele, o problema estava no fato de as crianças não receberem mais estímulos cognitivos suficientes nos três primeiros anos de vida, em parte por causa do crescente número de famílias monoparentais e de mães trabalhando fora — de tal maneira que elas chegavam ao jardim de infância despreparadas para o aprendizado. O relatório deu origem a toda uma indústria de produtos de preparação cerebral "de zero a três", voltada para pais preocupados com a questão. Foram vendidos bilhões de dólares em livros, tapetes de atividades, vídeos e DVDs da marca Baby Einstein.

As constatações da Carnegie e os estudos que se seguiram também tiveram forte repercussão nas políticas públicas, e legisladores e filantropos chegaram à conclusão de que as crianças desfavorecidas ficavam para trás desde cedo por causa do treinamento cognitivo insuficiente. Psicólogos e sociólogos demonstraram factualmente a relação entre o baixo desempenho acadêmico de crianças pobres e a falta de estímulos verbais e matemáticos em casa e na escola. Um dos estudos mais famosos (a respeito do qual escrevi em meu primeiro livro, *Whatever It Takes*) foi realizado por Betty Hart e Todd R. Risley,[5] dois psicólogos infantis que a partir da década de 1980 estudaram intensamente um grupo de 42 filhos de pais profissionais liberais, operários e dependentes de assistência social em Kansas City. Hart e Risley constataram que a diferença crucial no desenvolvimento dessas crianças, o motivo da discrepância nos resultados posteriores, se resumia a uma única coisa: o número de palavras que elas ouviam dos pais no começo da vida. De acordo com Hart e Risley, aos três anos os filhos de pais profissionais liberais tinham ouvido trinta milhões de palavras; os filhos de pais dependentes de assistência do governo, apenas dez milhões. Os pesquisadores concluíram que essa defasagem era a origem dos fracassos posteriores das crianças mais pobres na escola e na vida.

Existe na hipótese cognitiva algo inegavelmente atraente. O mundo descrito por ela é tão claro, tão reconfortantemente linear, um caso tão claro de atitudes tomadas *agora* levando a resultados *mais tarde*. Menor quantidade de livros em casa é igual a menor capacidade de leitura; menor número de palavras ditas pelos pais é igual a menor vocabulário para seus filhos; mais formulários preenchidos no Kumon Junior é igual a melhor desempenho em matemática. As correlações chegavam a parecer quase comicamente exatas: Hart e Risley calcularam que um filho de pais dependentes de assistência social precisaria de exatamente 41 horas por semana de reforço intensivo em linguagem para superar a defasagem vocabular em relação a um filho de pais empregados.

Na última década, contudo, e especialmente nos anos mais recentes, economistas, educadores, psicólogos e neurocientistas das mais variadas tendências começaram a demonstrar fatos que apontam para um questionamento de boa parte dos pressupostos por trás da hipótese cognitiva. Segundo eles, o que mais importa no desenvolvimento de uma criança não é a quantidade de informação introduzida em seu cérebro nos primeiros anos de vida. O importante é ajudá-la a desenvolver um conjunto muito diferente de qualidades, entre elas persistência, autocontrole, curiosidade, escrupulosidade, determinação e autoconfiança. Os economistas as denominam capacitações não cognitivas, e os psicólogos referem-se a elas como traços de personalidade, ao passo que nós, em geral, costumamos pensar nelas como traços de caráter.

No caso de certas capacitações, os cálculos estritos por trás da hipótese cognitiva — segundo os quais o que importa no desenvolvimento de uma capacitação é começar *mais cedo* e praticar *mais* — são inteiramente válidos. Se você quiser aperfeiçoar sua capacidade de acertar uma bola no cesto, praticar duzentas vezes toda tarde certamente terá mais resultado do que jogar a bola vinte vezes toda tarde. Se estiver no quarto ano da escola, ler quarenta livros nas férias de verão vai contribuir mais para melhorar sua capacidade de leitura do que ler quatro livros. Certas capacitações de fato são bastante mecânicas. Mas, quando se trata de desenvolver os elementos mais sutis da personalidade humana, as coisas não são tão simples. Não podemos aperfeiçoar nossa capacidade de superar decepções simplesmente nos concentrando mais nesse empenho durante um maior número de horas. E as crianças não ficam para trás em matéria de curiosidade simplesmente porque não começaram a fazer exercícios de curiosidade cedo o bastante. Os caminhos pelos quais adquirimos e perdemos essas capacitações certamente não são aleatórios — os psicólogos e os neurocientistas aprenderam muito nas últimas décadas sobre a origem dessas capacitações e a maneira como podem ser desenvolvidas —, mas de fato são complexos, pouco conhecidos e muitas vezes misteriosos.

Este livro fala de uma ideia, que se vem tornando mais clara e ganhando impulso em salas de aula, clínicas, laboratórios e salões de leitura nos Estados Unidos e no mundo todo. De acordo com essa nova maneira de pensar, o senso comum a respeito do desenvolvimento infantil nas últimas décadas tomou um caminho equivocado. Temos prestado atenção nas capacitações e habilidades erradas em nossos filhos e recorrido a estratégias equivocadas para alimentar e transmitir essas capacitações. Talvez seja prematuro falar aqui de uma nova escola de pensamento. Em muitos casos, os pesquisadores que têm contribuído para esse crescente acervo de conhecimentos trabalham isoladamente. Mas cada vez mais esses cientistas e educadores se comunicam e criam pontes através das fronteiras das disciplinas acadêmicas. A tese que vêm desenvolvendo pode mudar a maneira como criamos nossos filhos, administramos as escolas e construímos nossa rede de segurança social.

Se existe uma pessoa bem no centro dessa nova rede interdisciplinar é James Heckman, economista da Universidade de Chicago. Heckman poderia parecer uma pessoa improvável para liderar um desafio à supremacia da capacitação cognitiva. Ele é o tipo clássico de intelectual acadêmico: óculos fundo de garrafa, QI estratosférico, bolso da camisa cheio de lapiseiras. Cresceu em Chicago nas décadas de 1940 e 1950, filho de um gerente de nível médio de uma empresa de processamento e embalagem de carne. Nenhum de seus pais teve educação superior, mas ambos muito cedo perceberam que o filho tinha uma mente precoce. Aos oito anos, Heckman devorou o exemplar de seu pai do popular livro de autoajuda *30 Days to a More Powerful Vocabulary* e, aos nove, economizando seus tostões, encomendou *Mathematics For the Practical Man*, anunciado na contracapa de uma revista de quadrinhos. Heckman acabaria se revelando um talento para a matemática, mais à vontade com equações do que com qualquer outra coisa — ou pessoa. Na adolescência, para se divertir, adquiriu o hábito de pegar números grandes e expressá-los, de cabeça, como produtos de números primos, aquilo que os matemáticos chamam de decomposição em fatores primos. Aos dezesseis, segundo me contou, quando seu número da previdência social chegou pelo correio, a primeira coisa que fez foi decompô-lo em números primos.

Heckman tornou-se professor de economia, primeiro na Universidade Columbia e depois na de Chicago, e em 2000 ganhou o Prêmio Nobel de Economia por um complexo método estatístico inventado na década de 1970. Entre os economistas, Heckman é conhecido por sua capacitação em econometria, um tipo de análise estatística particularmente hermético e em geral incompreensível para qualquer um, exceto outros econometristas. Assisti a várias aulas de pós-graduação de Heckman e, apesar de muito tentar, para um leigo como eu a maioria dessas conferências era praticamente impossível de acompanhar, cheias de equações atordoantes e expressões como *funções Leontief generalizadas* e *elasticidade de substituição Hicks-Slutsky*, que me davam vontade de repousar a cabeça sobre a mesa e simplesmente fechar os olhos.

Embora as técnicas de Heckman possam parecer impenetráveis, os temas nos quais ele elegeu especializar-se nada têm de obscuros. Desde que ganhou o Nobel, Heckman não se valeu do prestígio e do poder adquiridos para solidificar sua reputação em seu próprio campo de atuação, mas para ampliar seus interesses, assim como sua influência, em áreas sobre as quais pouco ou nada sabia até então, como psicologia da personalidade, medicina e genética. (Ele tem inclusive um exemplar de *Genetics for Dummies* nas apinhadas prateleiras de seu escritório, espremido entre dois volumosos livros de história da economia.) Desde 2008, Heckman vem promovendo regularmente conferências para as quais convida economistas e psicólogos em igual número, todos envolvidos de alguma forma com as mesmas questões: quais as capacitações e características que levam ao sucesso? Como elas se desenvolvem na infância? E que tipos de intervenções podem ajudar as crianças a se sair melhor?

Heckman supervisiona um grupo de duas dúzias de estudantes e pesquisadores de pós-graduação, em sua maioria de origem estrangeira, espalhados por dois prédios no campus de Chicago; eles próprios se apresentam, meio de brincadeira, meio a sério, como a Heckmanlândia. Juntos, estão sempre trabalhando em vários projetos ao mesmo tempo, e quando Heckman fala de seu trabalho salta de um tema a outro, igualmente empolgado com o estudo sobre macacos em Maryland, com o estudo sobre gêmeos na China e com sua colaboração com um filósofo de uma sala vizinha, sobre a verdadeira natureza da virtude. (Numa conversa com Heckman, pedi-lhe que explicasse de que maneira os diferentes braços de suas pesquisas convergem. Depois, sendo conduzido por sua assistente ao me despedir, ela me disse: "Se você descobrir, por favor, nos informe.")

A transformação da carreira de Heckman tem suas origens no estudo por ele empreendido no fim da década de 1990 sobre o programa Desenvolvimento Educativo Geral, conhecido pela sigla inglesa GED, que na época ganhava popularidade por permitir que pessoas que não concluíram o ensino médio* obtivessem um diploma equivalente. Em muitas áreas, ele era encarado como uma ferramenta de nivelamento acadêmico, fornecendo um caminho alternativo para a universidade a estudantes de baixa renda e de minorias, com maior probabilidade de abandonar a escola no ensino médio.

O crescimento do GED baseava-se numa versão da hipótese cognitiva: a crença de que o que a escola desenvolve e um diploma de ensino médio certifica é a capacitação cognitiva. Se um adolescente já dispõe do conhecimento e da inteligência necessários para obter o diploma de ensino médio, não precisará perder tempo de fato *concluindo* os estudos. Pode simplesmente submeter-se a um teste para avaliar esse conhecimento e essa capacitação, e o governo certificará que ele possui ensino médio completo e está tão bem preparado quanto qualquer outro estudante do mesmo nível para cursar a universidade ou realizar outras atividades que exijam esse nível de escolaridade. É um conceito atraente, especialmente para jovens que não aguentam a escola, e o programa teve uma rápida expansão desde que foi introduzido, na década de 1950. No seu auge, em 2001, mais de um milhão de jovens passou pelo teste, e quase um quinto dos novos "formandos" do ensino médio era na verdade detentor de um diploma GED (esse total é, no momento, de aproximadamente um sétimo).

* Embora o sistema educacional americano seja organizado de forma ligeiramente diferente, optou-se nesta edição por adotar termos aproximados do sistema brasileiro, a fim de facilitar a compreensão: ensino primário (*elementary school*), ensino fundamental (*middle school*) e ensino médio (*high school*). (N. da E.)

Heckman queria examinar com mais cuidado a ideia de que os jovens com GED estavam tão bem preparados para novos empreendimentos acadêmicos quanto os que concluíram o ensino médio. Analisou alguns importantes bancos de dados nacionais e constatou que, sob muitos aspectos relevantes, a premissa era válida. De acordo com os resultados apresentados nos testes de desempenho, muito próximos dos testes de QI, os detentores de GED se revelavam tão inteligentes quanto os que terminaram a escola. Mas, ao examinar o caminho que percorriam na educação superior, Heckman descobriu que os detentores de GED *nada tinham a ver* com as pessoas de ensino médio completo. Aos 22 anos, constatou Heckman, apenas 3% dos detentores de GED estavam matriculados em cursos universitários de quatro anos ou tinham obtido algum grau de ensino superior, em comparação com 46% das pessoas que terminaram o ensino médio.[6] Na verdade, o pesquisador descobriu que, levando-se em conta os mais variados tipos de resultados futuros — renda anual, índice de desemprego, índice de divórcio, uso de drogas ilícitas —, os detentores de GED são idênticos a pessoas de ensino médio incompleto, não obstante o fato de terem conquistado essa credencial extra, supostamente valiosa, e apesar de serem em média muito mais inteligentes que os que não concluíram o ensino médio.

Do ponto de vista das políticas públicas, era uma constatação importante, ainda que deprimente: a longo prazo, ao que parecia, o GED praticamente não tinha valor algum como forma de melhorar de vida. Na verdade, esse diploma podia até ter um efeito geral *negativo*, ao induzir os jovens a não concluir os estudos. Para Heckman, todavia, esses resultados também postulavam uma desconcertante charada intelectual. Como a maioria dos economistas, ele acreditava que a capacidade cognitiva era o fator determinante mais confiável da maneira como a vida de uma pessoa poderia se desenrolar. Mas agora ele descobria um grupo de pessoas — os detentores de GED — para as quais os bons resultados nos testes não pareciam ter qualquer efeito positivo.

O que estava faltando nessa equação, concluiu Heckman, eram os traços psicológicos que haviam permitido aos indivíduos de ensino médio completo terminar os estudos. Esses traços — tendência a persistir em tarefas tediosas e muitas vezes sem recompensa aparente; capacidade de adiar a gratificação; tendência a seguir um plano — também se revelavam valiosos na universidade, no trabalho e na vida de maneira geral. Explicação de Heckman num de seus trabalhos: "Inadvertidamente, o GED transformou-se num teste que distingue os desistentes inteligentes, mas sem persistência nem disciplina, dos outros desistentes."[7] Os detentores de GED, escreveu ele, "são 'espertinhos' desprovidos da capacidade de pensar à frente, de persistir nas tarefas ou de se adaptar ao ambiente".

O que o estudo sobre o GED não proporcionou a Heckman foi qualquer indício de que seja possível ajudar as crianças a desenvolver as chamadas capacitações suaves. A busca por uma resposta para esta questão acabou por levá-lo, há quase uma década, a Ypsilanti, Michigan, velha cidade industrial a oeste de Detroit. Em meados da década de 1960, nos primeiros dias da Guerra contra a Pobreza (projeto de assistência social promovido pelo presidente americano Lyndon Johnson), um grupo de psicólogos infantis e pesquisadores da área de educação realizaram uma experiência na cidade, convidando pais de baixa renda e baixo QI nos bairros negros a matricular seus filhos de três e quatro anos no Perry Preschool. As crianças do estudo foram divididas aleatoriamente num grupo de tratamento e num grupo de controle. As crianças do grupo de tratamento foram matriculadas no Perry, com seu programa de alta qualidade em dois anos de pré-escola, e as crianças do grupo de controle foram entregues à própria sorte. E todas elas passaram a ser acompanhadas, não apenas por um ou dois anos, mas por décadas, num estudo prolongado que pretende acompanhá-las pelo resto da vida. Os participantes estão, a esta altura, na casa dos quarenta, o que significa que os pesquisadores puderam rastrear os efeitos da intervenção Perry em já avançada idade adulta.

O Projeto Perry Preschool ficou famoso nos círculos de ciências sociais, e Heckman havia esbarrado com ele muitas vezes antes em sua carreira. Em matéria de intervenção na primeira infância, a experiência sempre fora considerada um fracasso. As crianças do grupo de tratamento de fato se saíram significativamente melhor nos testes cognitivos enquanto frequentavam a pré-escola, e durante um ou dois anos depois, mas os benefícios não duravam e, pela altura do terceiro ano do ensino fundamental, os resultados dos testes de QI dessas mesmas crianças não eram melhores que os das crianças do grupo de controle. Mas, quando Heckman e outros pesquisadores examinavam os resultados de longo prazo do experimento, os dados pareciam mais promissores. Era verdade que as crianças do Perry não tinham se beneficiado de maneira duradoura em termos de QI. Mas *algo* importante de fato lhes havia acontecido na pré-escola, e, o que quer que fosse, seus efeitos positivos reverberavam por décadas. Em comparação com o grupo de controle, os alunos do Perry tinham maior probabilidade de concluir o ensino médio, de estar empregados aos 27 anos e de ganhar mais de 25 mil dólares por ano aos quarenta, e menos probabilidade de terem sido presos alguma vez ou passado algum tempo dependendo de assistência social.[8]

Heckman começou a se aprofundar na investigação do estudo Perry e descobriu que, nas décadas de 1960 e 1970, pesquisadores tinham reunido alguns dados nunca analisados sobre os estudantes: relatórios dos professores do ensino fundamental avaliando tanto as crianças do grupo de tratamento quanto as do grupo de controle em relação a "comportamento pessoal" e "desenvolvimento social".[9] No primeiro caso, tratava-se de identificar com que frequência cada aluno xingava, mentia, roubava, faltava ou chegava atrasado; no segundo, de avaliar o nível de curiosidade de cada aluno, assim como seu relacionamento com os colegas e professores. Heckman deu a esse conjunto o nome de *capacitações não cognitivas*, pois eram totalmente distintas do QI. E, depois de três anos de cuidadosa análise, ele e seus pesquisadores estavam em condições de afirmar que esses fatores não cognitivos, como curiosidade, autocontrole e fluidez social, eram responsáveis por nada menos que dois terços do total dos benefícios que o Perry proporcionava aos alunos.

Em outras palavras, o Projeto Perry Preschool funcionou de maneira totalmente diferente da esperada. Os bem-intencionados educadores que o lançaram na década de 1960 achavam que estavam criando um programa para elevar o nível de inteligência das crianças de baixa renda; como todo mundo, acreditavam que era a melhor maneira de ajudar as crianças pobres a progredir nos Estados Unidos. A primeira surpresa foi o fato de terem gerado um programa que, na verdade, a longo prazo não contribuía muito para o QI, mas melhorava as capacitações sociais e o comportamento. A segunda surpresa foi que, de qualquer maneira, o programa ajudou: para as crianças de Ypsilanti, essas capacitações e os traços subjacentes que elas refletiam acabaram por se revelar realmente muito valiosos.

Nas investigações para este livro, passei muito tempo debatendo a questão do sucesso e das capacitações com uma série de economistas, psicólogos e neurocientistas, muitos dos quais conheciam James Heckman direta ou indiretamente. Para mim, contudo, o que realmente dava fundamento a sua pesquisa, o que a aproximava da vida e lhe conferia significado era um outro levantamento que eu fazia simultaneamente, em escolas públicas, clínicas pediátricas e lanchonetes, onde conversava com jovens que de alguma maneira personificavam e exemplificavam a complexa questão de saber quais crianças têm chances de sucesso, e como.

Um exemplo é o caso de Kewauna Lerma. Quando a conheci, no inverno de 2010, ela vivia no South Side de Chicago, perto do campus da Universidade de Chicago, onde Heckman passava seus dias. Kewauna nascera naquele bairro em condições de pobreza dezessete anos antes, a segunda filha de uma mãe que tivera a irmã mais velha de Kewauna ainda na adolescência. Kewauna teve uma infância de insegurança e instabilidade. Quando bebê, sua mãe mudou-se com a família para Mississipi e depois para Minnesota, para depois voltar a Chicago, enquanto entrava e saía de relacionamentos — e de problemas. Quando as coisas andavam mal, a família passava períodos em abrigos ou dormindo nos sofás de amigos. Às vezes a bisavó de Kewauna ficava com as crianças por algum tempo, para que a mãe tentasse resolver sozinha suas questões.

"Eu não tinha de fato uma *família*", disse-me Kewauna na primeira vez em que conversamos. Estávamos numa cafeteria no bairro de Kenwood. Era o duro inverno de Chicago, e as vidraças estavam embaçadas. Kewauna tem a pele morena, olhos grandes e compreensivos e cabelo liso e escuro, e se sentava bem ereta, aquecendo as mãos numa caneca de chocolate quente coberto por espuma. "Eu levava uma vida completamente desorganizada, sem pai, às vezes com minha avó. Era uma confusão total. Um horror."

Kewauna cresceu detestando a escola, contou-me. Nunca aprendeu a ler direito, e no ensino fundamental ficava cada vez mais atrasada ao longo dos anos, envolvendo-se em confusões, matando aula e respondendo aos professores. Ao chegar ao sexto ano, morando nas imediações de Minneapolis, já somava no meio do ano 72 advertências por mau comportamento, e assim foi rebaixada para a turma especial. Também detestou isso. Semanas antes do fim do ano, foi expulsa da escola por brigar.

Quando conheci Kewauna, há vários anos eu fazia reportagens sobre crianças que crescem na pobreza, e já tinha ouvido muitas histórias como a dela. Cada família infeliz será infeliz à sua maneira, mas, nas famílias que ficam presas na pobreza por gerações, os padrões podem ser terrivelmente repetitivos, num ciclo — que parece interminável — de pais ausentes ou negligentes, escolas inadequadas e decisões equivocadas. Eu sabia como costumavam terminar histórias como a de Kewauna. As meninas com esse histórico, por melhores que sejam suas intenções, em geral acabam abandonando a escola. Engravidam ainda na adolescência. Lutam então para criar uma família, mas em pouco tempo os próprios filhos começam também a descer a mesma ladeira para o fracasso.

Em algum momento, contudo, a vida de Kewauna deu uma guinada. Pouco antes do segundo ano do ensino médio, algumas semanas depois de ser presa pela primeira vez por discutir com um policial, sua mãe disse-lhe que queria ter uma conversa. Kewauna sabia que a coisa era séria, pois também estava presente sua bisavó, o único membro da família que ela respeitava. As duas a mandaram se sentar, e sua mãe disse uma das coisas mais difíceis que qualquer pai pode dizer: "Não quero que você acabe como eu." As três conversaram por horas, falando do passado e do futuro, trazendo à tona segredos havia muito enterrados. A mãe de Kewauna disse que conhecia o caminho que a filha estava percorrendo: também tinha sido expulsa da escola na adolescência; também tinha sido presa por enfrentar um policial. Mas o capítulo seguinte da história de Kewauna, segundo sua mãe, podia ser diferente. Ela podia evitar uma gravidez não desejada, ao contrário da mãe. Podia entrar para a faculdade, ao contrário da mãe. Podia ter uma carreira, ao contrário da mãe.

A mãe de Kewauna chorou durante praticamente toda a conversa, mas a menina não derramou uma só lágrima. Apenas ouvia. Não sabia direito o que pensar. Não sabia se seria capaz de mudar, nem se o desejava. No entanto, ao voltar para a escola começou a prestar mais atenção nas aulas. No primeiro ano, tinha se envolvido com uma turma da pesada, garotas ligadas a gangues e rapazes metidos com drogas, e todos matando aula. Ela tratou de se afastar desses amigos, passando mais tempo sozinha, fazendo os deveres de casa e pensando no futuro. No fim do primeiro ano, sua média de notas foi medíocre: 7. No meio do segundo ano, já beirava 9.

Naquele mês de fevereiro, sua professora de inglês a estimulou a se matricular num programa intensivo de três anos de preparação para a universidade, que acabava de ser introduzido na escola. Kewauna inscreveu-se e foi aceita, e o apoio que recebeu nesse programa a estimulou a se esforçar ainda mais. Quando a conheci, ela estava no meio do último ano. Sua média ficava entre 9,5 e 10, e ela tentava decidir em quais universidades se inscreveria.

O que aconteceu então? Se você tivesse conhecido Kewauna no primeiro dia do segundo do ano, poderia muito bem pensar que ela praticamente não tinha chance de sucesso. Seu destino parecia selado. Mas alguma coisa nela mudou. Teria sido apenas uma conversa mais dura com a mãe? Bastava apenas isso? Fora acaso a influência positiva da bisavó? A intervenção da professora de inglês? Ou foi algo mais profundo no seu próprio caráter que a inclinou na direção da ideia do trabalho persistente e do sucesso, não obstante os obstáculos que ela enfrentara e os erros que cometera?

De que maneira nossas experiências da infância nos transformam no adulto que somos? Essa é uma das grandes questões humanas, tema de incontáveis romances, biografias e memórias, objeto de muitos séculos de tratados filosóficos e psicológicos. Esse processo — a experiência de crescer — pode parecer às vezes previsível e até mecânico, e outras vezes, arbitrário e caprichoso; todos conhecemos homens e mulheres adultos que parecem presos a um destino predeterminado pela própria infância, e também conhecemos pessoas que parecem, quase por milagre, ter transcendido um início difícil.

Até recentemente, contudo, não havia nenhuma tentativa séria de utilizar as ferramentas da ciência para desvendar os mistérios da infância, para retraçar, mediante experimentos e análises, as maneiras como as experiências dos primeiros anos de vida se ligam às consequências na idade adulta. Isso está mudando, graças ao empenho dessa nova geração de pesquisadores. A premissa por trás desse trabalho é simples, embora radical: ainda não conseguimos resolver esses problemas porque até agora procurávamos soluções nos lugares errados. Se quisermos melhorar as oportunidades das crianças em geral, e especialmente das crianças pobres, precisamos abordar a infância de outra maneira, reavaliar certas questões fundamentais a respeito da maneira como os pais afetam os filhos, como se desenvolvem as capacitações humanas e como se forma o caráter.

Em sua essência, este livro trata de uma ambiciosa campanha de longo alcance para resolver alguns dos mais difusos e penetrantes mistérios da vida: quem tem êxito e quem fracassa? Por que certas crianças desabrocham e florescem e outras se perdem? E o que podemos fazer para afastar determinada criança — ou toda uma geração — do fracasso e colocá-la no rumo do sucesso?

1

COMO FRACASSAR (OU NÃO)

1. Fenger High School

Nadine Burke Harris cresceu em condições privilegiadas em Palo Alto, Califórnia, filha de imigrantes jamaicanos de bom nível educacional, profissionais liberais que transferiram a família de Kingston para o Vale do Silício quando Nadine tinha quatro anos. Na adolescência, ela muitas vezes se sentia deslocada, uma das raras alunas negras do colégio em Palo Alto, onde seus colegas eram na maioria brancos e de famílias abastadas, e as meninas choravam na lanchonete quando não ganhavam determinado carro de presente ao completar dezesseis anos.

Elizabeth Dozier cresceu nas imediações de Chicago em circunstâncias muito mais modestas, fruto de um romance proibido e improvável entre seu pai, detido na prisão estadual de Joliet, Illinois, e a mãe, uma freira incumbida de visitar detentos em seu serviço religioso que acabou se apaixonando. Após o nascimento de Dozier, sua mãe a criou sozinha, dando aulas na escola católica local e trabalhando nas férias de verão como camareira num hotel de beira de estrada, para complementar a renda insuficiente.

Burke Harris e Dozier saíram dessas condições tão diferentes com o mesmo objetivo: ajudar os jovens a ter sucesso, especialmente os mais problemáticos. Burke Harris estudou medicina, especializou-se em pediatria e abriu uma clínica na área mais pobre de São Francisco. Dozier tornou-se professora e mais tarde diretora de escolas em alguns dos bairros mais pobres de Chicago. Quando as conheci, separadamente, há cerca de dois anos, o que me interessava nelas não era apenas esse sentimento em comum de missão a ser cumprida, mas uma certa frustração mais profunda que elas também pareciam compartilhar. Havia pouco, ambas tinham chegado à conclusão de que as melhores ferramentas disponíveis em suas respectivas profissões simplesmente não estavam à altura dos desafios enfrentados. Portanto, as duas estavam num momento decisivo em suas carreiras e vidas de maneira geral. Estavam em busca de novas estratégias: na verdade, buscavam uma perspectiva completamente nova.

Em agosto de 2009, quando Dozier foi nomeada diretora do Christian Fenger High School, o colégio estava num momento de crise — muito embora, examinando sua história nos vinte anos anteriores, fosse difícil encontrar um momento em que o Fenger *não* estivesse em crise. O colégio ocupara durante mais de oitenta anos o centro de Roseland, no South Side de Chicago, região outrora próspera que hoje é um dos piores bairros da cidade segundo praticamente todos os critérios imagináveis: nível de pobreza, taxa de desemprego, índices de criminalidade e até a pura e simples impressão de vazio e abandono das ruas. Onde havia em certa época empresas prósperas e residências confortáveis, viam-se agora terrenos baldios tomados pelo mato. Roseland é geograficamente isolada (perto da fronteira sul de Chicago, bem além da última parada da via férrea elevada) e racialmente segregada: numa cidade cuja população é mais ou menos equilibrada entre brancos, afro-americanos e latinos, Roseland é 98% negra. E, como acontece com a maioria dos grandes colégios públicos de bairros mais pobres, o Fenger High School sempre apresentou resultados desalentadores: pontuação invariavelmente baixa nos testes, baixo índice de frequência, problemas crônicos de disciplina e alta taxa de evasão escolar.

Quando ouvimos histórias sobre colégios como o Fenger, elas muitas vezes vêm na linguagem da negligência: um colégio de periferia, alunos esquecidos e ignorados pelos burocratas da própria cidade e do governo federal. Mas o estranho no caso do Fenger High School é que ele *não* foi ignorado. De forma alguma. Nas duas últimas décadas, pelo contrário, tem sido objeto de reiterados, ambiciosos e custosos programas de reforma, por iniciativa de alguns dos mais respeitados representantes e filantropos do setor educacional americano. Praticamente toda estratégia proposta para melhorar as condições de escolas públicas decadentes foi experimentada, de uma forma ou de outra, no Fenger.

A história contemporânea do Fenger começa em 1995, quando o prefeito de Chicago, Richard M. Daley, assumiu o controle do ensino municipal por decisão da assembleia legislativa do estado de Illinois. Em nome da abordagem empresarial que ele considerava adequada, Daley decidiu que o principal funcionário do sistema educativo não seria mais um superintendente, mas um diretor executivo. O primeiro titular da função remodelada nomeado por Daley foi seu agressivo diretor de orçamento, Paul Vallas, que imediatamente tratou de melhorar as condições do Fenger e outros colégios municipais de baixo desempenho. Vallas estabeleceu um sistema municipal de avaliação que classificava os colégios em função da ajuda de que precisavam e posicionou o Fenger na pior categoria: em exigência.[1] Vallas fora aluno do Fenger durante dois anos, na adolescência, e talvez tenha sido por isso que voltou seus esforços tão deliberadamente para a instituição. Adotou no colégio um plano de reestruturação que incluía a contratação de um profissional para treinar os professores em pedagogia da leitura e da escrita.[2] Criou uma academia de calouros, um espaço exclusivo no qual os novos alunos receberiam atenção especial ao longo do primeiro ano.[3] Em 1999, criou também uma academia de matemática e ciências, com direito a um laboratório patrocinado pela Nasa, ao custo de 525 mil dólares.[4] Dois anos depois, ele transformou o Fenger num colégio especializado em tecnologia.[5]

Cada uma das iniciativas de reforma empreendidas por Vallas começava e terminava, mas as coisas nunca pareciam melhorar muito para os alunos do Fenger. E o mesmo aconteceu com o sucessor de Vallas, Arne Duncan. Em 2006, Duncan escolheu o Fenger como um dos colégios-piloto num amplo projeto de colaboração entre o sistema escolar de Chicago e a Bill and Melinda Gates Foundation,[6] um empreendimento que levou o nome de High School Transformation (Transformação do Ensino Médio), inicialmente financiado pela fundação com uma doação de 21 milhões de dólares. (Passados três anos, o valor total do financiamento desse projeto abrangendo toda a cidade chegara a 80 milhões.)[7] Quando a iniciativa foi anunciada, Duncan declarou que se tratava de "um dia realmente histórico, não apenas para as escolas públicas de Chicago e para a cidade, mas para o país".[8] Entretanto, pouco mais de dois anos depois, ficou cada vez mais claro que a High School Transformation não estava apresentando resultados e o Fenger foi transferido para um novo plano de reforma lançado por Duncan: High School Turnaround (Reviravolta no Ensino Médio).[9] Na Turnaround, o diretor de uma escola e pelo menos metade de seus professores eram transferidos e davam lugar a uma nova equipe. E, quando a Turnaround chegou ao Fenger, em 2009, a nova diretora era Elizabeth Dozier.

Vallas e Duncan, cabe notar, não são meros burocratas do sistema escolar, mas dois dos mais respeitados líderes educacionais do país. Depois de deixar Chicago, Vallas dirigiu as escolas da Filadélfia e então foi reconhecido nacionalmente como responsável pela reconstrução e transformação do sistema escolar de Nova Orleans, depois da passagem do furacão Katrina. A carreira de Duncan depois de Chicago é ainda mais ilustre: o presidente Obama o nomeou secretário da educação em 2009. Mas, ao longo das bem-intencionadas e muitas vezes custosas reformas promovidas pelos dois em Chicago, as sombrias estatísticas do Fenger High School permaneceram mais ou menos no ponto em que se encontravam em 1995: algo entre metade e dois terços das novas turmas de calouros engrossavam as fileiras da evasão escolar antes do fim do último ano. A minoria dos alunos que de fato chegava a se formar só muito raramente se revelava bem-sucedida do ponto de vista acadêmico: em 2008, último ano de Duncan em Chicago, menos de 4% dos alunos do Fenger alcançaram ou superaram os padrões registrados nos testes de avaliação do ensino médio no estado. Na gestão de Duncan, a escola nunca alcançou o "progresso anual adequado" no contexto da lei federal No Child Left Behind (Nenhuma criança deixada para trás). E a classificação "em exigência" atribuída por Vallas, originalmente com a intenção de indicar um temporário estado de emergência, transformou-se num fato da vida no Fenger: em 2011, o colégio foi considerado em exigência pelo décimo sexto ano consecutivo.

Quando Dozier chegou ao Fenger, decidida e ambiciosa com os seus 31 anos, acreditava que o kit básico de ferramentas do moderno reformador educacional continha o necessário para promover uma reviravolta para os alunos do colégio. Ela havia passado um ano num programa altamente competitivo de treinamento de diretores escolares, chamado New Leaders for New Schools (Novos Líderes para Novas Escolas), no qual os participantes aprendiam que um líder dinâmico podia elevar o desempenho dos alunos a altos níveis, quaisquer que fossem suas circunstâncias socioeconômicas, desde que dispusesse de uma equipe empenhada. Dozier promoveu uma faxina no Fenger, substituindo vários administradores e a maioria dos professores; quando conversei pela primeira vez com ela em sua sala na escola, pouco mais de um ano depois de ela assumir a função, apenas três professores da época anterior à Turnaround estavam entre os setenta membros de sua equipe. Em sua maioria, os professores novos eram jovens, ambiciosos e em estágio probatório, o que significava que seria relativamente fácil para Dozier substituí-los se não atendessem aos padrões desejados.

Em nossa conversa, contudo, Dozier disse que suas ideias sobre o funcionamento das escolas tinham mudado durante seu período no Fenger. "Eu sempre achava que, se uma escola não estava funcionando bem, seria rigorosamente por culpa do diretor ou dos professores", explicou. "Mas a realidade é que o Fenger é um colégio de bairro, e não podemos deixar de ser um reflexo da comunidade. E não se pode querer resolver os problemas de um colégio sem levar em consideração o que está acontecendo na comunidade."

À medida que ia conhecendo os alunos do Fenger, Dozier ficava perplexa com a gravidade dos problemas que eles enfrentavam em casa. "A maioria dos nossos alunos vive na pobreza, da mão para a boca", disse-me. "Muitos moram em bairros com problemas de gangues. Não consigo pensar num só adolescente do colégio que não enfrente alguma adversidade grave." Dentre as alunas, 25% estavam grávidas ou já eram mães adolescentes, explicou. E, quando lhe pedi que fizesse uma estimativa do número de alunos que viviam com os dois pais biológicos, ela fez uma expressão intrigada. "Não me lembro de nenhum", respondeu. "Mas sei que existem."

A ameaça da violência também parecia sempre rondar os alunos do Fenger. A taxa de homicídios em Chicago é duas vezes maior que a de Los Angeles e mais que o dobro do índice de Nova York. As gangues têm uma presença maior e mais letal em Chicago do que em qualquer outra grande cidade americana, e quando Dozier chegou ao Fenger tinha ocorrido um surto recente de violência envolvendo armas de fogo entre os jovens: em 2008, 83 adolescentes em idade escolar foram assassinados na cidade,[10] e mais de seiscentos, feridos a bala.

Embora Dozier esperasse mesmo que a reviravolta no Fenger se revelasse um grande desafio, não estava preparada para o que aconteceu em seu décimo sexto dia no cargo. Começou uma enorme briga a alguns quarteirões do colégio, envolvendo cerca de cinquenta adolescentes, em sua maioria alunos do Fenger. Nenhum deles portava armas de fogo ou facas, mas alguns lançaram mão de dormentes da ferrovia e os usaram como porretes. Um aluno do Fenger, Derrion Albert, dezesseis anos, que tinha entrado na briga, foi atingido na cabeça com um desses dormentes, esmurrado no rosto e derrubado no chão, inconsciente. Alguns rapazes começaram então a chutá-lo na cabeça, e ele viria a morrer dos ferimentos sofridos.

Em seus elementos mais básicos, a morte de Derrion Albert em setembro de 2009 não era tão diferente das dezenas de outras mortes violentas de estudantes de Chicago naquele ano. Mas a briga e a morte de Albert foram registradas em vídeo por um transeunte, e naquele outono o vídeo causou sensação no YouTube e, depois, nos noticiários dos canais a cabo. Os meios de comunicação locais e nacionais acorreram ao Fenger. Durante semanas, os arredores da escola foram tomados pelos caminhões dos satélites de TV, enquanto vigílias de oração e protesto eram organizadas em frente ao colégio. O procurador-geral dos Estados Unidos, Eric Holder, foi encontrar-se com os alunos. Até que, em outubro, o Fenger voltou ao noticiário quando três terríveis brigas entre gangues ocorreram simultaneamente em três andares do colégio. Dezenas de carros de polícia chegaram, cinco alunos foram detidos e o prédio inteiro foi isolado durante três horas.

Após o conflito no colégio, Dozier instituiu o que ela denominou uma política de tolerância zero em relação a comportamentos violentos ou que poderiam levar à violência. Se alunos exibissem sinais característicos das gangues ou fizessem cumprimentos típicos no corredor, Dozier automaticamente determinava suspensão de dez dias. Se brigassem, ela chamava a polícia e mandava prendê-los, tratando em seguida de fazer o possível para expulsá-los definitivamente do Fenger. Quando passei a visitar a escola, mais de um ano depois da morte de Albert, os corredores estavam bem ordeiros de maneira geral, embora nem de longe parecessem normais. Havia sempre guardas fortemente armados em patrulha; os alunos não podiam circular sem a devida identificação do colégio pendurada no pescoço e, quando alguém quisesse ir ao banheiro durante a aula, tinha de carregar um gigantesco passe amarelo de sessenta centímetros de comprimento. Entre as aulas, a batida eletrônica da música-tema de *Um tira da pesada* era reproduzida em alto-falantes nos corredores; os alunos sabiam que precisavam estar sentados para a aula seguinte antes de a música terminar. Apesar da rigidez das regras, ainda havia perturbações; na primeira vez em que cheguei ao Fenger para entrevistar Dozier, fomos interrompidos duas vezes por gritos no corredor, e ela teve de sair para ajudar a resolver as disputas.

No meio de seu segundo ano como diretora, Dozier disse-me que começava a achar que as ferramentas mais importantes à sua disposição eram as que não tinham muito a ver com a instrução em sala de aula. Após a morte de Derrion Albert, Holder e Arne Duncan destinaram 500 mil dólares em verbas federais para a criação de programas de "controle de raiva e aconselhamento pós-trauma", e o colégio começou a encaminhar para orientação psicológica não só os alunos, mas também suas famílias. Dozier inscreveu 25 de seus alunos mais problemáticos num programa intensivo de aconselhamento. Ela buscava qualquer tipo de intervenção que pudesse enfrentar aquela que a essa altura lhe parecia a mais premente crise no Fenger: não o déficit acadêmico dos alunos, embora este continuasse grave e perturbador, mas um conjunto mais profundo de problemas, decorrentes da vida doméstica problemática e em geral traumática, que dificultavam o dia a dia dos estudantes. "Quando comecei a trabalhar aqui, eu não dava importância a questões como saber de quais famílias vinham os alunos ou que efeitos a pobreza poderia ter nas crianças", disse-me Dozier certa manhã. "Mas, desde que comecei a trabalhar no Fenger, mudei minha maneira de pensar."

2. Nadine Burke Harris

Que efeitos a pobreza pode ter nas crianças? Bem longe dali, Nadine Burke Harris fazia a mesma pergunta. Mas ela era médica, e não educadora, de modo que a questão era abordada da perspectiva da saúde física dos pacientes. Desde 2007, Burke Harris era a principal pediatra do Bayview Child Health Center, no bairro de Bayview-Hunters Point, em São Francisco, desolada zona industrial isolada na extremidade sudeste da cidade, onde ficam alguns de seus maiores e mais violentos conjuntos habitacionais. Ao fundar a clínica, Burke Harris tinha acabado de se formar na Harvard School of Public Health e era uma jovem idealista contratada pelo California Pacific Medical Center, uma rede de hospitais privados, para assumir uma missão vaga, mas aparentemente muito nobre: identificar e tratar disparidades de saúde na cidade de São Francisco. Não era difícil encontrar essas disparidades, especialmente em Bayview-Hunters Point, onde o índice de hospitalização por insuficiência cardíaca congestiva era cinco vezes maior que no Marina District, a poucos quilômetros de distância. E, antes da inauguração da clínica de Burke Harris, havia apenas um pediatra atendendo em consultório particular numa comunidade com mais de dez mil crianças.

Burke Harris tinha estudado a questão das disparidades de saúde em Harvard e sabia o que o manual da saúde pública recomendava para remediá-las: melhorar o acesso ao atendimento médico, principalmente o atendimento básico, para as famílias de baixa renda. Quando a clínica foi inaugurada, Burke Harris voltou-se primordialmente para as questões de saúde pediátrica em que eram mais óbvias e compreendidas as disparidades entre crianças ricas e pobres: asma, nutrição e vacinação contra difteria, coqueluche e tétano. E em questão de poucos meses ela conseguiu avanços significativos. "Constatamos que era surpreendentemente fácil elevar os índices de imunização e baixar muito a taxa de hospitalização por asma", disse-me ela quando visitei sua clínica pela primeira vez. No entanto, explicou: "Eu tinha a sensação de que não estávamos realmente atacando as raízes do problema. Até onde sei, nenhuma criança da comunidade morreu de tétano em muito, muito tempo."

Burke Harris viu-se numa situação muito parecida com a de Dozier. Lá estava ela no emprego dos seus sonhos, dispondo de amplos recursos, preparada para a função e trabalhando com afinco — e no entanto não parecia fazer muita diferença na vida dos jovens que tentava ajudar. Eles continuavam cercados de violência e caos, em casa e nas ruas, o que claramente lhes cobrava um preço alto, tanto física quanto emocionalmente. Muitas das crianças atendidas por ela na clínica pareciam deprimidas ou ansiosas, e algumas estavam nitidamente traumatizadas; o estresse da vida cotidiana se traduzia numa série de sintomas, desde ataques de pânico até distúrbios alimentares e comportamentos suicidas. Às vezes, ela chegava a se sentir mais uma espécie de cirurgiã em campo de batalha do que uma pediatra de atendimento básico, remendando os pacientes e mandando-os de volta à guerra.

Burke Harris começou a buscar respostas e, em sua busca, esbarrou num debate pouco conhecido e novo sobre pobreza e adversidade, um debate que não transcorria em revistas sobre políticas públicas nem em simpósios de ciência política, mas em periódicos médicos e conferências de neurocientistas. Aos poucos, Burke Harris convenceu-se de algo que a princípio parecera uma ideia radical: em bairros como Bayview-Hunters Point e Roseland, muitos problemas que costumam ser encarados como questões sociais — território de economistas e sociólogos — podem na verdade ser analisados e tratados com melhor proveito no nível molecular, bem lá no fundo do reino da biologia humana.

3. O estudo ACE

A jornada de Burke Harris começou com um artigo de um periódico médico que Whitney Clarke, um psicólogo da equipe de sua clínica, deixou em sua mesa um belo dia em 2008: "The Relationship of Adverse Childhood Experiences to Adult Health: Turning Gold into Lead".[11] O autor era

Vincent Felitti, chefe do departamento de medicina preventiva da Kaiser Permanente, gigantesca empresa de planos de saúde sediada na Califórnia, e o artigo relatava o estudo Adverse Childhood Experiences (Experiências Adversas na Infância), em geral conhecido como estudo ACE, realizado por Felitti na década de 1990 com a colaboração de Robert Anda, epidemiologista dos Centers for Disease Control de Atlanta. Burke Harris me disse que, quando leu o artigo, caiu a ficha: "Tudo ficou claro", disse-me ela com um sorriso. "Anjos cantaram. Era mais ou menos como aquela cena no fim de *Matrix*, quando Neo vê o universo inteiro se recurvando e se transformando."

A partir de 1995, os clientes da Kaiser atendidos em exames de check-up recebiam pelo correio questionários solicitando que relatassem suas histórias pessoais em dez diferentes categorias de experiências adversas na infância, incluindo abuso físico e sexual, negligência física e emocional e vários tipos de disfunção doméstica, como pais divorciados ou separados, parentes viciados em drogas, com doenças mentais ou que tivessem sido presos. Num período de poucos anos, mais de dezessete mil pacientes preencheram e devolveram os questionários — um índice de resposta de quase 70%.[12] Coletivamente, os entrevistados constituíam uma amostra demográfica bem representativa das classes média e média alta: 75% eram brancos; 75% tinham formação universitária; a idade média era de 57 anos.

Ao tabelar as respostas, Anda e Felitti ficaram surpresos com a nítida prevalência de traumas infantis nessa população relativamente bem de vida. Mais de um quarto dos pacientes declarou ter crescido num lar com algum alcoólatra ou usuário de drogas; mais ou menos a mesma proporção tinha sido espancada na infância. Quando os médicos usaram esses dados para atribuir aos pacientes um ponto para cada categoria de trauma vivenciado, constataram que dois terços deles tinham passado por pelo menos uma experiência adversa na infância, e um oitavo tinha quatro ou mais pontos.[13]

A segunda surpresa, ainda mais significativa, ocorreu quando Anda e Felitti compararam as pontuações com os numerosos históricos médicos que a Kaiser tinha coletado de todos os pacientes. As correlações entre experiências adversas na infância e resultados negativos na idade adulta eram tão impressionantes que "nos chocaram", escreveu Anda mais tarde.[14] Além disso, essas correlações pareciam obedecer a um modelo de dose-resposta incrivelmente linear: quanto maior a pontuação, pior o resultado em praticamente todos os critérios, desde comportamentos viciosos a doenças crônicas. Anda e Felitti montaram sucessivos gráficos de barras com esses dados, e cada um gerava mais ou menos o mesmo desenho. Ao longo da base do gráfico, o eixo X, os médicos registravam o número de experiências vivenciadas pelos pacientes. Ao longo do eixo Y, indicavam a prevalência de determinado resultado indesejável: obesidade, depressão, atividade sexual precoce, histórico de tabagismo e assim por diante. Em cada gráfico, as barras cresciam regular e constantemente da esquerda (zero) para a direita (mais de sete). Em comparação com pessoas sem histórico de experiências adversas na infância,[15] as pessoas com quatro ou mais pontos tinham duas vezes mais chance de fumar[16] e sete vezes mais chance de serem alcoólatras ou ter tido experiências sexuais antes dos quinze anos. Tinham duas vezes mais chance de ter câncer, doenças cardíacas[17] ou doenças hepáticas[18] e quatro vezes mais chance de sofrer de enfisema ou bronquite crônica. Em certos gráficos, a inclinação era particularmente pronunciada: os adultos com uma pontuação de mais de 6 tinham trinta vezes mais probabilidade de ter tentado suicídio do que os adultos com nenhum ponto.[19] E os homens com uma pontuação de mais de 5 tinham 46 vezes mais probabilidade de ter usado drogas injetáveis do que os homens sem histórico de experiências adversas na infância.[20]

Os resultados em matéria comportamental, apesar de surpreendentes em sua intensidade, pelo menos faziam algum sentido do ponto de vista intuitivo. Há muito os psicólogos acreditavam que acontecimentos traumáticos na infância podiam gerar sentimentos de baixa autoestima ou desimportância, e parecia razoável presumir que tais sentimentos podiam levar a vícios, depressão e até suicídio. Alguns dos efeitos na saúde manifestados no estudo ACE, como as doenças hepáticas, a diabetes e o câncer de pulmão, muito provavelmente resultavam, pelo menos em parte, de comportamentos autodestrutivos como o consumo excessivo de álcool, os excessos alimentares e o tabagismo. Mas Felitti e Anda constataram que as experiências adversas na infância tinham um profundo efeito negativo na saúde dos adultos mesmo quando tais comportamentos *não* estavam presentes. Ao examinar os pacientes com pontuação elevada (7 ou mais) que não fumavam, não bebiam em excesso nem tinham sobrepeso, constataram que seu risco de doença isquêmica do coração (a maior causa de mortes nos Estados Unidos) ainda era 360% mais elevado que das pessoas com pontuação nula.[21] As adversidades enfrentadas por esses pacientes na infância os deixavam doentes por motivos que nada tinham a ver com o comportamento.

4. O efeito corpo de bombeiros

O estudo ACE levou Burke Harris a outros estudos, e logo ela mergulhou fundo, ficando acordada até tarde da noite para ler artigos de publicações médicas e procurar notas de rodapé e referências no banco de dados on-line PubMed. Os resultados da pesquisa feita nesses meses de furiosa investigação encontram-se hoje reunidos em quatro espessos fichários nas prateleiras de sua sala na clínica. Os trabalhos ali contidos abarcam muitas disciplinas científicas, mas em sua maioria estão ligados a dois campos médicos relativamente obscuros: a neuroendocrinologia (o estudo de como os hormônios interagem com o cérebro) e a fisiologia do estresse (o estudo de como o estresse afeta o organismo). Embora Anda e Felitti a princípio não tivessem entendido os mecanismos biológicos presentes nos dados sobre as experiências adversas na infância, na última década os cientistas chegaram ao consenso de que o principal canal pelo qual a adversidade precoce provoca danos aos corpos e cérebros em desenvolvimento é o *estresse*.

O nosso corpo regula o estresse valendo-se de um sistema chamado eixo HPA. HPA significa "hipotalâmico-pituitário-adrenal", um trava-língua que se refere à maneira como os sinais químicos cascateiam pelo cérebro e pelo corpo em reação a situações intensas. Quando se manifesta um possível perigo, a primeira linha de defesa é o hipotálamo, a região do cérebro que controla processos biológicos inconscientes como a temperatura corporal, a fome e a sede.[22] O hipotálamo libera uma substância química que ativa receptores na glândula pituitária; esta libera hormônios de sinalização que estimulam as glândulas adrenais; e as glândulas adrenais transmitem então hormônios do estresse chamados glucocorticoides, que ativam uma série de reações defensivas específicas. Conseguimos reconhecer algumas dessas reações quando ocorrem: emoções como medo e ansiedade e reações físicas como batimento cardíaco acelerado, pele fria e úmida e boca seca. Mas muitos efeitos do eixo HPA não são tão aparentes, mesmo quando os experimentamos: os neurotransmissores se ativam, os níveis de glicose aumentam, o sistema cardiovascular manda sangue para os músculos e uma onda de proteínas inflamatórias começa a circular na corrente sanguínea.

Em seu penetrante e interessante livro *Por que as zebras não têm úlceras?*, o neurocientista Robert Sapolsky explica que nosso sistema de reação ao estresse, como o de qualquer mamífero, evoluiu para reagir a episódios breves e agudos de estresse. Isso funcionava bem quando os seres humanos viviam nas savanas, fugindo dos predadores. Mas os seres humanos modernos raramente têm de enfrentar ataques de leões. Hoje em dia, a maior parte dos nossos motivos de estresse vem dos processos mentais: preocupações. E o eixo HPA não está preparado para lidar com esse tipo de estresse. Nós "ativamos um sistema fisiológico que evoluiu para reagir a emergências físicas agudas", escreve Sapolsky, "mas o deixamos ligado por meses a fio, preocupados com hipotecas, relacionamentos e promoções". E, ao longo dos últimos cinquenta anos, os cientistas descobriram que esse fenômeno não é apenas ineficaz, mas também muito destrutivo. A sobrecarga do eixo HPA, especialmente na infância, causa toda sorte de efeitos negativos graves e duradouros — físicos, psicológicos e neurológicos.

O detalhe, contudo, é que não é realmente o estresse em si que nos prejudica. É a *reação* do corpo ao estresse. No início da década de 1990, o neuroendocrinologista Bruce McEwen, trabalhando na Universidade Rockefeller, postulou uma teoria sobre esse fenômeno, hoje amplamente aceita nessa área de pesquisa.[23] Segundo McEwen, o processo de gestão do estresse, por ele denominado *alostase*, é o que gera desgaste e deterioração no organismo. Se os sistemas de gestão do estresse estão sobrecarregados, acabam entrando em colapso. McEwen deu a esse processo gradual o nome de carga alostática e, segundo ele, qualquer um pode observar seus efeitos destrutivos no corpo. Por exemplo, o estresse agudo aumenta a pressão arterial para oferecer o fluxo sanguíneo necessário aos músculos e órgãos que precisam reagir a uma situação de perigo. Isso é bom. Mas uma pressão arterial constantemente elevada leva ao surgimento de placas de ateromas, que causam ataques cardíacos. Isso não é tão bom.

Embora o sistema humano de reação ao estresse seja altamente complexo, na prática nada tem de sutil. Dependendo do tipo de estresse experimentado, a reação ideal pode vir dos mais diferentes mecanismos de defesa. Se estivermos prestes a sofrer um ferimento físico, por exemplo, seria uma boa ideia que nosso sistema imunológico começasse a produzir anticorpos em abundância. Se tivermos de fugir de um atacante, é bom que os batimentos cardíacos e a pressão arterial aumentem. Mas o eixo HPA não é capaz de distinguir entre diferentes tipos de ameaça, e por isso ativa todas as defesas de uma vez em reação a qualquer ameaça. Infelizmente, isso significa que com frequência experimentamos reações de estresse não muito úteis — por exemplo, quando precisamos falar diante de uma plateia e, de repente, a boca fica seca. Nosso eixo HPA, percebendo o perigo, está conservando fluidos, preparando-se para repelir um ataque. E lá estamos nós em busca de um copo d'água e engolindo em seco.

Podemos pensar no eixo HPA como um quartel de bombeiros de última geração, com uma frota de veículos superequipados, cada um com seu conjunto de ferramentas ultraespecializadas e uma equipe de bombeiros altamente capacitada. Quando soa o alarme, os bombeiros não param para analisar exatamente qual é o problema e decidir que caminhão pode ser adequado para o caso. Todos os caminhões são mobilizados juntos em direção ao incêndio, a toda velocidade e com as sirenes ligadas. Como no caso do eixo HPA, eles simplesmente reagem com rapidez, fazendo uso de todas as ferramentas disponíveis. Pode ser a estratégia certa para salvar vidas em incêndios, mas também pode levar à mobilização de uma dúzia de caminhões para apagar o fogo numa lata de lixo — ou, pior ainda, atender a um alarme falso.

5. Morrendo de medo

Nadine Burke Harris encontrava os resultados desse efeito corpo de bombeiros o tempo todo em seus pacientes. Certo dia, na clínica de Bayview, ela me apresentou a um deles, uma adolescente chamada Monisha Sullivan, que fora pela primeira vez à clínica quando tinha dezesseis anos e havia acabado de dar à luz. A infância de Monisha não podia ter sido mais estressante. Ela foi abandonada dias depois de nascer pela mãe, usuária de doses elevadas de cocaína e outras drogas. Durante a infância, Monisha viveu com o pai e o irmão mais velho em uma área muito violenta de Hunters Point, até que também o pai se perdeu no vício das drogas; quando Monisha tinha dez anos, ela e o irmão foram tirados de casa pelo departamento municipal de proteção à infância, separados e entregues a orfanatos. Desde então, ela vinha sendo jogada de um lado para o outro do sistema, passando uma semana, um mês ou um ano em cada orfanato ou instituição comunitária, até que, inevitavelmente, as tensões aumentavam em torno de questões como alimentação, deveres de casa ou televisão e ela fugia ou seus responsáveis desistiam. E era então mais um recomeço em outro lugar. Nos seis anos anteriores, ela passara por nove instituições diferentes.

Quando conheci Monisha, no outono de 2010, ela acabara de completar dezoito anos, e três dias antes tinha sido emancipada do sistema de adoção no qual havia passado quase metade da vida. Sua experiência mais dolorosa, segundo me disse, fora o dia em que ela havia sido entregue a um orfanato. Sem qualquer aviso, foi tirada da sala de aula por uma assistente social que nunca vira e levada para uma casa estranha. Só meses depois ela voltaria a ter algum contato com o pai. "Lembro-me do primeiro dia como se fosse ontem", disse-me ela. "Cada detalhe. Ainda sonho com isso. A sensação é de que vai me fazer mal para sempre."

Conversando na sala de terapia da clínica, pedi a Monisha que me descrevesse como se sentia mal. Ela é incrivelmente articulada a respeito de seu próprio estado emocional — quando fica triste ou deprimida, escreve poemas — e foi capaz de enumerar com precisão seus sintomas. Tinha insônia e pesadelos, disse, e às vezes sentia dores inexplicáveis no corpo. As mãos podiam tremer de maneira incontrolável. Seu cabelo começara a cair recentemente, e ela usava um lenço verde-claro na cabeça para encobrir uma área mais rala. Mais que tudo, ela se sentia ansiosa: com a escola, com a filha pequena, com a possibilidade de terremotos. "Fico pensando nas coisas mais estranhas", contou. "Penso no fim do mundo. Se passa um avião, fico pensando que vão jogar uma bomba. Penso na morte do meu pai. Se o perder, não sei o que vou fazer." Ela se preocupava até com a própria ansiedade. "Quando fico com medo, começo a tremer", disse. "Meu coração começa a bater mais forte. Eu começo a chorar. Sabe quando as pessoas dizem 'Morri de medo'? Tenho medo de que isso aconteça de verdade comigo."

A metáfora do corpo de bombeiros talvez nos ajude a entender o que estava acontecendo com Monisha Sullivan. Na infância, seu alarme de incêndio era disparado constantemente, no volume máximo: *Minha mãe e minha madrasta estão se batendo; nunca mais vou ver meu pai de novo; não tem ninguém em casa para fazer o meu jantar; minha família adotiva não vai tomar conta de mim.* Toda vez que o alarme disparava, seu sistema de reação ao estresse acionava todos os caminhões, com as sirenes ligadas. Os bombeiros quebravam vidraças e ensopavam carpetes, e, quando Monisha fez dezoito anos, seu maior problema não eram as ameaças que enfrentava no mundo ao seu redor, mas os danos causados pelos bombeiros.

Quando enunciou pela primeira vez o conceito de carga alostática, na década de 1990, McEwen não o concebeu como um índice numérico. Recentemente, no entanto, ele e outros pesquisadores, liderados por Teresa Seeman, gerontologista na Universidade da Califórnia em Los Angeles, vêm tentando "operacionalizar" a carga alostática, para chegar, em cada indivíduo, a um número capaz de expressar os danos gerados por uma vida inteira de gestão do estresse.[24] Os médicos hoje em dia se valem o tempo todo de indicadores de risco biológico comparáveis, como as conhecidas medidas de pressão arterial. É evidente a utilidade desses números na previsão de certas condições médicas (é por isso que o seu médico tira sua pressão arterial toda vez que você vai ao consultório, qualquer que seja a sua indisposição). O problema é que a medida da pressão arterial por si só não constitui uma avaliação precisa de futuros riscos de saúde. Um índice mais correto da carga alostática teria de incluir não só a pressão arterial e os batimentos cardíacos, mas também outras medidas sensíveis ao estresse: níveis de colesterol e proteína C-reativa de alta sensibilidade (um dos principais marcadores de doenças cardiovasculares) e indicadores de cortisol e outros hormônios do estresse na urina, e de glicose, insulina e lipídios no sangue. Seeman e McEwen mostraram que um índice complexo, abrangendo todos esses valores, constituiria um indicador muito mais confiável de futuros riscos médicos do que a pressão arterial ou qualquer outra medida atual fundamentada num único fator.

É um conceito interessante e fascinante, e também ligeiramente assustador: um único número que lhe seria comunicado por seu médico, digamos, aos vinte e poucos anos, e refletiria ao mesmo tempo o estresse vivenciado até esse momento da vida e os riscos médicos que você agora enfrentaria em consequência desse estresse. Sob certos aspectos, seria uma versão mais refinada da escala de pontos de experiências adversas na infância. Mas, ao contrário da pontuação ACE, que se baseia no seu relato pessoal sobre sua própria infância, o seu número de carga alostática refletiria apenas frios dados médicos: os efeitos físicos reais da adversidade na infância, inscritos no seu corpo, sob sua pele.

6. Funções executivas

Como médica, Burke Harris a princípio ficou interessada nos efeitos fisiológicos dos traumas precoces e do estresse não resolvido em seus pacientes: as mãos trêmulas, a queda de cabelo e as dores sem explicação de Monisha. Mas logo se deu conta de que essas forças tinham repercussões igualmente sérias em outros aspectos da vida dos pacientes. Ao aplicar em mais de setecentos pacientes de sua própria clínica uma versão modificada do questionário de Felitti e Anda no estudo ACE, ela constatou uma correlação perturbadoramente forte entre as experiências adversas na infância e os problemas escolares. Entre os pacientes com pontuação 0, apenas 3% tinham apresentado problemas de aprendizado ou comportamento.[25] Entre os pacientes com pontuação de 4 ou mais, esse total subia para 51%.

Os fisiologistas especializados no estresse também encontraram uma explicação biológica para o fenômeno. A parte do cérebro mais afetada pelo estresse precoce é o córtex pré-frontal, decisivo em todos os tipos de atividades de autorregulação, tanto emocionais quanto cognitivas. Em consequência, as crianças que crescem em ambientes de grande estresse geralmente têm maior dificuldade para se concentrar, se aquietar, se recuperar de decepções e de obedecer a instruções. Isso, por sua vez, tem consequências diretas no desempenho escolar. Quando estamos assoberbados por impulsos incontroláveis e perturbados por sentimentos negativos, fica difícil aprender o alfabeto. Na verdade, os professores de jardim de infância, quando consultados sobre seus alunos, dizem que o maior problema que enfrentam não são as crianças que não sabem letras e números, mas as que não sabem controlar seu temperamento ou se acalmar depois de uma provocação. Num levantamento feito em escala nacional nos Estados Unidos, 46% dos professores de jardim de infância disseram que pelo menos metade das crianças de sua turma tinha dificuldade para seguir orientações.[26] Num outro estudo, professores do Head Start, programa americano de assistência social, relataram que mais de um quarto dos alunos demonstravam graves problemas de comportamento ligados ao autocontrole, como chutar ou ameaçar colegas, pelo menos uma vez por semana.[27]

Certos efeitos do estresse no córtex pré-frontal podem ser classificados como de ordem emocional ou psicológica: todo tipo de ansiedade e depressão. Mantive contato com Monisha nos meses seguintes à nossa primeira conversa e pude constatar nela muitos desses sintomas emocionais. Ela vivia mergulhada em insegurança: em relação ao peso, à sua capacidade de cuidar da filha, a suas perspectivas em geral. Certa noite, Monisha foi atacada por um ex-namorado, um indivíduo mal-intencionado que ela convidara a sua casa, contra todo bom senso, para remediar a solidão. E estava sempre lutando para lidar com um fluxo de emoções que parecia a ponto de derrubá-la. "Às vezes o estresse é simplesmente insuportável", disse-me ela uma vez. "Não sei como as pessoas aguentam."

Para Monisha, o principal efeito da sobrecarga de estresse no córtex pré-frontal era a dificuldade de regular as emoções. Para muitos outros jovens, contudo, o principal efeito do estresse é o comprometimento da capacidade de regular os pensamentos. Isso tem a ver com um conjunto específico de capacitações cognitivas localizadas no córtex pré-frontal e conhecidas como funções executivas. Nas escolas, a *função executiva* tornou-se a expressão da moda no universo educacional, o mais recente índice a ser avaliado e diagnosticado. Mas, entre os cientistas que estudam crianças pobres, as funções executivas constituem um novo campo de interesse por outro motivo: melhorar a função executiva parece uma forma promissora de se diminuir a defasagem de desempenho entre as crianças pobres e as de classe média.

Hoje entendemos as funções executivas como uma coleção de capacidades mentais de ordem mais elevada. Jack Shonkoff, diretor do Centro de Desenvolvimento Infantil na Universidade Harvard, comparou-as a uma equipe de controladores de tráfego aéreo supervisionando o funcionamento do cérebro.[28] Em termos gerais, elas remetem à capacidade de lidar com situações e informações confusas e imprevisíveis. Um famoso teste da capacidade de função executiva é o chamado teste Stroop. A palavra *vermelho* em letras verdes nos é mostrada, e alguém pergunta de que cor é a palavra. É preciso algum esforço para não responder *vermelho*, e a capacitação a que recorremos ao resistir a esse impulso constitui uma função executiva. Essas capacitações são particularmente valiosas na escola. As crianças sempre são convidadas a lidar com informações contraditórias. A letra *C* é pronunciada em inglês como *K*, ou mesmo como *S*. As palavras *tale* [conto] e *tail* [cauda] têm o mesmo som, mas significados diferentes. Um zero significa uma coisa quando sozinho e outra completamente distinta com o número um à frente. Para se orientar entre esses diferentes truques e exceções é necessário ter controle do impulso cognitivo, uma capacitação neurologicamente relacionada ao controle do impulso emocional — a capacidade de se conter e não dar um murro no garoto que acaba de pegar seu carrinho favorito. Tanto no teste Stroop quanto no incidente com o carrinho, estamos usando o córtex pré-frontal para superar a reação instintiva imediata. E quer estejamos usando o autocontrole no terreno emocional ou no cognitivo, essa capacidade é de importância crucial na experiência escolar diária, seja no jardim de infância ou no último ano do ensino médio.

7. Genius

Já há algum tempo sabemos que a capacidade de fazer uso das funções executivas tem uma relação estrita com a renda familiar, mas até recentemente não sabíamos por quê. Em 2009, no entanto, Gary Evans e Michelle Schamberg, pesquisadores da Universidade Cornell, fizeram uma experiência que pela primeira vez nos deu uma visão clara de como a pobreza na infância afeta as funções executivas.[29] A capacitação de função executiva por eles examinada foi a memória operacional, que diz respeito à capacidade de manter uma série de fatos na cabeça ao mesmo tempo. Ela é muito diferente da memória de longo prazo: a memória operacional nada tem a ver com lembrar o nome do professor do ensino primário, mas sim lembrar a lista do supermercado. Para aferir a memória operacional, Evans e Schamberg escolheram uma ferramenta *kitsch*: o jogo eletrônico infantil Genius. Para quem cresceu na década de 1970, como eu, esse jogo ainda pode estar na memória: trata-se de um disco parecido com um OVNI, mais ou menos do tamanho de um LP, porém mais espesso, com quatro placas que se acendem e produzem sons diferentes. As placas se iluminam em diferentes padrões sequenciais, e temos de lembrar a ordem dos bipes e flashes.

Evans e Schamberg usaram o Genius para testar a memória operacional de 195 adolescentes de dezessete anos no interior rural do estado de Nova York, todos parte de um grupo que vinha sendo estudado por Evans desde o nascimento. Cerca de metade dos jovens tinha crescido abaixo da linha de pobreza, e a outra metade em famílias de pais empregados e de classe média. A primeira descoberta de Evans e Schamberg foi que o tempo passado em condições de pobreza durante a infância prenunciava o desempenho médio no teste Genius: em outras palavras, os adolescentes que tinham passado dez anos em situação de pobreza saíram-se menos bem do que os que haviam passado apenas cinco anos nessa condição. Isso, por si só, não era assim tão surpreendente; os pesquisadores já haviam identificado correlações entre a pobreza e a memória operacional.

Mas Evans e Schamberg fizeram algo diferente: introduziram certas mensurações biológicas de estresse. Quando as crianças do estudo tinham nove anos, e também quando tinham treze, os pesquisadores de Evans registraram certos referenciais fisiológicos de cada uma delas, incluindo pressão arterial, índice de massa corporal e níveis de determinados hormônios do estresse, dentre os quais o cortisol. Evans e Schamberg combinaram esses dados biológicos e criaram sua própria medida de carga alostática: os efeitos físicos de um sistema sobrecarregado de reação ao estresse. Ao reunir todos os dados e comparar o resultado de cada teste Genius, a história de pobreza da criança e a leitura da carga alostática, eles constataram que as três mensurações estavam relacionadas: mais tempo passado em situação de pobreza significava números mais altos de carga alostática e pontuação mais baixa no teste Genius. Mas aí veio a surpresa: ao serem utilizadas técnicas de estatística para calcular o efeito da carga alostática, o efeito da pobreza desaparecia completamente. O que comprometia as capacidades de função executiva das crianças pobres não era a pobreza em si, mas o estresse que a acompanhava.

Pelo menos potencialmente, essa era uma descoberta importante em relação ao nosso entendimento da pobreza. Imaginemos dois meninos sentados lado a lado, jogando pela primeira vez o Genius. Um deles é de uma família de classe média alta, e o outro, de uma família de baixa renda. O garoto de classe média alta se sai muito melhor na memorização dos padrões. Poderíamos partir do princípio de que o motivo desse efeito é genético: talvez exista um gene Genius com mais probabilidade de se manifestar em garotos ricos. Ou talvez tenha a ver com vantagens materiais no ambiente de classe média alta desse garoto: mais livros, mais jogos, mais brinquedos eletrônicos. Talvez sua escola seja melhor para o aprendizado da capacitação de memória de curto prazo. Ou quem sabe seria uma combinação dos três fatores. Mas o que Evans e Schamberg constataram foi que, na verdade, a desvantagem mais significativa enfrentada pelo menino da família de baixa renda é sua alta carga alostática. E, se aparecesse outro menino de família de baixa renda com níveis baixos de carga alostática — que vivenciou, por algum motivo, uma infância menos estressante, apesar do ambiente de pobreza —, muito provavelmente ele se sairia tão bem na competição Genius quanto o menino rico. E qual é a relevância de uma pontuação baixa no Genius? É que no ensino médio, na faculdade e no trabalho, a vida está cheia de tarefas nas quais a memória operacional é crucial para o sucesso.

O motivo pelo qual os pesquisadores preocupados com a defasagem entre pobres e ricos se empolgam tanto com as funções executivas está no fato de que essas capacitações não apenas podem prenunciar o sucesso; elas também são muito maleáveis, muito mais que as outras capacitações cognitivas. O córtex pré-frontal é mais sensível a intervenções do que as outras partes do cérebro e se mantém sensível até já bem entrados a adolescência e o início da idade adulta. Assim, se formos capazes de aprimorar o ambiente de uma criança em aspectos específicos que conduzam a funções executivas melhores, poderemos aumentar sua perspectiva de sucesso com particular eficiência.

8. Mush

É na primeira infância que nosso cérebro e nosso corpo se mostram mais sensíveis aos efeitos do estresse e do trauma. Mas é na adolescência que os danos infligidos pelo estresse podem levar aos problemas mais graves e duradouros. Em parte, trata-se apenas de um fato concreto do crescimento. Quando temos dificuldade para controlar os impulsos nos primeiros anos do ensino primário, as consequências são relativamente limitadas: podemos ser mandados para a sala da diretora; podemos nos afastar de um amigo. Mas as decisões impulsivas que somos tentados a tomar na adolescência — dirigir embriagado, fazer sexo sem proteção, matar aulas, furtar uma carteira — muitas vezes podem ter consequências para o resto da vida.

Mais importante ainda, os pesquisadores constataram que existe algo peculiarmente desequilibrado no cérebro do adolescente, tornando-o suscetível a tomar decisões impulsivas e equivocadas.[30] Laurence Steinberg, psicólogo na Universidade Temple, analisou dois sistemas neurológicos diferentes que se desenvolvem na infância e no início da idade adulta e que, juntos, exercem um efeito profundo na vida dos adolescentes.[31] O problema é que esses sistemas não estão bem alinhados. O primeiro, chamado sistema de processamento de incentivos, nos torna mais voltados para a busca de sensações, mais reativos emocionalmente, mais atentos às informações sociais. (Se você algum dia foi adolescente, tudo isso pode parecer familiar.) O segundo, chamado sistema de controle cognitivo, nos permite regular todos esses anseios. O período da adolescência sempre foi uma época tão perigosa, afirma Steinberg, porque o sistema de processamento de incentivos atinge sua plena força no início da adolescência, ao passo que o sistema de controle cognitivo só amadurece por completo quando estamos na casa dos vinte. Assim, por alguns anos de intenso descontrole, processamos incentivos loucamente, sem um sistema de controle correspondente que regule nosso comportamento. E, se combinarmos essa neuroquímica adolescente descompensada padrão com um eixo HPA sobrecarregado, teremos uma mistura particularmente tóxica.

Essa combinação de forças em muitos de seus alunos era exatamente o que Elizabeth Dozier não conseguia administrar no Fenger High School. Depois da quase rebelião no colégio em outubro de 2009, ela decidiu simplesmente afastar de vez alguns alunos. O primeiro da lista era um garoto de dezesseis anos chamado Thomas Gaston, conhecido como Mush. Para Dozier, Mush era um gângster, um bandido respeitado capaz de desencadear conflitos gigantescos no Fenger dirigindo um simples olhar para um de seus comparsas. "Ele era o capeta", contou-me Dozier. "Era só ele entrar no edifício e tudo começava. Botava o colégio inteiro de pernas para o ar."

Cheguei a conhecer Mush porque, juntamente com mais uns vinte alunos do Fenger, ele foi inscrito num programa intensivo de aconselhamento financiado pelo sistema educacional público de Chicago e gerido por uma organização sem fins lucrativos chamada Youth Advocate Programs, ou YAP. No outono de 2010 e no inverno e na primavera de 2011, passei muito tempo em Roseland com vários patronos da YAP e os alunos que estavam aos seus cuidados, incluindo Mush. Meu principal guia nesse processo foi Steve Gates, vice-diretor da YAP em Chicago, um sujeito corpulento e tranquilo de quase quarenta anos, com *dreadlocks* curtos e finos, uma barba rala e olhos azul-claros lacrimosos. Como Mush, Gates morava em Roseland, a poucas quadras do Fenger; tinha crescido ali, na verdade, em circunstâncias semelhantes e cometido muitos dos mesmos erros que Mush agora cometia, vinte anos depois: entrar para uma gangue, portar arma de fogo, arriscar a vida e o futuro a cada dia. O passado de delinquência de Gates lhe conferia uma compreensão ímpar das pressões enfrentadas por Mush, assim como um maior sentimento de urgência ao tentar encaminhá-lo, e outros adolescentes de Roseland matriculados na YAP, para um futuro melhor.

A YAP chegara a Chicago a convite de Ron Huberman, que substituiu Arne Duncan como diretor executivo do sistema escolar da cidade em 2009.

Ao nomear Huberman para o cargo, o prefeito Daley estava preocupado com os crescentes índices de violência envolvendo armas de fogo e jovens, e lhe deu uma missão inusitada para um administrador escolar: impedir que os alunos matassem uns aos outros. Huberman acreditava firmemente em estatística: seu primeiro emprego após a faculdade havia sido no departamento de polícia de Chicago, onde foi treinado nos princípios do CompStat, o avançado sistema de análise de dados ao qual é atribuída a acentuada queda dos índices de criminalidade em Nova York na década de 1990. Sua primeira medida como diretor executivo do sistema escolar foi contratar uma equipe de consultores para, tal como o CompStat, fazer uma análise dos casos de homicídio e tiroteio entre os estudantes de Chicago. Os consultores criaram um modelo estatístico que, segundo eles, permitia identificar os estudantes da cidade com maior probabilidade de se tornarem vítimas de violência com armas de fogo ao longo dos dois anos seguintes. Eles identificaram nos colégios de Chicago 1.200 estudantes que, segundo esse modelo, tinham pelo menos uma chance em treze de levar um tiro antes do verão de 2011; nesse grupo de 1.200, foram identificados duzentos estudantes de "risco altíssimo", cada um com pelo menos uma chance em cinco de se tornar vítima de violência com armas de fogo nos dois anos subsequentes. Foram esses os estudantes confiados à YAP e entregues aos cuidados de um patrono por até vinte horas semanais de aconselhamento e apoio.

Mush estava nessa lista, e, assim, no outono de 2009, Steve Gates foi ao seu encontro para inscrevê-lo na YAP e atribuir-lhe um patrono. No entanto, ao mesmo tempo Elizabeth Dozier tentava expulsar Mush do Fenger. Logo depois de ingressar na YAP, ele acabou sendo afastado do colégio, pelo menos temporariamente, exilado por um semestre no Vivian E. Summers Alternative High School, um prédio pequeno e cinzento a oito quadras do Fenger que parecia uma prisão. Embora Mush não gostasse muito do Vivian Summers, naquele inverno e na primavera seguinte ele pareceu prosperar sob o olhar atento dos mentores da YAP. O primeiro patrono de Mush conseguiu-lhe emprego numa oficina mecânica local, onde ele desenvolveu seu lado artístico pintando carrocerias, e por algum tempo parecia que Mush tinha dado as costas ao passado conturbado e começava a se mover em direção a uma vida mais produtiva.

Até que, numa certa noite de junho de 2010, o patrono de Mush o deixou em casa tarde e presumiu que o rapaz estava entregue. Mas Mush decidiu voltar às ruas. Algumas horas depois, estava na cadeia de Cook County, juntamente com seu amigo Bookie, ambos acusados de roubo de automóvel a mão armada. Mush e Bookie tinham pela frente a perspectiva de uma sentença de 21 anos de prisão, mas o advogado da YAP conseguiu convencer o juiz a confiná-los por oito meses num campo de recuperação. A internação foi difícil para Mush — regime militar, flexões e corridas de dezesseis quilômetros ao amanhecer —, mas ele mobilizou uma disciplina interna que aparentemente lhe faltara no Fenger e conseguiu cumprir a sentença.

Quando comecei a conviver com os patronos da YAP e seus estudantes, Mush ainda estava no campo de recuperação, e eu já ouvira muito sobre ele bem antes de conhecê-lo em carne e osso — por Gates, por Dozier, por seus amigos na YAP e até por sua mãe, que fui visitar certa noite, em companhia de Gates, quando Mush ainda estava detido. Dozier falava de Mush com assombro, como se ele fosse uma espécie de gênio do mal. Gates disse-me que havia homens adultos que morriam de medo dele. Sua mãe, naturalmente, não se deixava impressionar tanto com essa fama de valentão do submundo; ela adorou me contar que costumava comprar para ele cuecas com a estampa de Arthur, o personagem de desenho animado, para deixá-lo com vergonha e obrigá-lo a manter as calças no devido lugar. Ainda assim, quando chegou o momento de conhecê-lo, eu estava meio nervoso; parecia que ia encontrar uma celebridade. Em pessoa, contudo, Mush era um adolescente como outro qualquer do South Side, só que menor — pouco mais de 1,5 metro de altura e franzino mesmo depois de oito meses de flexões —, e andava com os pés voltados para fora num passo de rigidez arrastada e quase chaplinesca. Usava no pescoço um rosário, trazia um boné dos Yankees bem enterrado na cabeça e estava metido numa jaqueta grande demais, que bem poderia abrigar dois ou três garotos como ele.

Fomos a uma lanchonete da avenida Western para comer ovos, tomar café e conversar. Como todos os seus amigos, Mush foi criado por uma mãe solteira, a que lhe comprava cuecas Arthur, uma mulher que Gates considerava "uma pessoa maravilhosa, mas não necessariamente preparada para criar filhos". Seus parentes mais próximos tinham um histórico de violência e problemas com a justiça, e Mush recitou uma longa lista de irmãos, primos e outros parentes que estavam mortos ou presos. Mush me contou que, aos nove anos, viu seu tio ser morto a tiros na casa onde o menino vivia. "Foi uma loucura", disse ele. "Aconteceu bem na minha frente." Enquanto conversávamos, eu me vi calculando em silêncio a pontuação de experiências adversas de Mush, à medida que cada trauma infantil fazia o contador girar.

A história pessoal de Mush diferia da de Monisha Sullivan nos detalhes; ele presenciou muito mais violência do que ela durante o crescimento, mas os problemas familiares vivenciados por ela eram mais graves: abandonada pela mãe, separada do pai, ela passou toda a adolescência aos cuidados de estranhos. Ambos, contudo, tiveram uma infância implacavelmente estressante e foram prejudicados por esse estresse de maneira profunda e duradoura. Embora nenhum dos dois tenha tido a chance (ou a disposição) de se submeter às avaliações de carga alostática aplicadas por McEwen, Evans, Schamberg e outros pesquisadores, podemos presumir que, se o fizessem, os resultados seriam extraordinários. E, no entanto, embora os danos físicos e psicológicos causados pelos traumas infantis fossem comparáveis, havia uma grande diferença na maneira como esses danos se traduziram em suas vidas. Monisha voltou o estresse para dentro de si, onde ele se manifestou na forma de medo, ansiedade, tristeza, insegurança e tendências autodestrutivas. Mush, pelo contrário, voltou-o para fora: brigas, mau comportamento em sala de aula e, com o tempo, diversas formas de infração da lei.

Mush começou cedo a se meter em confusão: foi expulso da escola primária por brigar com o diretor. Mas seu comportamento piorou consideravelmente quando ele tinha catorze anos e seu irmão, que tinha se alistado no exército para escapar da violência de South Side, foi morto a tiros num assalto perto de sua base em Colorado Springs. "Foi isso que acabou comigo", disse-me Mush. "Depois disso, parei de me importar com muitas coisas." Segundo ele, a única maneira de escapar da dor causada pela morte do irmão era entrar para uma gangue. "Eu estava reprimindo muita coisa", disse. "Parecia uma bomba-relógio. E, para clarear as ideias, eu saía para a rua e fazia besteira, brincando com armas e tal."

Recentemente, pesquisadores da Universidade Northwestern fizeram avaliações psiquiátricas de mais de mil jovens detentos do Centro de Detenção Juvenil Temporária de Cook County, em Chicago — onde a maioria dos estudantes da YAP havia passado pelo menos algum tempo — e constataram que 84% deles tinham vivenciado dois ou mais traumas graves na infância, e que a maioria tinha passado por seis traumas ou mais.[32] Três quartos deles tinham presenciado morte violenta ou ferimentos graves infligidos a alguém. Mais de 40% das moças tinham sofrido abusos sexuais na infância. Mais de metade dos rapazes disse que pelo menos uma vez havia se encontrado em situações tão perigosas que achavam que eles mesmos ou pessoas próximas estivessem prestes a morrer ou ser gravemente feridos. E, como se poderia esperar, todos esses traumas sucessivos tiveram um efeito devastador na saúde mental desses detentos: dois terços dos homens tinham pelo menos um distúrbio psiquiátrico. Do ponto de vista acadêmico, eles estavam muito abaixo da média: os jovens detentos apresentavam nos testes de vocabulário uma pontuação média de até 5%, o que significava que eles estavam abaixo de 95% dos jovens do resto do país.[33]

Conversando com Mush e outros jovens de Roseland, muitas vezes eu me pegava pensando na pesquisa nos campos da neurociência e da fisiologia do estresse que tanto tinha mudado a perspectiva de Nadine Burke Harris. Certa tarde, ela e eu passeamos de carro pelos conjuntos habitacionais de Bayview-Hunters Point, observando e sendo observados pelos rapazes nas esquinas, e Burke Harris falava como se fosse capaz de ver o cortisol, a oxitocina e a norepinefrina pulsando em seus corpos e cérebros. "Quando vemos essa garotada e seu comportamento, tudo pode parecer tão misterioso", disse ela. "Mas, sob certos aspectos, o que estamos vendo não passa de uma complexa série de reações químicas. O enovelamento de uma proteína ou a ativação de um neurônio. E o empolgante, aqui, é que isso tudo pode ser tratado. Quando a gente chega ao nível das moléculas, percebe que é ali onde está a cura. É ali onde vamos descobrir uma solução."

Burke Harris contou-me a história de um paciente, um adolescente que, como tantos outros pacientes, vivia num lar estressante que lhe havia infligido uma pontuação particularmente elevada de experiências adversas. Pelo tempo que a clínica existia, ela praticamente pudera acompanhar o crescimento do garoto. Quando o recebeu pela primeira vez, ele tinha dez anos, era uma criança infeliz numa família infeliz, mas era um menino, alguém que sofrera alguns golpes, mas ainda parecia ter a chance de escapar de um destino sombrio. Mas agora esse menino tinha catorze anos e era um adolescente negro enraivecido com quase 1,80 de altura que ficava pelas ruas e se envolvia em problemas — um arruaceiro em formação, ou mesmo já um criminoso. A realidade é que a maioria das pessoas tende a sentir apenas empatia e compreensão por um menino de dez anos: trata-se, afinal, de uma criança, e claramente uma vítima. Mas, por volta dos catorze anos de idade — para não falar do jovem de dezoito no qual logo ele se transformará —, costumamos sentir algo mais carregado: raiva e medo, ou pelo menos desesperança. É claro que o que Burke Harris enxergava, com a vantagem do tempo transcorrido e com sua perspectiva de médica, era que o menino de dez anos e o adolescente de catorze eram a mesma criança, reagindo às mesmas influências, fustigados pelos mesmos poderosos processos neuroquímicos.

No convívio com a garotada da YAP, muitas vezes eu me via confrontado com questões de culpa e reprovação: quando o menino inocente se transforma no homem culpado? Eu nada tinha contra o argumento de que roubo de carro a mão armada seja realmente algo muito ruim, e de que as pessoas capazes de um ato assim, mesmo sendo sujeitos sensíveis como Mush, têm de sofrer as consequências. Mas também entendia o ponto de vista de Steve Gates: aqueles eram jovens surpreendidos num sistema terrível que coagia suas decisões de uma forma para eles quase insuportável. Gates definia esse sistema basicamente em termos sociais e econômicos; Burke Harris o enxergava do ponto de vista neuroquímico. Quanto mais tempo eu passava em Roseland, contudo, mais essas perspectivas pareciam convergir.

9. CL

Boa parte das informações novas sobre a infância e a pobreza reveladas por psicólogos e neurocientistas pode ser desanimadora para qualquer um que pretenda ajudar crianças em situação desfavorável a alcançar resultados melhores. Sabemos hoje que a vivência precoce de estresse e adversidades pode literalmente contaminar uma criança, causando danos para toda a vida. Mas os estudos também oferecem algumas notícias positivas. Acontece que existe um antídoto particularmente eficaz para os efeitos nocivos do estresse precoce, e ele não vem dos laboratórios farmacêuticos nem dos educadores da pré-escola, mas dos próprios pais. Os pais e responsáveis capazes de nutrir um relacionamento próximo e acolhedor com os filhos podem gerar neles uma resiliência que os protege de muitos dos piores efeitos de um ambiente adverso na infância. Isso pode parecer uma mensagem um tanto sentimental, mas na verdade se baseia em fatos rigorosamente científicos. O efeito de um bom ambiente familiar não é apenas emocional ou psicológico, afirmam os neurocientistas; é também bioquímico.

O pesquisador que mais tem contribuído para expandir nossa compreensão da relação entre os cuidados paternos e o estresse é um neurocientista da Universidade McGill chamado Michael Meaney. Como tantos que atuam nesse campo, boa parte das pesquisas de Meaney é feita com ratos, pois esses animais e os seres humanos têm uma arquitetura cerebral semelhante. Seu laboratório está sempre povoado por centenas de ratos. Eles vivem em jaulas de acrílico, e geralmente cada jaula abriga uma rata mãe e sua pequena ninhada de filhotes.

Cientistas que estudam ratos em laboratório sempre apanham filhotes para examiná-los ou pesá-los. Certo dia, há cerca de dez anos, os pesquisadores do laboratório de Meaney notaram algo curioso: quando os devolviam às jaulas depois analisá-los, algumas mães acorriam aos filhotes e passavam alguns minutos lambendo-os e acariciando-os.[34] Outras simplesmente os ignoravam. Examinando os filhotes, os pesquisadores descobriram que essa prática aparentemente sem importância tinha um nítido efeito fisiológico. Eles constataram que a manipulação por parte de um laboratorista gerava ansiedade e um fluxo de hormônios de estresse nos filhotes. As carícias e lambidas da mãe neutralizavam essa ansiedade e aplacavam a explosão hormonal.

Meaney e seus pesquisadores ficaram intrigados e quiseram saber mais sobre a maneira como os cuidados e as lambidas funcionavam e que efeitos podiam ter nos filhotes. Continuaram, assim, a observar os ratos, passando longos dias e noites com o rosto colado ao acrílico, e após muitas semanas de cuidadosa observação fizeram outra descoberta: as ratas apresentavam diferentes padrões de lambida e carícia, mesmo quando filhotes não eram manipulados pelos pesquisadores. A equipe de Meaney realizou, assim, uma nova experiência, com outras mães, para tentar quantificar esses padrões. Dessa vez, nenhum dos filhotes foi manipulado. Os pesquisadores limitaram-se a observar atentamente cada jaula, uma hora de cada vez, por oito sessões diárias, nos dez primeiros dias de vida dos filhotes, e contaram cada episódio de carícias e lambidas maternas.[35] Passados dez dias, dividiram as mães em duas categorias: as que acariciavam e lambiam muito, classificadas como de alto CL, e as que acariciavam e lambiam pouco, classificadas como de baixo CL.

Os pesquisadores queriam saber que efeitos essas variações de comportamento materno poderiam gerar a longo prazo. Assim, quando os filhotes tinham 22 dias de idade, foram desmamados, separados das mães e alojados pelo resto da adolescência com irmãos do mesmo sexo. Quando os filhotes finalmente amadureceram, com cerca de cem dias de idade, a equipe de Meaney aplicou-lhes uma série de testes para comparar os rebentos das mães de alto CL com os ratos que não tinham recebido muitas carícias e lambidas quando filhotes.

A principal avaliação utilizada foi uma ferramenta chamada teste do campo aberto, procedimento muito usado em estudos sobre comportamento animal: um rato é colocado numa grande caixa redonda aberta durante cinco minutos, podendo explorá-la à vontade. Os ratos nervosos tendem a ficar perto da parede, andando em círculos pelo perímetro; ratos mais ousados aventuram-se para longe da parede e exploram todo o campo. Num segundo teste, destinado a medir o medo, ratos famintos foram colocados numa outra jaula durante dez minutos e receberam comida. Os ratos ansiosos, como convidados inquietos num jantar chique, tendem a levar mais tempo para reunir coragem e experimentar algum alimento e comem menos do que os ratos mais calmos e confiantes.

Em ambos os testes, a diferença entre os dois grupos foi impressionante. Os ratos que não tinham recebido muitas carícias e lambidas quando filhotes passavam em média menos de cinco segundos do período de cinco minutos se arriscando a explorar o campo aberto; os ratos que tinham sido muito acariciados e lambidos passavam em média 35 segundos no meio do campo — sete vezes mais. No teste de alimentação de dez minutos, os ratos com alto CL começavam a comer depois de apenas quatro minutos de hesitação, em média, e comiam durante mais de dois minutos ao todo. Os ratos com baixo CL levavam em média mais de nove minutos para começar e comiam por apenas alguns segundos.

Os pesquisadores efetuaram sucessivos testes, e em cada um deles os ratos com alto CL se saíam melhor: eram mais rápidos nos labirintos, mais sociáveis, mais curiosos, menos agressivos, tinham mais autocontrole, eram mais saudáveis, viviam por mais tempo. Meaney e seus pesquisadores ficaram surpresos. O que podia parecer uma minúscula variante em estilo de maternidade, tão minúscula que ao longo de décadas nenhum pesquisador jamais percebera existir, gerava enormes diferenças de comportamento em ratos maduros, meses depois das carícias e lambidas. E o efeito não era apenas comportamental, mas também biológico. Quando os colaboradores de Meaney examinaram o cérebro dos ratos adultos, constataram diferenças significativas nos sistemas de reação ao estresse entre os ratos com alto e baixo CL, inclusive grandes variações no tamanho, na forma e na complexidade das partes do cérebro reguladoras do estresse.

Meaney se perguntava se a frequência das carícias e lambidas maternas seria apenas uma indicação de algum traço genético passado de mãe para filhote. Talvez as mães nervosas gerassem filhotes de temperamento nervoso e essas mesmas mães também fossem, por coincidência, menos inclinadas a lamber e acariciar. Para testar essa hipótese, Meaney e seus pesquisadores realizaram algumas experiências de criação cruzada, nas quais afastavam filhotes de mães de alto CL logo depois do nascimento e os integravam à ninhada de uma mãe de baixo CL, e vice-versa, nos mais diferentes tipos de combinação.[36] Todavia, qualquer que fosse a permutação, como quer que efetuassem a experiência, eles constatavam a mesma coisa: o que importava não eram os hábitos de lambida e carícia da mãe biológica, mas os hábitos de lambida e carícia da mãe *de criação*. O filhote que era beneficiado com a confortadora experiência das carícias e lambidas quando filhote se tornava, ao crescer, mais corajoso, audacioso e ajustado que os outros, fosse ou não a mãe biológica a responsável pelas carícias e lambidas.

10. Apego

Meaney e outros neurocientistas descobriram indícios intrigantes de que algo parecido com o efeito CL ocorre também em seres humanos. Em colaboração com geneticistas ao longo da última década, Meaney e seus pesquisadores puderam demonstrar que as carícias e lambidas de uma mãe rata não afetam os filhotes apenas no nível dos hormônios e da química cerebral. A coisa vai muito além, chegando até o controle da expressão genética.[37] As carícias e lambidas nos filhotes afetam a maneira como certos agentes químicos são afixados a determinadas sequências do seu DNA, processo conhecido como metilação. Utilizando uma tecnologia de sequenciamento de genes, a equipe de Meaney conseguiu identificar qual parte do genoma dos filhotes era "ativada" pelas carícias e lambidas, e era justamente o segmento que controlava a maneira como o hipocampo do rato viria a processar os hormônios do estresse na idade adulta.

Essa descoberta causou rebuliço no mundo da neurociência. Ela demonstrava que, pelo menos nos ratos, comportamentos parentais sutis tinham efeitos previsíveis e duradouros relacionados ao DNA que podiam ser identificados e observados. O que tornou a descoberta relevante fora do mundo dos roedores foi a experiência que a equipe de Meaney fez depois, usando o tecido cerebral de suicidas humanos — tanto de suicidas que tinham sofrido abuso e maus-tratos na infância, quanto de suicidas que não haviam passado por tais experiências.[38] Os pesquisadores cortaram o tecido cerebral e examinaram as áreas do DNA relacionadas à reação ao estresse no hipocampo — o equivalente humano da sequência de DNA do rato ativada pelo comportamento parental que afetava profundamente as reações do animal no futuro. Eles descobriram que, nos suicidas que tinham sofrido abuso e maus-tratos na infância, efeitos de metilação haviam ocorrido exatamente nesse segmento do DNA, mas o abuso teve o efeito contrário do gerado pelas carícias e lambidas, desativando a função saudável de reação ao estresse que havia sido ativada nos filhotes de ratos.

O estudo dos suicidas é sem dúvida intrigante, mas por si só não representa uma prova conclusiva do efeito dos cuidados parentais nas funções de estresse dos seres humanos. Entretanto, indícios mais consistentes estão começando a surgir, graças a estudos inovadores desenvolvidos a partir da pesquisa de Meaney. Clancy Blair, pesquisador de psicologia na Universidade de Nova York, vem promovendo um experimento em larga escala no qual acompanha um grupo de mais de 1.200 crianças praticamente desde o nascimento.[39] Mais ou menos uma vez por ano, desde que os bebês tinham apenas sete meses, Blair mediu a maneira como os níveis de cortisol sofreram piques em reação a situações de estresse — uma forma simples de avaliar se uma criança está lidando bem com o estresse, uma espécie de indicador básico da carga alostática. Blair constatou que os riscos ambientais, como turbulência familiar, caos e tumulto, de fato tinham grande efeito nos níveis de cortisol das crianças — mas apenas quando as mães eram desatentas e indiferentes. Quando as mães apresentavam um grau alto de atenciosidade, o impacto desses fatores ambientais sobre os filhos pareciam quase desaparecer.[40] Em outras palavras, cuidados maternos de alta qualidade podem funcionar como um poderoso amortecedor frente aos danos causados pela adversidade ao sistema de reação ao estresse de uma criança, da mesma forma como as carícias e lambidas das ratas pareciam proteger os filhotes.

Gary Evans, o cientista da Universidade Cornell que usou o jogo Genius para testar as capacidades funcionais de crianças que vinha estudando durante quase duas décadas, realizou uma experiência semelhante à de Blair, embora com alunos do ensino fundamental.[41] Ele reuniu três tipos de dados para cada criança: uma pontuação de risco cumulativo que levava em conta desde o ruído ambiental na residência da criança até o efeito de um questionário sobre atritos familiares; uma medida de carga alostática que incluía a pressão arterial, o nível de hormônios do estresse na urina e os índices de massa corporal; e uma classificação da atenciosidade materna, que combinava as respostas da criança a uma série de perguntas sobre sua mãe e as observações do pesquisador sobre a mãe e a criança jogando Jenga. As conclusões de Evans foram previsíveis: quanto mais alto o risco ambiental, maior a carga alostática — *a menos que* a mãe da criança se mostrasse particularmente atenciosa. Nesse caso, o efeito de todos os fatores ambientais de estresse, desde turbulência familiar até pobreza, passando pelo excesso de pessoas vivendo no mesmo lar, era eliminado quase totalmente. Em outras palavras, se a mãe se mostrasse particularmente atenciosa ao estado emocional do filho durante a partida de Jenga, todas as experiências ruins enfrentadas por ele na vida teriam pouco ou nenhum efeito na carga alostática.

Quando examinamos o impacto dos cuidados parentais nas crianças, tendemos a pensar que os efeitos dramáticos deverão se manifestar numa extremidade ou em outra do espectro de qualidade desses cuidados. Presumimos que uma criança que sofra abusos físicos vai se sair muito pior que uma criança que seja simplesmente ignorada ou desmotivada. E o filho de uma supermãe que recebeu muita atenção especial e dedicada vai se sair melhor que outro que viva em condições medianas de atenção e afeto. Mas o que a pesquisa de Blair e Evans sugere é que bons cuidados parentais — mostrar-se atencioso e prestativo durante uma partida de Jenga — podem fazer uma grande diferença para o futuro de uma criança.

Certos psicólogos acreditam que, na esfera humana, o paralelo mais próximo das carícias e lambidas animais pode ser encontrado num fenômeno conhecido como apego. A teoria do apego foi desenvolvida nas décadas de 1950 e 1960 por John Bowlby, psicanalista britânico, e Mary Ainsworth, pesquisadora da Universidade de Toronto.[42] Na época, o campo do desenvolvimento infantil era dominado pelos behavioristas, que acreditavam que as crianças se desenvolvem de maneira mecânica, adaptando seu comportamento em função dos reforços positivos ou negativos que recebem. Pensavam eles que a vida emocional das crianças não era muito profunda; o aparente anseio do bebê pela mãe nada mais era que uma indicação de suas necessidades biológicas de alimentação e conforto físico. Com base na teoria behaviorista, a principal recomendação para os pais na década de 1950 era não “mimar” os bebês, evitando pegá-los no colo ou confortá-los de alguma maneira quando chorassem.

Numa série de estudos publicados na década de 1960 e no início da década de 1970, Ainsworth mostrou que o efeito do cuidado afetuoso ainda cedo era exatamente o oposto do esperado pelos behavioristas. Os bebês cujos pais atendiam pronta e plenamente ao seu choro nos primeiros meses de vida mostravam-se, com um ano de idade, mais independentes e intrépidos do que aqueles cujos pais tivessem ignorado seu choro. No nível pré-escolar, o padrão se confirmava: as crianças cujos pais tivessem reagido de maneira mais sensível às necessidades emocionais delas enquanto bebês eram as que demonstravam maior autonomia. Segundo Ainsworth e Bowlby, os cuidados parentais afetuosos e sensíveis criavam uma "base segura" a partir da qual a criança podia explorar o mundo.

Embora na década de 1960 os psicólogos tivessem à sua disposição muitos testes para avaliar as capacidades cognitivas de bebês e crianças, não havia uma maneira confiável de medir as capacidades emocionais. Assim, Ainsworth inventou um método precisamente com essa finalidade, um procedimento inusitado chamado Situação Estranha. Na Universidade Johns Hopkins, em Baltimore, onde Ainsworth era professora, um bebê de doze meses era levado pela mãe a um laboratório montado como um quarto de brinquedos. Depois de brincar por algum tempo com o bebê, a mãe se retirava, deixando a criança às vezes com um estranho, às vezes sozinha. Depois de um breve intervalo, ela voltava. Ainsworth e seus pesquisadores observavam todo o processo através de vidros espelhados, e então classificavam as reações das crianças.

Em sua maioria, as crianças saudavam a volta da mãe cheias de felicidade, correndo em sua direção e reestabelecendo a conexão, às vezes chorosas, às vezes alegres. Ainsworth classificava essas crianças como apegadas de maneira segura, e em experiências ao longo das décadas seguintes os psicólogos chegaram à conclusão de que elas representam cerca de 60% das crianças nos Estados Unidos. As crianças que não tinham um reencontro caloroso — fingido ignorar a mãe quando ela voltava; reclamando; jogando-se no chão — eram consideradas apegadas de forma ansiosa. Ainsworth constatou que a reação das crianças no teste de Situação Estranha estava diretamente relacionada ao grau de receptividade dos pais nesse primeiro ano de vida. Os pais em sintonia com os estados de espírito do filho e receptivos a seus sinais geravam crianças de apego seguro; a prevalência de distanciamento, conflito ou hostilidade gerava crianças de apego ansioso. E o apego precoce, afirmava Ainsworth, gerava efeitos psicológicos que podiam se prolongar por toda a vida.

11. Minnesota

Mas a afirmação de Ainsworth segundo a qual o apego precoce teria consequências de longo prazo não passava, na época, de uma teoria. Ninguém havia imaginado ainda uma maneira confiável de testá-la. Até que, em 1972, um dos assistentes de pesquisa de Ainsworth, Everett Waters, formou-se na Johns Hopkins e entrou para o programa de doutorado em desenvolvimento infantil da Universidade de Minnesota. Lá, conheceu Alan Sroufe, jovem estrela em ascensão no Instituto de Desenvolvimento Infantil da universidade. Sroufe ficou intrigado com o que Waters contou-lhe sobre o trabalho de Ainsworth e logo acolheu suas ideias e seus métodos, montando com Waters um laboratório onde pudessem reunir mães e filhos para efetuar testes de Situação Estranha. Em pouco tempo, o instituto se transformou num importante centro de pesquisa sobre o apego.

Sroufe uniu forças com Byron Egeland, psicólogo que tinha recebido verba federal na mesma universidade para um estudo de longo prazo sobre mães e filhos de baixa renda. Na clínica de saúde pública de Minneapolis, recrutaram 267 grávidas, todas a ponto de ter seu primeiro filho e vivendo abaixo da linha de pobreza. Oitenta por cento dessas mães eram brancas, dois terços, solteiras, e metade, adolescentes. Egeland e Sroufe começaram a acompanhar esse grupo de crianças desde o nascimento.[43] (Os voluntários hoje têm trinta e tantos anos de idade; Egeland e Sroufe se aposentaram recentemente.) As informações obtidas com esse estudo, documentadas à exaustão por Egeland, Sroufe e dois outros autores no livro *The Development of the Person*, de 2005, constituem até o momento a mais completa avaliação dos efeitos duradouros das relações parentais precoces no desenvolvimento de uma criança.

A classificação do apego, segundo constataram os pesquisadores de Minnesota, não configurava um destino absoluto e imutável — às vezes, as relações de apego mudavam ao longo da infância, e algumas crianças com apego ansioso chegavam a prosperar. No caso da maioria das crianças, contudo, a condição do apego com um ano de idade, tal como medido pelo teste de Situação Estranha e outros, era um forte indicativo de um amplo espectro de resultados posteriores na vida. As crianças com apego seguro precoce se mostravam socialmente mais competentes: mais capazes de se envolver com os colegas na pré-escola, mais capazes de fazer amizades estreitas no meio da infância, mais capazes de negociar as complexas dinâmicas das relações sociais na adolescência.

No período pré-escolar, dois terços das crianças do estudo de Minnesota que tinham apresentado apego seguro na primeira infância foram classificadas pelos professores como "eficazes" em termos de comportamento; ou seja, elas se mostravam atentas e interessadas e raramente agiam de maneira impulsiva em sala de aula.[44] Entre as crianças que haviam demonstrado apego ansioso alguns anos antes, apenas um oitavo foi incluído na categoria dos eficazes; a maioria dessas crianças foi classificada pelos professores como portadora de um ou mais problemas de comportamento. (Os professores não sabiam como as crianças tinham se saído no teste de Situação Estranha.) As crianças cujos pais tinham sido considerados desmotivados ou emocionalmente distantes nas primeiras avaliações foram as que se saíram pior no período pré-escolar, e os professores recomendaram regime de educação especial ou repetência de ano para dois terços delas. Quando os professores classificaram os alunos em função de indicadores de dependência, 90% das crianças com histórico de apego ansioso se enquadraram na metade mais dependente da turma, em comparação com apenas 12% das crianças com histórico de apego seguro.[45] Quando os professores e outras crianças foram avaliados, as crianças com perfil de apego ansioso eram consideradas cruéis, antissociais e imaturas com mais frequência.[46]

Quando as crianças do estudo tinham dez anos, os pesquisadores convidaram um grupo aleatório de 48 estudantes para sessões de quatro semanas numa colônia de férias, onde foram observados atentamente e estudados de forma discreta. Os orientadores (mais uma vez, sem conhecimento das classificações de apego dos alunos à idade de um ano) consideraram os participantes que demonstraram apego seguro na primeira infância como mais autoconfiantes, curiosos e capazes de lidar com revezes.[47] As crianças com histórico de apego ansioso passavam menos tempo com os colegas, mais tempo com os orientadores e mais tempo sozinhas.

Finalmente, os pesquisadores acompanharam as crianças até o ensino médio e constataram que a atenção parental precoce era um indicativo mais confiável do que testes de desempenho ou QI em relação a quais estudantes acabariam por se formar.[48] Valendo-se apenas de mensurações dos cuidados parentais precoces e ignorando características ou habilidades individuais dos estudantes, os pesquisadores constataram que poderiam ter previsto com 77% de precisão,[49] quando as crianças tinham menos de quatro anos, quais delas mais tarde abandonariam o ensino médio.

É fácil estabelecer paralelos entre o que os pesquisadores de Michael Meaney encontraram em seus filhotes de rato em Montreal e o que Alan Sroufe e Byron Egeland constataram nas crianças avaliadas em Minnesota. Em ambos os casos, certas mães apresentaram determinados comportamentos idiossincráticos nos primeiros dias de vida dos filhos. Esses comportamentos — carícias e lambidas no caso dos ratos, reação sensível aos sinais enviados pelos bebês no caso dos seres humanos — parecem ter proporcionado, de várias formas semelhantes, um efeito forte e duradouro nos resultados alcançados pelas crianças: os bebês humanos e os roedores que receberam uma dose extra de atenção no começo da vida depois se revelariam mais curiosos, autoconfiantes, calmos e capazes de lidar com obstáculos. O cuidado precoce das mães tinha fomentado neles uma resiliência que funcionou como proteção contra o estresse. Quando os habituais desafios da vida se manifestaram, mesmo anos depois — um teste do campo aberto, uma discordância entre colegas geniosos no jardim de infância —, tanto os ratos quanto os seres humanos foram capazes de se afirmar, recorrer às reservas de autoconfiança e seguir em frente.

12. Intervenções parentais

Existe uma ligação direta entre a pesquisa de Mary Ainsworth sobre o apego e a clínica de Nadine Burke Harris em Bayview-Hunters Point: uma psicóloga de São Francisco chamada Alicia Lieberman. Em meados da década de 1970, Lieberman estudou com Ainsworth na Universidade Johns Hopkins, em Baltimore. Era a época em que Ainsworth realizava seu primeiro grande estudo sobre cuidados parentais e apego, e, sob sua orientação, Lieberman, à época aluna de pós-graduação, passou longas horas observando e codificando vídeos de mães interagindo com seus bebês, em busca dos exemplos específicos de comportamentos maternos sensíveis e atenciosos que promovessem um apego seguro às crianças. Hoje, Lieberman dirige o Programa de Pesquisa do Trauma Infantil na Universidade da Califórnia em São Francisco, onde, nos últimos anos, passou a trabalhar constantemente com Nadine Burke Harris.

Lieberman disse-me que, embora admire o estudo realizado por Sroufe e Egeland em Minnesota, considera que faltam duas ideias importantes nessa análise. A primeira é um reconhecimento explícito da enorme dificuldade que muitos pais em bairros como Bayview-Hunters Point têm para estabelecer um apego seguro com os filhos. "Muitas vezes, as circunstâncias da vida de uma mãe sobrepujam sua capacidade natural de lidar com os filhos", disse-me Lieberman quando visitei uma das clínicas em que ela atua em São Francisco. "Quando alguém é bombardeado pela pobreza, pela incerteza e pelo medo, seriam necessárias qualidades sobre-humanas para proporcionar as condições necessárias para um apego seguro." Além disso, o histórico de apego da própria mãe pode agravar ainda mais o desafio de criar os filhos: pesquisas realizadas no estudo de Minnesota e em outros contextos mostram que, se uma mãe viveu uma situação de apego inseguro com os pais na infância (independentemente de sua classe social), será exponencialmente mais difícil para ela proporcionar um ambiente seguro e protetor para os próprios filhos.

O outro ponto que recebe pouca atenção no estudo de Minnesota, segundo Lieberman, é o fato de que os pais podem *superar* históricos de trauma e apego inadequado; de que podem mudar seu comportamento com os filhos, passando de uma abordagem que gera apego ansioso para outra que promova um apego seguro e um funcionamento saudável. Certos pais são capazes de operar essa transformação por conta própria, afirmou Lieberman, mas a maioria precisa de ajuda. E é exatamente isso que ela vem fazendo a maior parte do tempo em sua carreira: tentando imaginar a melhor maneira de proporcionar essa ajuda. Nos anos subsequentes à sua saída da Johns Hopkins, ela desenvolveu um tipo de tratamento, chamado psicoterapia pais-bebê, que associa as teorias de Ainsworth sobre apego e pesquisas mais recentes sobre estresse traumático. Na psicoterapia pais-bebê, os terapeutas trabalham simultaneamente com pais em situação de risco e filhos na primeira infância, para melhorar as relações de apego e proteger tanto os pais quanto as crianças dos efeitos do trauma. Dois terapeutas do programa de Lieberman trabalham atualmente na clínica de Burke Harris, oferecendo tratamento a dezenas de pacientes.

O tratamento de Lieberman é relativamente intensivo, aplicado em sessões semanais que podem se prolongar por até um ano. Mas o princípio por trás dele — promover relações mais fortes entre as crianças e os pais e obter resultados melhores — é cada vez mais usado em todo o país, numa ampla variedade de intervenções. E os resultados, ao serem avaliadas tais intervenções, costumam ser impressionantes.

Num dos estudos, Dante Cicchetti, psicólogo na Universidade de Minnesota, acompanhou um grupo de 137 famílias com histórico documentado de maus-tratos infligidos aos filhos — em outras palavras, eram famílias cujos filhos se encontravam em situação de altíssimo risco.[50] Cada uma dessas famílias tinha uma criança de um ano de idade que era o foco da intervenção. No início do estudo, todas as crianças foram avaliadas pelo teste de Situação Estranha, e os resultados, como era de se esperar, foram terríveis: apenas uma das 137 crianças demonstrou apego seguro, e 90% delas foram classificadas como portadoras de apego desorganizado, o tipo mais problemático de apego ansioso. Em seguida, as famílias foram divididas aleatoriamente em dois grupos, de tratamento e de controle. O grupo de tratamento passou por um ano de psicoterapia pais-bebê com Lieberman, e o grupo de controle recebeu o atendimento comunitário padrão proporcionado a famílias com casos de maus-tratos. Quando as crianças tinham dois anos, 61% das que estavam no grupo de tratamento já haviam formado um apego seguro com a mãe, ao passo que, no grupo de controle, apenas 2% haviam desenvolvido esse tipo de apego. Cicchetti demonstrara que os cuidados parentais capazes de fomentar o apego podem ser cultivados até mesmo nos pais problemáticos, e os benefícios, tanto para eles quanto para os filhos, podem ser profundos.

Outros estudos demonstraram efeitos não só na classificação do apego das crianças, como também na saúde de seus sistemas de reação ao estresse, e os pesquisadores provaram tais efeitos com intervenções menos intensivas que o tratamento de Lieberman. Uma intervenção chamada Multidimensional Treatment Foster Care for Pre-Schoolers (Tratamento Multidimensional para Crianças Adotivas em Idade Pré-escolar), conduzida em Eugene, Oregon, por um psicólogo chamado Philip Fisher, proporciona a pais adotivos seis meses de treinamento e consultoria em técnicas destinadas a lidar com situações difíceis e de conflito doméstico.[51] As crianças adotivas muitas vezes têm dificuldade de regular seus sistemas de reação ao estresse (exatamente como Monisha Sullivan), mas, numa das experiências, depois de seis meses de tratamento, crianças do programa de Fisher não só evidenciaram apego mais seguro como seus padrões de cortisol passaram de disfuncionais para perfeitamente normais.

Outra intervenção para pais adotivos de crianças pequenas, chamada Attachment and Biobehavioral Catch-Up (Convergência de Apego e Biocomportamento, ou ABC), foi desenvolvida por Mary Dozier, psicóloga na Universidade de Delaware.[52] A ABC estimula os pais adotivos a reagir aos sinais dos bebês de maneira mais atenta, calorosa e calma. Depois de apenas dez visitas domésticas, as crianças no programa ABC evidenciam índices mais elevados de apego seguro, e seus níveis de cortisol não se distinguem dos de crianças em situações tipicamente funcionais aos cuidados dos pais biológicos.[53] O mais notável na intervenção de Dozier talvez seja o fato de que apenas os pais recebem o tratamento, e não as crianças, e apesar disso ele tem profundo efeito no funcionamento do eixo HPA nas crianças.

13. Visitando Makayla

Há pouco tempo, numa tarde de primavera, pude ver em ação a abordagem que promove o apego no South Side de Chicago, quando visitei uma jovem de dezesseis anos chamada Jacqui e seu bebê de oito meses, Makayla, na casa em que elas moravam com a mãe de Jacqui. Eu não era o único visitante: também estava presente uma afro-americana mais velha, chamada Anita Stewart-Montgomery, funcionária da instituição Catholic Charities que visita regularmente pais em situações de risco (em geral mães solteiras) e seus filhos por um programa gerido pelo Ounce of Prevention Fund, organização filantrópica sediada em Chicago. Depois da visita, conversei com Nick Wechsler, especialista em bebês que há mais de duas décadas supervisiona o programa de visitas domiciliares do Ounce. Ele explicou que, embora sua equipe de fato se preocupe com as questões tradicionais que costumam ser discutidas pelos visitantes domiciliares com os pais — nutrição infantil, suspensão do tabagismo e aumento do vocabulário —, o fato é que todos estão convencidos, pelos resultados de pesquisas, de que a melhora do apego é a alavanca mais poderosa de que dispõem para melhorar os resultados apresentados pelas crianças. O apego, portanto, é o aspecto mais trabalhado por eles.

Na verdade, disse Wechsler, muitas vezes ele precisa lembrar aos visitantes domiciliares do programa que não lhes compete tentar resolver todos os muitos problemas que eles constatam na vida dos jovens pais; apenas esse. "É um enorme desafio para os visitantes domiciliares, pois o instinto é querer fazer mais", disse-me Wechsler. "Embora nem sempre seja possível resolver problemas de precariedade na habitação ou no ensino, é possível gerar nos pais força interior e resiliência, para que eles se saiam da melhor maneira possível."

De fato havia muito a melhorar no mundo de Makayla. Enquanto ela, Jacqui e Stewart-Montgomery brincavam e conversavam no tapete da sala, eu me vi desejando que a casa fosse mais tranquila, que os móveis tivessem menos arestas pontiagudas, que Makayla, a mãe e a avó não morassem ao lado de um terreno baldio num quarteirão de aspecto perigoso e que não estivéssemos sentindo o cheiro de cigarro que vinha do vizinho. Mas Stewart-Montgomery foi capaz de centrar sua atenção em Jacqui, observando-a cuidar de Makayla, fazendo comentários motivadores e manifestando o apoio caloroso e encorajador que ela esperava que a mãe transmitisse à filha.

Uma forma anterior de intervenção na primeira infância, desenvolvida sob a influência da pesquisa de Hart e Risley sobre a importância do desenvolvimento precoce da linguagem, dedicava-se sobretudo a incentivar os pais a tomar atitudes para expandir o vocabulário dos filhos. O que havia de frustrante nessas intervenções, contudo, era que, se o pai ou a mãe dispunham de um vocabulário limitado — o caso de muitos pais de baixa renda —, ficava muito difícil propiciar um vocabulário rico aos filhos. Ler mais para eles certamente ajuda, mas os recém-nascidos absorvem a linguagem dos pais a todo instante, não só nos momentos reservados para o enriquecimento vocabular. Por isso o déficit vocabular muitas vezes passa de uma geração a outra — ciclo que um bom jardim de infância e um bom pré-escolar podem ajudar muito para quebrar, embora seja difícil fazê-lo apenas com uma intervenção dos pais.

Entretanto, o que Fisher, Dozier, Cicchetti e Lieberman demonstraram é que o potencial de crescimento e aperfeiçoamento é muito maior quando se trata do apego. Ao contrário do vocabulário abaixo da média, os cuidados parentais capazes de gerar ansiedade podem ser corrigidos com uma intervenção relativamente pequena. Isso significa que o ciclo de baixo apego pode ser rompido de forma permanente. Se uma mãe de baixa renda com problemas de apego for beneficiada pelo tipo certo de intervenção, pode tornar-se uma mãe capaz de construir um apego seguro com o filho. E isso, por sua vez, fará uma diferença potencialmente enorme na vida da criança. Se Anita Stewart-Montgomery conseguir ajudar Jacqui e Makayla a formar um vínculo de apego seguro, o bebê não terá apenas maior probabilidade de ser uma criança feliz: também terá maior probabilidade de concluir os estudos, de não ir para a cadeia, de postergar a gravidez e de ter um relacionamento mais positivo com seus próprios filhos.

14. Steve Gates

Pouco depois de o diretor executivo do sistema escolar de Chicago, Ron Huberman, anunciar seu plano de contratar patronos da YAP para orientar os adolescentes de altíssimo risco, Heather Mac Donald, colaboradora do conservador Manhattan Institute, escreveu um artigo para a publicação trimestral do instituto, o *City Journal*, sobre a violência juvenil na cidade.[54] Ela criticou Huberman e a YAP — e também Barack Obama — por ignorarem o que considerava a causa principal do problema em Roseland:

"O desaparecimento da família negra com pai e mãe." Mac Donald associava a YAP ao trabalho de Saul Alinsky, conhecido militante político de esquerda do século XX, queixando-se das intervenções "constantemente acríticas" que, acreditava ela, eram realizadas pelos patronos da YAP. Em vez disso, ela propunha um tipo de intervenção na qual os patronos agissem como "monitores de escoteiros", "proporcionando aos indivíduos oportunidades de aprender autodisciplina e perseverança, alimentando sua imaginação com virtudes viris e falando-lhes de honestidade, cortesia e do que é certo e errado". Esse tipo de linguagem mais severa, escrevia Mac Donald, "poderia contribuir de alguma forma para reverter o colapso social do South Side".

Curiosamente, não obstante as indignadas críticas de Mac Donald sobre o que ela achava que a YAP estava fazendo, a realidade que pude ver e ouvir na atividade dos patronos da YAP era incrivelmente parecida com o que Mac Donald estava propondo. Longe de evitar falar do colapso das famílias, patronos como Steve Gates pareciam preocupados com a questão e deixavam bem claro que não precisariam fazer aquele trabalho se as famílias de Roseland funcionassem como deveriam.

"Se você reparar na estrutura familiar dessas crianças, dá para entender perfeitamente por que elas são como são", disse-me Gates certa manhã. "Existe uma relação muito direta entre as questões familiares e o que as crianças apresentam na escola. Os lapsos nos cuidados parentais, as disfunções, tudo isso afeta as crianças, que então levam esses problemas para a escola, para a rua, para todo lugar."

Gates não ignora os muitos outros obstáculos enfrentados pelos jovens em Roseland; está bastante ciente das forças sociais, econômicas e políticas que de tal maneira devastaram o bairro ao longo de sua vida. Na verdade, ele muitas vezes as leva para o lado pessoal. Por exemplo, o caso da migração de brancos de regiões urbanas racialmente mistas: no início da década de 1970, quando Gates chegou a Roseland com os pais, ainda recém-nascido, eles eram uma das raras famílias negras do quarteirão. Mas isso não durou muito. "Quando comecei a andar", disse-me Gates, "todos os garotos caucasianos tinham ido embora". E isso não aconteceu apenas no seu quarteirão. Em 1960, havia mais de 45 mil brancos vivendo em Roseland; em

1990, eram 493. Enquanto isso, o próspero setor manufatureiro de South Side, que empregava o avô, o pai e os tios de Gates, também se evaporou, à medida que uma fábrica após a outra fechava as portas ou se transferia. O que restou em Roseland foi um emaranhado de patologias sociais que só pareciam piorar com os anos, cada problema se agravando e dando origem a uma série de outros, como dependência de programas de assistência, abuso de drogas e violência entre gangues.

Mas, embora tome o cuidado de não culpar os pais de Roseland pela crise no bairro, Gates chegou à conclusão de que, pelo menos para ele, a maneira mais eficaz de melhorar os resultados das crianças não é a escola, a igreja ou sequer as centrais de empregos, mas a família — ou, se necessário, a criação de estruturas familiares substitutas ou suplementares para as crianças que não dispõem de uma. Essa abordagem certamente não apresenta um índice de sucesso de 100%, e ao longo dos meses em que acompanhei o trabalho de Steve Gates ele enfrentou incontáveis revezes e tragédias: adolescentes que ele acompanhava foram presos, baleados e até mortos. Mas às vezes funcionava, e com frequência as transformações que os patronos da YAP conseguiam inspirar em seus clientes eram impressionantes.

15. Keitha Jones

A estudante da YAP cujo futuro parecia mais promissor também era aquela cuja história de vida me pareceu a mais dolorosa. Quando a conheci na sala de Elizabeth Dozier no outono de 2010, Keitha Jones era, aos dezessete anos, aluna do último ano do Fenger High School. Tinha uma aparência de durona: tatuagens pelos braços, um pino de metal atravessado no lábio inferior e uma mecha vermelha intensa descendo pela frente do cabelo repicado. Vivia na casa da mãe na avenida Parnell com a rua 113, cerca de dois quarteirões ao sul do Fenger, numa área de Roseland conhecida como Hundrorgs. A casa, um pequeno bangalô velho, foi durante a infância de Keitha um lugar invariavelmente barulhento, cheio de gente e de conflitos, com uma população rotativa: irmãos, meios-irmãos, tios, primos. Em raras ocasiões se integrava a esse elenco o pai de Keitha, segundo ela um "galinha", um mecânico com mulher e família que morava a alguns quarteirões de distância e tinha namoradas (entre elas a mãe de Keitha) espalhadas pelo bairro e um total de dezenove filhos. Quando estava crescendo, Keitha às vezes encontrava uma garota estranhamente parecida com ela e pensava: *Bom, mais uma irmã*. Sua mãe fora aluna do Fenger na década de 1980, até ser expulsa no último ano por aparecer bêbada no colégio. Agora, segundo a jovem, a mãe era viciada em crack, assim como muitos outros na família de agregados. Alguns também traficavam cocaína, e quando Keitha era pequena a polícia muitas vezes fez batidas em sua casa em busca de drogas e armas, vasculhando armários, atirando potes e panelas e geralmente levando embora algum parente algemado.

Keitha me disse que, quando estava no sexto ano, foi molestada por um parente, um homem mais velho que ela chamava de primo Angelo, outro viciado em crack, que morou com a família da menina durante sua infância. "Eu era muito pequena e tinha medo", contou. "E aí eu pensava: Faz logo o que você tem que fazer e pronto." O abuso, que se prolongou por anos, consumiu-a. Keitha esperava que a mãe de alguma forma percebesse e interviesse, mas nunca chegou a dizer nada — a menina tinha medo de que a mãe não acreditaria se ela contasse, o que seria insuportável. Assim, ela guardou segredo e ficou cada vez mais enfurecida. Discutia o tempo todo com a mãe, mas as duas nunca chegavam a se agredir fisicamente; Keitha achava errado bater num adulto. "Por isso eu costumava ir para a escola só para brigar", disse-me ela. "Era o jeito que eu tinha de liberar a tensão. Eu não falava com ninguém sobre os meus problemas. Simplesmente deixava que eles se acumulassem lá dentro, até ficar a ponto de explodir. Assim, quando eu chegava à escola, se alguém me dissesse alguma coisa que me contrariasse, eu descontava minha raiva, pois sabia que não podia bater na minha mãe." Em seu primeiro ano no Fenger, Keitha acumulou inúmeras infrações disciplinares e sucessivas suspensões de dez dias, até ganhar fama de uma das alunas mais violentas num colégio conhecido por sua violência. "Era o que todo mundo pensava de mim", disse ela. "Uma brigona. E eu me vangloriava disso."

Em junho de 2010, Dozier solicitou que Keitha fosse entregue aos cuidados de uma conselheira da YAP. A primeira patrona escolhida por Steve Gates para Keitha não deu certo: era "careta" demais, na opinião de Keitha. Gates fez então uma segunda tentativa, confiando-a a uma patrona de meio-período chamada Lanita Reed, uma moradora de Roseland de 31 anos que estava acompanhando somente uma outra cliente da YAP. Reed tinha como emprego principal a gestão do seu próprio salão de beleza, um estabelecimento agradável e acolhedor chamado Gifted Hanz, que alegrava um dos quarteirões mais desolados da rua 103. Keitha sempre achara que gostaria de trabalhar como cabeleireira, e Reed a pôs para lavar o cabelo das clientes no salão, além de fazer a limpeza e às vezes ajudar nos penteados trançados que eram moda nos garotos do bairro.

Reed é uma mulher espiritualizada, que frequenta regularmente a igreja, mas que também acredita na importância da aparência física de uma jovem, de modo que empreendeu com Keitha uma transformação ao mesmo tempo interna e externa. À primeira vista, Keitha não parece do tipo que gosta de manicure, mas Reed a convenceu a fazer as unhas e arrumar o cabelo e lhe ensinou segredos de maquiagem, cílios postiços e belas roupas. As duas passavam horas juntas no Gifted Hanz ou em algum outro lugar da vizinhança, comendo, jogando boliche ou simplesmente batendo papo, numa versão prolongada e contínua de terapia de salão. Segundo Keitha, Reed era uma espécie de irmã mais velha perfeita. Nas noites de domingo, Reed promovia no salão jantares para ela e algumas outras garotas inscritas no programa da YAP, e assim elas trocavam suas histórias e experiências sobre mães negligentes e pais ausentes, sobre garotos, drogas e raiva. Keitha, que nunca conversava com ninguém a respeito de coisa alguma, acabou se abrindo. "Minha visão da vida mudou completamente", disse-me ela.

Por sugestão de Reed, a jovem começou a rezar. "Eu pedia apenas que Deus me curasse", disse, "que perdoasse todas as coisas ruins que eu tinha feito". Ela deixou de discutir com a mãe e parou de brigar na escola. Quando duas garotas do segundo ano começaram a falar grosserias para ela no corredor, ela manteve o controle e perguntou a Reed o que fazer. Reed ajudou a promover um encontro com as meninas na sala de Dozier, e, para grande surpresa de Keitha, foi possível superar os problemas. "Quando nos sentamos para conversar", contou-me, "ficou evidente que não era absolutamente nada."

Até que aconteceu outro fato doloroso: naquele outono, a irmã caçula de Keitha, com apenas seis anos, disse-lhe que o primo Angelo tinha tentado tocá-la. "Quando ela me contou aquilo, eu simplesmente não conseguia parar de chorar. Eu sentia muita culpa. Pois, se eu tivesse dito alguma coisa quando era pequena, talvez ele tivesse ido embora e aquilo não teria acontecido com minha irmã." Keitha contou a Reed, que contou a Gates, que respondeu que Reed tinha obrigação de comunicar ao DCFS (sigla em inglês para Departamento de Serviços da Infância e da Família) de Illinois; como acontece com quase todos os assistentes sociais e professores, os patronos da YAP eram obrigados por lei a relatar às autoridades episódios de abuso físico ou sexual. Reed ficou fora de si. Em Roseland, a fama do DCFS era péssima, eram aqueles que levavam embora os filhos dos outros. E, por mais conturbada que fosse a casa de Keitha, Reed achava que ela e os irmãos precisavam estar com a mãe, não com uma família adotiva.

Reed disse a Gates que não queria fazer a denúncia. Ameaçou demitir-se. Não sabia o que fazer. "Uma parte de mim queria pedir para alguém simplesmente dar uma surra em Angelo", disse-me ela. "Mas o Deus que há em mim me dizia que eu tinha de lidar com a situação da melhor maneira possível." Reed enfim deixou que Gates fizesse a denúncia. Ela conseguiu negociar com os assistentes sociais do DCFS, e no fim das contas Angelo foi retirado da casa — ele acabou preso, acusado de abuso sexual de menor —, e Keitha e os irmãos continuaram com a mãe.

Como Keitha temia, sua mãe não se mostrou muito satisfeita com a decisão da jovem de denunciar Angelo. A mulher se queixou de perder os 300 dólares por mês com que ele contribuía para o aluguel, e às vezes parecia que ela estava mais preocupada com a sobrevivência de Angelo na prisão do que com as filhas que ele molestara. Mas Keitha resolvera mudar de vida, e o incidente com Angelo a deixou ainda mais determinada. "Não vou permitir que o meu passado afete o meu futuro", disse-me ela. "Vou pensar nele de vez em quando, mas não permitirei que me prejudique. O mal já estava feito. Agora, vou passar a pensar no lado positivo. Estou tão cansada de viver dessa maneira que farei tudo que estiver ao meu alcance para mudar as coisas."

Embora estivesse atrasada nos estudos, ela decidiu se formar com sua turma no verão de 2011, e o sistema de ensino da escola tornou esse objetivo possível.* Hoje em dia, um estudante de cidade grande com desempenho fraco no ensino médio dispõe de muitos mecanismos para somar créditos rapidamente: recuperação, aulas noturnas, cursos supletivos a distância via internet, como o Aventa (que permitem a conclusão de um semestre em um ou dois meses). Muitos conselheiros educacionais se mostram céticos com essas inovações, que muitas vezes parecem apenas uma nova maneira de os sistemas escolares se livrarem dos alunos mais problemáticos, liberando-os com diplomas, mas sem uma educação adequada. Para Keitha, todavia, mais que disposta a sair do Fenger, os cursos foram uma bênção, e pela primeira vez em sua carreira acadêmica ela de fato se esforçou na escola; frequentava as aulas noturnas cinco dias por semana e muitas vezes ficava no colégio das oito da manhã às sete da noite. Em junho de 2011, Keitha se formou no Fenger e se matriculou no Truman College, uma instituição do North Side de Chicago, onde começou a cursar cosmetologia.

Certo dia da primavera de 2011, faltando ainda alguns meses para sua formatura, Keitha e eu nos sentamos na cantina do Fenger e ela me contou seus planos para o futuro. Disse-me que, depois que ela se formasse na Truman, Lanita Reed prometera-lhe efetivá-la em tempo integral no salão. "Daqui a cinco anos, imagino que terei meu apartamento, com meu dinheiro", disse Keitha. "E minhas irmãzinhas poderão viver comigo."

Era isso o que sempre me impressionou mais em Keitha: seu sonho era encontrar um caminho não só para si mesma, mas também para a família. "Quero mostrar a minhas irmãs que existe uma vida melhor do que isso que vemos todo dia", disse-me naquele dia na cantina. "Elas podem achar que a vida é só isso mesmo, pois só conhecem Parnell e Hundrorgs. Mas a vida não é apenas o que temos aqui, essa luta toda, essas mortes e tudo mais. Não é apenas isso. Existe muito mais."

É difícil questionar a ciência por trás da intervenção precoce. Aqueles primeiros anos são importantes demais no desenvolvimento saudável do cérebro da criança; representam uma oportunidade única de fazer dife-

* Nos Estados Unidos, o sistema de ensino das *high schools* (nível correspondente ao ensino médio brasileiro) é estruturado em forma de créditos escolares, à semelhança dos cursos de ensino superior no Brasil, em vez de currículos fixos conforme o ano. (N. da E.)

rença no futuro dela. Mas um dos fatores mais promissores dos programas voltados para os caminhos emocionais, psicológicos e neurológicos é que eles também podem ser muito eficazes em estágios posteriores da infância — muito mais do que as intervenções cognitivas. O QI puro e simples mostra-se obstinadamente avesso a qualquer aperfeiçoamento depois dos oito anos de idade, aproximadamente. Mas as funções executivas e a capacidade de lidar com estresse e emoções fortes podem ser aprimoradas, às vezes de maneira dramática, já bem entrada a adolescência e até na idade adulta.

Os anos de adolescência são difíceis para quase todo mundo, e para as crianças que crescem em ambientes de adversidade a adolescência muitas vezes pode representar uma guinada terrível, o momento em que as primeiras feridas geram decisões equivocadas, que, por sua vez, produzem resultados devastadores. Mas os adolescentes também têm a capacidade — ou pelo menos o potencial — de repensar e refazer sua vida de uma forma que não está ao alcance das crianças menores. E, como a história de Keitha demonstra (e como o leitor poderá constatar de novo nos próximos capítulos), a adolescência pode ser a chance de outro tipo de guinada, o mais profundo tipo de transformação: o momento em que um jovem consegue se distanciar do fracasso quase certo e começa a trilhar o caminho do sucesso.

2

COMO CONSTRUIR O CARÁTER

1. A melhor turma de todos os tempos

Os 38 adolescentes que concluíram o ensino fundamental no KIPP Academy do South Bronx na primavera de 1999 talvez sejam o oitavo ano mais famoso na história do ensino público dos Estados Unidos. Os alunos, negros e hispânicos, quase todos de famílias de baixa renda, tinham sido recrutados quatro anos antes por David Levin, um branco magricela e obstinado de 25 anos, formado em Yale, que os conquistou (e a seus pais) com a promessa de que, se eles se matriculassem em sua recém-fundada escola, deixariam de ser os típicos alunos de mau desempenho das escolas públicas do Bronx e seriam transformados em candidatos sérios à universidade.[1] Nos quatro anos passados no KIPP (sigla em inglês para Programa Conhecimento É Poder), eles tinham vivenciado um estilo de ensino inovador, imersivo, que muitas vezes parecia ser inventado por Levin no calor do momento, combinando longos dias de intensa e enérgica instrução em sala de aula com um complexo programa de adaptação de atitudes e mudança de comportamentos.

A fórmula de Levin parecia ter funcionado, e com incrível rapidez: em 1999, no teste municipal de desempenho para alunos do oitavo ano, os adolescentes do KIPP Academy tiveram a pontuação mais alta das escolas do Bronx e a quinta colocação na cidade de Nova York.[2] Esse desempenho — inédito, na época, numa escola pequena de um bairro pobre — levou a uma matéria de capa sobre o KIPP no *New York Times*[3] e a uma reportagem de Mike Wallace no noticiário *60 Minutes*, contribuindo para convencer Doris e Donald Fisher, fundadores da grife de roupas Gap, a investir milhões de dólares num esforço filantrópico para transformar o KIPP numa rede nacional. Esse projeto levou à criação de mais de uma centena de escolas KIPP em todo o país na última década, fazendo com que o KIPP se mantivesse, para o bem ou para o mal, no centro do debate sobre escolas independentes, professores sindicalizados, testes padronizados e os efeitos da pobreza no aprendizado.

Desde o primeiro dia de aula, em 1995, os alunos daquele primeiro grupo do KIPP Academy foram informados — talvez se pudesse dizer intimidados — sobre a importância da educação superior. Foram chamados de Turma de 2003, ano em que entrariam para a faculdade. Nos corredores do colégio havia sempre flâmulas de universidades, e os professores decoravam as salas de aula com símbolos das faculdades que haviam cursado. Acima da escadaria, um cartaz gigante lembrava aos alunos sua principal missão: GALGAR A MONTANHA ATÉ A FACULDADE. E, quando eles se formavam no KIPP, pareciam destinados exatamente a isso: não só concluíam o ensino fundamental com resultados acadêmicos excepcionais, como a maioria dos estudantes tinha sido admitida em colégios de ensino médio particulares ou católicos altamente concorridos, muitas vezes com bolsa integral.

Para muitos dos alunos desse grupo inicial, contudo, as coisas não saíram como planejadas. "Nós pensávamos: 'Tudo bem, nossa primeira turma foi a quinta colocada na classificação de desempenho em Nova York'", contou-me Levin. "'Conseguimos mandar 90% dos alunos para escolas particulares ou católicas. Está tudo resolvido.' Mas não estava." Quase todos os integrantes da Turma de 2003 conseguiram concluir o ensino médio, e a maioria entrou para a universidade. Mas a partir daí a montanha ficou mais íngreme: seis anos depois de se formarem no ensino médio, apenas 21% do grupo — oito alunos — tinham obtido um diploma numa faculdade.[4]

Tyrell Vance fazia parte da primeira turma do KIPP, e sob muitos aspectos sua experiência foi típica. Ao chegar ao KIPP, achou tudo aquilo um exagero e ficou perplexo com os rituais, as regras e toda aquela energia. "Foi um choque cultural", contou-me. "Eu nunca tinha visto nada parecido." Vance considerava os deveres de casa facultativos, mas no KIPP eles eram obrigatórios, e essa divergência de opinião levou a uma série de batalhas entre ele e a equipe do colégio. Quando no sétimo ano a turma foi levada a uma viagem a Vermont, Vance ficou em casa para pôr o dever em dia. Apesar disso, era evidente que os professores se mostravam dedicados a ele e aos colegas, e ele também se tornou um aluno dedicado. "Basicamente, eles eram minha segunda família", disse-me ele. "Era esta a sensação com que todo mundo acabava ficando: éramos como uma família."

Como tantos alunos dessa turma, Vance era um prodígio da matemática no ensino fundamental, saiu-se muito bem no teste municipal e foi aprovado no exame estadual de matemática do nono ano quando ainda estava no oitavo. Mas, ao chegar ao ensino médio, longe da máquina de ambição no KIPP, perdeu o embalo. "Não sentia mais aquele entusiasmo de quando eu estava no KIPP", explicou. Começou então a relaxar, e logo suas notas baixariam de 8 a 10, que ele costumava obter no fundamental, para 7. Hoje, Vance considera que o KIPP o preparou muito bem para o ensino médio, do ponto de vista acadêmico, mas não o preparou emocional ou psicologicamente. "Depois de ter aquela família unida, na qual todo mundo sabia o que a gente estava fazendo, entramos no ensino médio, no qual não tem ninguém cobrando você", disse ele. "Não tem ninguém conferindo se você fez o dever de casa. E passamos a lidar com todas as coisas que todo mundo enfrenta no ensino médio, no processo de crescimento. E nenhum de nós estava realmente preparado para isso."

Depois do ensino médio, Vance matriculou-se numa faculdade do estado de Nova York para estudar informática, mas achou o curso entediante e se transferiu para um curso de gestão de cassinos e jogos. Como não se deu bem com o chefe desse departamento, largou a faculdade, passou um período sabático trabalhando numa sapataria e depois se matriculou em outra faculdade da rede estadual, planejando formar-se em história. No entanto, em pouco tempo seu dinheiro acabou, e dessa vez Vance desistiu de vez. Agora com vinte e poucos anos, passou os últimos anos trabalhando no serviço de atendimento ao consumidor da AT&T e da Time Warner Cable. Ele gosta do trabalho e se orgulha do que conseguiu, mas também tem lá seus arrependimentos. "Eu tinha muito potencial", disse-me, "e provavelmente deveria tê-lo aproveitado melhor".

2. Aprendendo o otimismo

Para David Levin, foi doloroso ver a luta dos primeiros alunos durante a universidade. Parecia que praticamente todo mês ele era informado de que mais um aluno decidira desistir. Levin levava os resultados universitários para o lado pessoal: o que deveria ter feito diferente? A intenção do KIPP era justamente dar aos alunos todos os instrumentos necessários para eles se saírem bem na universidade. O que havia faltado?

À medida que as informações sobre desistências iam chegando, não só da primeira turma do KIPP mas também da segunda e da terceira, Levin notou algo curioso: os alunos que persistiam na faculdade não eram necessariamente os que haviam mostrado melhor desempenho acadêmico no KIPP. Na verdade, pareciam ser os que possuíam talentos diferentes, como otimismo, resiliência e agilidade social. Eram os alunos que tinham se mostrado capazes de recuperação depois de notas ruins e de determinação para se sair melhor; capazes de dar a volta por cima após decepções amorosas ou brigas com os pais; capazes de convencer os professores a darem uma ajuda após a aula; capazes de ficar em casa estudando e resistir à tentação de ir ao cinema. Levin sabia que essas características não bastavam para se conquistar um bacharelado. Mas, no caso de jovens desprovidos de muitos recursos familiares, sem a segurança dos colegas mais ricos, essas características se revelavam um elemento indispensável no esforço para conseguir o diploma universitário.

As qualidades observadas por Levin em seus formandos universitários coincidiam em grande medida com as habilidades identificadas por James Heckman e outros economistas como capacitações não cognitivas. Mas Levin preferia usar outra expressão: *pontos fortes de caráter*. Desde o início do KIPP, em uma sala de aula de ensino fundamental em Houston no início da década de 1990, Levin e o cofundador da instituição, Michael Feinberg, tinham decidido proporcionar explicitamente aos alunos aulas de caráter em conjunto com as disciplinas acadêmicas. Eles cobriam as paredes com slogans como "Trabalhe com afinco" e "Seja gentil" ou "Não existem atalhos", desenvolvendo um sistema de recompensas e advertências destinado a formar os alunos não só em frações e álgebra, mas também em trabalho de equipe, empatia e perseverança. No KIPP Academy, a garotada usava camisetas com o slogan "Uma escola. Uma missão. Duas capacitações. Conteúdo e caráter".

Levin e Feinberg foram para Houston como parte do terceiro grupo do programa Teach for America; recém-formados de universidades de elite, como professores eram relativamente inexperientes. Logo no começo, aprenderam táticas e truques acadêmicos com educadores inovadores, especialmente uma mulher chamada Harriett Ball, professora veterana que dava aula no mesmo corredor de Levin e usava cânticos, músicas e exercícios diversos para facilitar o ensino de qualquer tema acadêmico, de tabuada a Shakespeare. Contudo, na hora de ensinar caráter, Levin explicou que ele e Feinberg não encontraram um mentor assim. A ausência de qualquer estrutura para o ensino do caráter, ou mesmo para falar sobre o assunto, fazia com que nas escolas KIPP todo ano as conversas sobre a questão começasse do zero e os professores e administradores voltassem a debater quais valores e comportamentos deveriam ser estimulados nos alunos, por que motivos e de que maneira.

No inverno de 2002, à medida que os primeiros formandos do KIPP Academy cursavam o ensino médio, o irmão de Levin, um gestor financeiro, deu-lhe o livro *Aprenda a ser otimista*, de Martin Seligman, um professor de psicologia na Universidade da Pensilvânia.[5] Seligman é um dos principais estudiosos por trás da corrente de pensamento conhecida como psicologia positiva, e o livro, lançado em 1991, é o texto fundador do movimento, ensinando que o otimismo é algo que pode ser aprendido, não um traço inato. Adultos e crianças pessimistas podem se educar para se tornarem mais esperançosos, afirma Seligman, e se o fizerem provavelmente serão mais felizes, saudáveis e bem-sucedidos. Em *Aprenda a ser otimista*, Seligman escreveu que na maioria das pessoas a depressão não era uma doença, como tendiam a acreditar os psicólogos, mas simplesmente um "grave estado de desânimo"[6] que se manifesta "quando alimentamos crenças pessimistas sobre as causas de nossos reveses". Se quiser evitar a depressão e melhorar suas condições de vida, recomendava Seligman, você terá de remodelar seu "estilo explicativo", gerando para si mesmo uma história melhor sobre por que lhe acontecem coisas boas e ruins.

Os pessimistas, escreveu Seligman, tendem a reagir aos acontecimentos negativos considerando-os algo permanente, pessoal e abrangente.[7] Foi reprovado numa prova? Não foi por falta de preparo, mas por burrice. Se alguém marcou um encontro e a pessoa não apareceu, nem adianta convidar outra: você simplesmente não é digno de ser amado. Em contrapartida, os otimistas tentam encontrar explicações específicas, limitadas e de curto prazo para os acontecimentos adversos, e em consequência, diante de um revés, têm mais chance de dar a volta por cima e tentar de novo.

Lendo o livro, Levin reconheceu em si mesmo, nos seus professores e nos alunos muitos dos padrões explicativos expostos por Seligman. Nessa época, ele era conhecido entre os estudantes e a equipe pelos longos e espalhafatosos sermões que passava regularmente em alunos de mau comportamento ou desempenho fraco. ("O cara berrava *muito*", lembrou Vance, achando graça.) Pois agora Levin começava a se perguntar como essas diatribes repercutiam em alunos com tendência a receber comentários críticos em caráter pessoal, permanente e abrangente. "Por que você não fez o dever de casa?" podia facilmente ser interpretado como "O que há de errado com você? Nunca faz nada certo!" Levin comprou exemplares de *Aprenda a ser otimista* para todos os integrantes da equipe do KIPP Academy e se inspirou no livro para fazer uma lista de Questões para Reflexão e Cuidado. Numa reunião de professores no verão de 2002, pediu que os docentes debatessem sobre a lista. Nela constavam algumas perguntas bem incômodas para Levin e equipe, como: *Por que certos alunos nossos não se sentem amados, valorizados, dignos de confiança?* Ou: *Por que alguns pais se sentem desrespeitados, menosprezados, tratados com arrogância?* Ou ainda: *Como continuar desenvolvendo o espírito e o caráter dos alunos do KIPP sem acabar com eles?* Para Levin, foi o início de um longo processo de reavaliação. Ele passara quase uma década tentando desenvolver o caráter dos alunos. E se suas técnicas simplesmente não estivessem funcionando?

3. Riverdale

David Levin frequentou a escola no Bronx, como seus alunos, mas numa parte muito diferente do bairro e num tipo muito diferente de escola. Se seguirmos a oeste do KIPP Academy, passarmos pelo estádio dos Yankees, tomarmos a direção norte e percorrermos alguns quilômetros até a rodovia Major Deegan, logo chegaremos a Riverdale, uma região verdejante, com colinas íngremes e ruas sinuosas que há mais de um século abriga algumas das famílias mais ricas de Nova York. Entre as mansões históricas estão três das mais prestigiadas escolas particulares da cidade: o Horace Mann School, o Ethical Culture Fieldston School e, no alto de uma colina elevada, dominando majestosamente o parque Van Cortlandt e a cidade lá embaixo, o Riverdale Country School. Levin, que cresceu na avenida Park, foi transferido para o Riverdale no oitavo ano, e lá se saiu muito bem, não só se destacando em matemática e ciências como se tornando capitão do time de basquete.

Ao visitarmos hoje a escola, o que impressiona logo de cara é o campus, o maior dentre as escolas da cidade, onze hectares adornados com prédios de pedra e campos de lacrosse bem cuidados. Tecnicamente, não existem uniformes, mas os alunos de ensino fundamental e médio adotam um estilo meticulosamente casual composto de jaquetas Abercrombie & Fitch e mochilas North Face. (Num úmido dia do final do inverno, quando visitei uma turma de inglês do ensino médio, todas as garotas, exceto uma, usavam galochas da Hunter idênticas de 125 dólares.) John F. Kennedy e Robert F. Kennedy frequentaram o Riverdale por um breve período na infância, e hoje a maioria dos alunos são do Upper East Side e das áreas mais elegantes de Westchester County; é o tipo de lugar para o qual os membros da alta sociedade mandam os filhos para aprenderem a ser membros da alta sociedade. As anuidades começam em 38.500 dólares, e isso é para o maternal.

À primeira vista, Dominic Randolph, o diretor de Riverdale, não parece uma escolha natural para comandar uma instituição tão assentada no status e na tradição. Ele passa a impressão de ser um iconoclasta, um perturbador da ordem e até um pouco excêntrico. Todos os dias, usa no trabalho um terno escuro com gravata fina, e o traje, juntamente com seu jeito descolado e a cabeleira grisalha, faz pensar que ele tocava sax numa banda de ska na década de 1980. (O sotaque inglês reforça a imagem.) Randolph tem uma mente aberta, sempre em busca de novas ideias, e uma conversa com ele pode parecer um ciclo de palestras, cheia de referências aos trabalhos mais recentes de psicólogos behavioristas, gurus de administração e teóricos do design. Quando assumiu a direção do colégio em 2007, ele trocou de sala com a secretária: ela ficou com o refúgio inacessível onde os diretores anteriores se isolavam e ele remodelou a área menor externa de recepção para transformá-la num local de trabalho aberto, cobrindo as paredes com lousas brancas nas quais esboça ideias e slogans. Certo dia em que o visitei, numa das paredes havia apenas uma folha de papel, na qual estava impresso apenas um ponto de interrogação.

Tratando-se do diretor de uma escola extremamente competitiva, é surpreendente o ceticismo de Randolph, hoje com pouco mais de cinquenta anos, em relação a muitos dos elementos fundamentais da educação meritocrática contemporânea nos Estados Unidos. Pouco depois de chegar ao Riverdale, ele acabou com os programas curriculares de Advanced Placement, que oferecem aos alunos de ensino médio algumas matérias de ensino superior como forma de facilitar o ingresso a universidades e antecipar créditos. Randolph estimula os professores a limitar a quantidade de deveres de casa; e defende que os testes padronizados que Riverdale e outras escolas particulares aplicam na seleção para o jardim de infância e o ensino fundamental são "um sistema flagrantemente injusto", por avaliarem os alunos quase que apenas pelo QI. "Essa mania dos testes", disse-me quando o visitei em sua sala num dia de outono, "deixa de lado elementos muito importantes do que significa ser uma pessoa bem-sucedida".

O elemento ausente mais crítico, explicou Randolph, é o caráter. "Seja um pioneiro da conquista do Oeste ou alguém que chegou ao país na década de 1920 vindo do sul da Itália, sempre houve nos Estados Unidos essa ideia de que, trabalhando com afinco e demonstrando garra de verdade, era possível alcançar o sucesso", comentou. "Curiosamente, esquecemos isso. As pessoas que têm tudo com facilidade, que gabaritam todas as provas, receio que elas achem que estão fazendo tudo maravilhosamente. Acho que, em consequência, a verdade é que estamos botando essas pessoas no caminho do fracasso no longo prazo. Quando alguém de repente tiver de enfrentar um momento difícil, acho que essa pessoa estará ferrada. Não creio que essas pessoas tenham desenvolvido a capacidade de lidar com tais situações."

Como Levin, Randolph tem refletido ao longo de sua carreira de educador sobre a questão de saber se as escolas devem se preocupar em transmitir o bom caráter, e de que maneira. E muitas vezes tem parecido uma busca solitária. No internato britânico onde Randolph estudou na infância, os educadores achavam que ensinavam caráter tão bem como matemática ou história. Ao se mudar para os Estados Unidos, todavia, Randolph constatou que os educadores americanos se mostravam mais relutantes em falar de caráter que os britânicos. Durante muitos anos, ele acompanhou o discurso americano sobre o caráter, ou aquilo que era considerado o discurso sobre o tema, mas sempre lhe pareceu que estava fora de sintonia com as necessidades de uma escola. Na década de 1980, William Bennett defendeu o ensino da virtude, mas esse empenho logo se tornou político demais para o gosto de Randolph, tendo sido cooptado pelos neoconservadores, segundo ele. Na década de 1990, ele ficou intrigado com os textos de Daniel Goleman sobre inteligência emocional, mas aquilo parecia muito emotivo e sentimental para servir de base para um sistema prático de ensino. "Eu buscava algo sério, que não fosse apenas uma moda passageira, que de fato nos permitisse mudar a cultura de uma escola", contou.

No inverno de 2005, Randolph leu *Aprenda a ser otimista* e passou a se interessar pelo campo da psicologia positiva. Começou então a aprofundar suas leituras, não só do trabalho de Seligman, mas de dois de seus colaboradores mais frequentes: Christopher Peterson, da Universidade de Michigan, e Angela Duckworth, uma das principais pupilas de Seligman na Universidade da Pensilvânia. Na época, Randolph era diretor assistente da Lawrenceville School, colégio particular com regime de externato e internato perto de Princeton, Nova Jersey, e marcou uma reunião com Seligman na Filadélfia. Contudo, na manhã em que Randolph percorreu os sessenta e poucos quilômetros que os separava, Seligman tinha agendado uma outra reunião com David Levin. Quando os dois educadores chegaram mais ou menos à mesma hora, Seligman decidiu num impulso juntar os dois encontros e convidou o psicólogo Peterson, que também visitava a Universidade da Pensilvânia naquele dia, a se juntar aos três para um debate aberto sobre psicologia e escolaridade. Era o início de uma longa e frutífera colaboração.

4. Pontos fortes de caráter

Tanto Levin quanto Randolph chegaram à Filadélfia na expectativa de falar sobre otimismo. Mas Seligman os surpreendeu, apresentando-lhes um livro muito diferente que tinha acabado de publicar com Peterson: *Character Strengths and Virtues: a Handbook and Classification* [Pontos fortes de caráter e virtude: manual e classificação]. Os best-sellers que Seligman tinha publicado até então eram obras relativamente curtas de psicologia acessível ao público leigo, com subtítulos destinados a chamar a atenção numa livraria de aeroporto ("Como mudar sua mente e sua vida"!), mas *Character Strengths and Virtues* era um volume acadêmico de oitocentas páginas que pesava mais de um quilo e custava 80 dólares. Os autores pretendiam que fosse um "manual de sanidade",[8] um espelho do *Manual diagnóstico e estatístico de transtornos mentais*, ou *DSM*, a respeitada taxonomia de distúrbios psiquiátricos que pode ser encontrada na prateleira de todo psiquiatra e terapeuta. *Character Strengths and Virtues* era uma tentativa de inaugurar uma "ciência do bom caráter".[9] Em outras palavras, era exatamente o que Randolph e Levin estavam buscando, embora nenhum dos dois tivesse consciência disso.

Caráter é uma daquelas palavras que complicam qualquer conversa, em grande medida porque pode ter significados muito diferentes para pessoas diferentes. É usada com frequência para representar adesão a determinado conjunto de valores, o que quer dizer que sua definição necessariamente mudará com o tempo. Na Inglaterra vitoriana, uma pessoa de bom caráter era alguém que exibisse valores como castidade, parcimônia, higiene, devoção e postura social. Nos Estados Unidos, bom caráter tinha mais a ver com coragem, autossuficiência, engenhosidade, diligência e garra. Mas Seligman e Peterson pretendiam transcender essas excentricidades históricas em seu livro, identificando qualidades que não fossem valorizadas apenas na cultura americana contemporânea, mas em qualquer sociedade, em qualquer época. Consultaram obras variadas, de Aristóteles a Confúcio,[10] do Upanishad à Torá, do *Manual do escotista* a perfis de personagens do Pokémon, e acabaram estabelecendo uma lista de 24 pontos fortes de caráter que eles consideraram ser valorizados universalmente. Dessa lista fazem parte qualidades que tradicionalmente atribuímos à nobreza, como valentia, senso de cidadania, justiça, sabedoria e integridade; outras que entram pelo terreno emocional, como amor, humor, entusiasmo e apreço pela beleza; e outras ainda que estão mais relacionadas às interações humanas do dia a dia, como inteligência social (a capacidade de reconhecer dinâmicas interpessoais e se adaptar com rapidez a diferentes situações sociais), bondade e gratidão.

Na maioria das sociedades, escreveram Seligman e Peterson, considerava-se que os pontos fortes do caráter eram moralizantes e em muitos casos coincidiam com exigências e leis religiosas. Mas as leis morais eram limitadoras em matéria de caráter, pois reduziam a conduta virtuosa a uma simples questão de obediência a uma autoridade superior. "As virtudes", diziam eles, "são muito mais interessantes do que as leis".[11] Segundo Seligman e Peterson, o valor desses 24 pontos fortes de caráter não provinha de sua relação com qualquer sistema específico de ética, mas de seus benefícios práticos: aquilo que de fato podíamos ganhar ao possuí-los e expressá-los. Cultivar esses pontos fortes de caráter era um caminho confiável para "a vida boa",[12] uma vida não apenas feliz, mas significativa e satisfatória.

Para muitos de nós, *caráter* remete a algo inato e inalterável, um conjunto essencial de atributos que definem a própria essência da pessoa. Seligman e Peterson definiam *caráter* de outra maneira: um conjunto de capacidades ou pontos fortes bastante mutáveis — na verdade, inteiramente maleáveis. São capacitações que podemos aprender, que podem ser praticadas e ensinadas.

Na prática, contudo, quando os educadores tentam ensinar caráter, muitas vezes batem de frente com essas leis morais. Na década de 1990, surgiu um grande movimento em prol da educação pelo caráter nos Estados Unidos,[13] em parte inspirado por comentários encorajadores da então primeira-dama, Hillary Clinton, e do presidente Clinton, que declarou em 1996 em seu discurso sobre o Estado da União: "Desafio nossas escolas a promover a educação pelo caráter, a ensinar os bons valores e a boa cidadania." Contudo, logo a campanha dos Clinton em nome do caráter resultou num festival de acusações e desconfiança entre os dois lados do espectro político; a direita temia que as iniciativas de educação pelo caráter fossem um disfarce para a introdução sub-reptícia do politicamente correto, e a esquerda achava que na verdade configuravam tentativas encobertas de doutrinação cristã. Nos Estados Unidos, centenas de escolas públicas têm hoje em dia algum programa de educação pelo caráter, mas a maioria é vaga e superficial, e os que puderam ser examinados com rigor se revelaram ineficazes de maneira geral. Uma avaliação nacional dos programas de educação pelo caráter publicada em 2010 pelo National Center for Education Research, ligado ao Departamento de Educação do país, analisou ao longo de três anos consecutivos sete currículos muito disseminados em escolas do ensino primário.[14] Não se constatou qualquer impacto significativo da aplicação desses programas no comportamento dos alunos, no desempenho acadêmico nem na cultura escolar.

O que mais intrigou Levin e Randolph na abordagem de Seligman foi o fato de ela não se centrar na moralidade acusadora, mas em crescimento e realização pessoal. O KIPP costuma ser considerado moralista tanto por entusiastas quanto por críticos. Em seu livro *Sweating the Small Stuff*,[15] publicado em 2008, o jornalista David Whitman qualificou positivamente de "novo paternalismo" os métodos empregados pelo KIPP Academy e outras escolas independentes. Segundo ele, essas escolas ensinavam aos alunos "não apenas como pensar, mas como agir de acordo com valores em geral considerados tradicionais e de classe média".[16] Mas Levin discordou. Não lhe agradava a ideia de que o objetivo do KIPP seria incutir nos alunos valores de classe média, como se famílias abastadas tivessem uma profundeza de caráter que faltaria aos alunos de baixa renda. "O que me parece sensacional na ideia dos pontos fortes de caráter é o fato de que essa abordagem é essencialmente destituída de juízos de valor", disse-me ele. "O problema inevitável da abordagem que leva em conta valores e ética é que não podemos deixar de nos perguntar: Quais valores? Ética de quem?"

5. Autocontrole e força de vontade

Depois daquela primeira reunião na sala de Seligman, Levin e Randolph mantiveram contato por telefone e e-mail, trocando artigos e links, e logo descobriram que compartilhavam muitas ideias e interesses, não obstante a grande diferença entre os ambientes escolares em que atuavam. Decidiram então unir forças e tentar enfrentar juntos os mistérios do caráter, e pediram ajuda a Angela Duckworth, que na época cursava pós-doutorado no departamento de Seligman. (Hoje ela é professora-assistente na instituição.) Duckworth chegara à Universidade da Pensilvânia em 2002, aos 32 anos, com mais idade que a média dos alunos de pós-graduação. Filha de imigrantes chineses, destacara-se na adolescência e na casa dos vinte anos como um exemplo clássico de pessoa versátil e competente. Depois de concluir a graduação em Harvard (e abrir nas horas vagas um curso de férias para crianças de baixa renda em Cambridge), passara por sucessivas etapas do circuito da meritocracia nos meados da década de 1990: estagiária na equipe de redação de discursos da Casa Branca, bolsista em Oxford, na Inglaterra (onde estudou neurociência), consultora de gestão na McKinsey and Company e consultora em escolas públicas do sistema *charter*, um modelo de concessão em que a escola funciona de forma independente da administração pública. Durante muitos anos ela achou que poderia abrir uma escola *charter*, mas acabou chegando à conclusão de que esse modelo não era a melhor maneira de mudar as condições das crianças pobres — ou pelo menos não era o instrumento certo para ela. Ao se inscrever no doutorado da Universidade da Pensilvânia, ela escreveu no projeto que sua experiência profissional nas escolas lhe tinha possibilitado desenvolver "uma visão nitidamente diferente da reforma escolar" em comparação com o que ela pensava quando tinha vinte e poucos anos. "O problema, em minha opinião, não está apenas nas escolas, mas também nos próprios alunos", escreveu.[17] "Por um motivo muito simples: aprender é difícil. É verdade que aprender é divertido, empolgante e gratificante — mas muitas vezes também é intimidador, exaustivo e até desanimador (...) Para ajudar alunos que, embora tenham problemas crônicos de baixo desempenho, são inteligentes, os educadores e pais precisam, antes de mais nada, reconhecer que o caráter é pelo menos tão importante quanto o intelecto."

Na Universidade da Pensilvânia, Duckworth estudou autodisciplina. Para seu projeto de primeiro ano, ela reuniu 164 alunos de oitavo ano do Masterman Middle School, escola pública de currículo diferenciado da Filadélfia, e os submeteu a testes tradicionais de QI e a avaliações de autodisciplina.[18] Ao longo do ano letivo, então, avaliou o desempenho deles valendo-se de certas medições acadêmicas; no fim do ano, para surpresa de muitos, constatou que o resultado de autodisciplina dos alunos no começo era o indicador mais preciso da média final do que o de QI.

Duckworth começou a colaborar com Walter Mischel, professor de psicologia na Universidade Columbia, que ficou famoso nos círculos de ciências sociais por um estudo informalmente conhecido como teste do marshmallow. No fim da década de 1960, Mischel, então professor na Universidade de Stanford, desenvolveu uma engenhosa experiência para avaliar a força de vontade de crianças de quatro anos de idade.[19] Numa creche do campus de Stanford, uma pesquisadora levava cada criança a uma pequena sala, sentava-a a uma mesa e lhe oferecia um doce, como um marshamallow. Sobre a mesa havia um sino. A pesquisadora anunciava então que sairia da sala, e que a criança poderia comer o marshmallow quando ela voltasse. Então, dava-lhe a possibilidade de escolher: se quisesse comer o marshmallow, precisava apenas tocar o sino; a pesquisadora então voltaria, e ela poderia comê-lo. Mas, se esperasse pelo retorno da pesquisadora sem chamá-la, ganharia dois marshmallows.

Mischel pretendia estudar as diferentes técnicas que as crianças utilizavam para resistir à tentação. Mas a experiência adquiriu nova dimensão mais de uma década depois, quando ele começou a verificar se, nas crianças que tinham participado da experiência, a capacidade de adiar a gratificação podia ser considerada um fator de previsão de resultados, acadêmicos ou não. Estabelecendo como ponto de partida o ano de 1981, Mischel localizou o maior número possível de alunos e continuou acompanhando-os por vários anos. A correlação entre o tempo de espera pelo marshmallow por parte das crianças e seus posteriores êxitos acadêmicos revelou-se impressionante. As crianças que se tinham mostrado capazes de esperar quinze minutos pelo doce apresentavam no SAT (teste de avaliação acadêmica aplicado em alunos do ensino médio nos Estados Unidos) resultados em média 210 pontos mais altos que os das crianças que haviam tocado o sino depois de trinta segundos.[20]

Duckworth ficou intrigada com os resultados da pesquisa de Mischel, que seu estudo sobre o autocontrole na Filadélfia parecia corroborar. Mas, na verdade, ela estava mais interessada na premissa inicial de Mischel: para maximizar o autocontrole, quais eram os truques e as estratégias mais eficazes? Essas técnicas podem ser ensinadas? A experiência de Mischel indicara algumas respostas interessantes. Tanto a teoria psicanalítica quanto a behaviorista, por exemplo, defendiam que a melhor maneira de uma criança se motivar a esperar e conseguir dois marshmallows era se concentrar na recompensa, reforçar o quanto seriam deliciosos os dois marshmallows quando finalmente ela pudesse comê-los. Mas, na verdade, o contrário é que se revelou verdadeiro: quando os marshmalows eram escondidos, as crianças conseguiam adiar muito mais do que quando eles estavam bem à sua frente. As crianças que se saíram melhor no teste criavam suas próprias formas de distração. Algumas cantavam ou conversavam consigo mesmas enquanto esperavam a volta da pesquisadora; outras desviavam o olhar do doce ou levavam as mãos aos olhos. Um pequeno mestre do autocontrole até conseguiu tirar uma soneca.

Mischel constatou que as crianças se mostravam mais capazes de adiar a gratificação quando recebiam estímulos simples para pensar de outra maneira nos marshmallows. Quanto mais abstrata era a imagem que formavam das guloseimas, mais conseguiam adiar. Quando lhes sugeriam pensar nos marshmallows como uma nuvem redonda e fofa, elas conseguiam prolongar o adiamento em cerca de sete minutos.[21] Algumas crianças foram estimuladas a olhar para uma imagem de marshmallow, em vez do doce concreto. Essas também se mostraram capazes de esperar mais. Outras olhavam para o verdadeiro marshmallow, mas eram instruídas a "imaginá-los numa moldura, como se fosse um quadro de verdade". Essas crianças foram capazes de esperar quase dezoito minutos.

Mas, quando Duckworth tentou adaptar as descobertas de Mischel a um contexto escolar, verificou que era mais difícil do que o esperado. Em 2003, ela conduziu com alguns colegas uma experiência de seis semanas com quarenta alunos de quinto ano numa escola da Filadélfia. As crianças foram orientadas em exercícios de autocontrole e receberam recompensas pela conclusão do dever de casa. No fim da experiência, elas relataram que agora tinham mais autocontrole que antes do início do programa. Mas, na verdade, não tinham: em diversos quesitos, as crianças submetidas à intervenção não se saíram melhor do que um grupo de controle na mesma escola. "Analisamos as avaliações de autocontrole dadas pelos professores, a conclusão dos deveres de casa, os testes de desempenho, as médias, se os alunos chegavam atrasados com mais ou menos frequência", disse-me Duckworth. "E, em todos os casos, o efeito era zero."

6. Motivação

O problema de técnicas de autocontrole como as empregadas pelas crianças mais disciplinadas na resistência ao marshmallow é que só funcionam quando a criança sabe o que quer. As metas de longo prazo que Duckworth esperava que crianças tivessem eram menos tangíveis, imediatas e atraentes que dois marshmallows depois de vinte minutos. Como, então, ajudar as crianças a adquirir a concentração e a persistência necessárias para alcançar metas mais abstratas e remotas: passar numa prova, concluir o ensino médio ou ter êxito na faculdade?

Duckworth considera útil dividir a mecânica do desempenho em duas dimensões distintas: motivação e volição. Ambas, sustenta ela, são necessárias para alcançar objetivos de longo prazo, mas nenhuma é suficiente por si só. Quase todos nós passamos pela experiência de ter motivação mas carecer de volição: podemos estar extremamente motivados a perder peso, por exemplo, mas, se não tivermos a volição — a força de vontade, o autocontrole — para deixar de lado os doces e levantar os halteres, não alcançaremos êxito. Quando uma criança está muito motivada, as técnicas e os exercícios de autocontrole que Duckworth tentou ensinar aos alunos do quinto ano podem ser muito úteis. Mas e se os alunos simplesmente não estiverem motivados para alcançar as metas almejadas por seus professores e pais? Nesse caso, reconhece Duckworth, nem todos os truques de autocontrole do mundo podem ajudar.

Mas isso não quer dizer que seja impossível mudar a motivação de uma pessoa. A curto prazo, na verdade, pode ser surpreendentemente fácil. Continuaremos por ora no departamento dos doces e examinemos algumas experiências efetuadas décadas atrás envolvendo QI e os chocolates M&M's. Na primeira, realizada no norte da Califórnia ao fim da década de 1960, um pesquisador chamado Calvin Edlund selecionou 79 crianças com idades entre cinco e sete anos, todas de "famílias de classe média baixa e classes mais baixas".[22] As crianças foram divididas aleatoriamente entre um grupo experimental e outro de controle. No início, todas foram submetidas a uma versão padronizada do teste de inteligência Stanford-Binet. Sete semanas depois, fizeram um teste semelhante, mas dessa vez as crianças do grupo experimental ganharam um M&M's para cada resposta correta. No primeiro teste, os dois grupos apresentaram resultados similares no teste de QI. No segundo, o QI do grupo dos M&M's subiu em média doze pontos — um salto enorme.

Alguns anos depois, dois pesquisadores da Universidade do Sul da Flórida aprofundaram a experiência de Edlund.[23] Dessa vez, depois do primeiro teste de QI, sem distribuição de doces, as crianças foram divididas em três grupos, em função dos resultados apresentados no primeiro teste. O grupo de QI alto teve uma pontuação média de cerca de 119 no primeiro teste. O grupo de QI médio ficou com uma média de cerca de 101, e o grupo de QI baixo, com uma média de aproximadamente 79. No segundo teste, os pesquisadores ofereceram a metade das crianças de cada grupo um M&M's para cada resposta certa, exatamente como fizera Edlund; as demais crianças não receberam recompensa. As crianças de QI médio e alto que ganharam um M&M's em nada melhoraram sua pontuação no segundo teste. Mas as crianças de QI baixo que receberam um M&M's para cada resposta certa aumentaram seus resultados para cerca de 97 pontos, quase eliminando a defasagem em relação ao grupo de QI médio.

Os estudos com M&M's representaram um golpe sério no senso comum a respeito da inteligência, segundo o qual os testes de QI mediam algo real e permanente, algo que não podia ser alterado drasticamente com um pouco de chocolate e açúcar. Eles também levantaram uma importante e intrigante questão a respeito das crianças de QI supostamente baixo: elas de fato tinham um QI baixo? Qual seria o número certo de sua medida de inteligência: 79 ou 97?

Esse é o tipo de quebra-cabeça frustrante e desafiador com que os professores de ensino fundamental se defrontam constantemente, em especial os que trabalham em escolas com alto índice de pobreza. Com certeza os alunos são mais inteligentes do que parecem e se sairiam muito melhor se se esforçassem. Mas como conseguir que eles se esforcem? Eles deveriam ganhar um M&M's para cada resposta certa até o fim da vida? Não parece uma solução muito prática. E a realidade é que, no caso dos alunos de baixa renda do ensino fundamental, *já existem* recompensas incríveis para os que se saem bem nas provas — não são recompensas imediatas para cada resposta certa, mas a longo prazo. Quando o resultado das provas e a média geral ao longo do ensino fundamental e médio refletem um QI de 97, e não de 79, será muito mais provável que o aluno conclua o ensino médio e a faculdade e consiga um bom emprego — quando então ele poderá comprar quantos pacotes de M&M's quiser.

Entretanto, como qualquer professor do ensino fundamental sabe, convencer os alunos dessa lógica é muito mais difícil do que parece. O que se verifica é que a motivação é algo muito complexo, e as recompensas às vezes saem pela culatra. No livro *Freakonomics*, Steven Levitt e Stephen Dubner lembram um estudo realizado na década de 1970 para verificar se o pagamento de uma pequena remuneração a doadores de sangue poderia aumentar as doações.[24] O resultado foi que o número de doadores *diminuiu*, em vez de aumentar.

E, embora o teste do M&M's pareça indicar que os incentivos materiais para o êxito das crianças podem fazer muita diferença, na prática a coisa muitas vezes não funciona dessa maneira. Há pouco tempo, o economista Roland Fryer, de Harvard, tentou ampliar a experiência do M&M's à escala de um sistema escolar metropolitano. Ele testou vários programas de incentivo em escolas públicas, oferecendo bônus aos professores que melhorassem os resultados das provas de suas turmas; oferecendo estímulos como minutos para falar ao celular a alunos que melhorassem seus resultados nas provas; oferecendo incentivos financeiros às famílias cujos filhos apresentassem resultados melhores.[25] As experiências foram trabalhosas e realizadas com extremo cuidado, e os resultados foram quase invariavelmente decepcionantes. Havia alguns aspectos animadores nos dados: em Dallas, um programa que remunerava as crianças para cada livro lido parece ter contribuído para melhorar os índices de leitura de alunos anglófonos. Mas na maioria dos casos esses programas foram um total fiasco. A experiência de maiores proporções, que oferecia incentivos a professores da cidade de Nova York, custou 75 milhões de dólares e durou três anos. E, na primavera de 2011, Fryer relatava que não observara qualquer resultado positivo.

7. O teste de velocidade de codificação

O problema ao se tentar motivar as pessoas é: ninguém sabe de fato como fazê-lo bem. É precisamente por isso que a indústria de cartazes inspiradores, livros de autoajuda e palestras motivacionais tanto prosperam: muitas vezes é difícil de explicar e medir o que nos incentiva.

A complexidade da questão está, em parte, no fato de que tipos diferentes de personalidade reagem a motivações diferentes. Sabemos disso graças a uma série de experiências realizadas em 2006 por Carmit Segal, na época estudante de pós-doutorado no Departamento de Economia de Harvard e hoje professora de uma universidade em Zurique. Segal queria analisar de que maneira a personalidade e os incentivos interagiam e escolheu como veículo um dos testes mais fáceis possíveis, uma avaliação de habilidades básicas de escrita chamada teste de velocidade de codificação.[26] Trata-se de um teste muito simples e direto. Inicialmente, os participantes recebem um gabarito no qual palavras simples estão associadas a seus respectivos números de identificação de quatro dígitos. A lista é mais ou menos assim:

jogo	2715
queixo	3231
casa	4232
chapéu	4568
quarto	2864

Um pouco abaixo na mesma página, um teste de múltipla escolha oferece cinco números de quatro algarismos como possíveis respostas certas para cada palavra.

Perguntas	*Respostas*				
	A	**B**	**C**	**D**	**E**
1. chapéu	2715	4232	4568	3231	2864
2. casa	4232	2715	4568	3231	2864
3. queixo	4232	2715	3231	4568	2864

Basta encontrar o número certo do gabarito e marcar a letra correspondente (1C, 2A, 3C etc.). Facílimo, e um tanto monótono.

Segal localizou dois grandes conjuntos de dados que continham a pontuação de milhares de jovens tanto no teste de velocidade de codificação quanto num teste comum de capacidade cognitiva. Um desses conjuntos de dados era o Levantamento Longitudinal Nacional da Juventude, ou NLSY, na sigla em inglês, uma pesquisa enorme que em 1979 começou a rastrear um total de mais de doze mil jovens. O outro era um grupo de recrutas que fizeram o exame de codificação como parte de uma série de testes necessários para o ingresso às forças armadas dos Estados Unidos. Os alunos de ensino médio e superior que participaram do NLSY não tinham qualquer incentivo real para se empenhar nos testes: as pontuações serviam apenas para a finalidade de pesquisa e não tinham qualquer efeito no boletim. Já no caso dos recrutas, os testes eram muito importantes: uma pontuação ruim poderia deixá-los de fora das forças armadas.

Ao comparar os resultados dos dois grupos em cada um dos testes, Segal constatou que, em média, os alunos de ensino médio e superior se saíram melhor do que os recrutas nos testes cognitivos. No teste de velocidade de codificação, contudo, foram os recrutas que apresentaram melhores resultados. Uma possível explicação talvez fosse o fato de que um jovem que decide se alistar nas forças armadas tem um talento natural para combinar números com palavras, mas isso não parecia muito provável. Segal deu-se conta de que o teste de velocidade de codificação na verdade media algo mais básico que a habilidade escritural: a inclinação e a capacidade dos participantes de se obrigarem a se interessar pelo teste mais tedioso do mundo. Os recrutas, que tinham muito mais em jogo, se esforçaram mais no teste de codificação do que os estudantes do NLSY, e num teste tão simples esse empenho foi suficiente para que levassem a melhor sobre os jovens de educação mais completa.

Cabe lembrar, entretanto, que o NLSY não era apenas um teste pontual; ele acompanhava o avanço posterior dos jovens por muitos anos. Segal voltou então aos dados do exame, avaliou os resultados de capacidade cognitiva e de velocidade de codificação em 1979 e os comparou com as conquistas feitas pelos alunos duas décadas depois, quando eles tinham cerca de quarenta anos de idade. Como se poderia esperar, os garotos que melhor se saíram nos testes de capacidade cognitiva estavam ganhando mais dinheiro. Mas o mesmo acontecia com os que se saíram melhor no teste supersimples de codificação. Na verdade, quando Segal analisou apenas os participantes do NLSY que não concluíram a faculdade, o teste de codificação era um indicador tão confiável do salário na idade adulta quanto o teste cognitivo. Os que haviam obtido pontuação mais alta no teste de codificação estavam ganhando milhares de dólares mais que os de baixa pontuação.

E por quê? Será que nos Estados Unidos o mercado de trabalho atual realmente valoriza tanto a capacidade de comparar listas de palavras e números? Claro que não. E na verdade Segal não acreditava que os alunos que se saíram melhor no teste de codificação tinham melhor capacidade de codificação que os outros. Eles apresentaram melhores resultados por um motivo simples: se esforçaram mais. E o que o mercado de trabalho *de fato* valoriza é esse tipo de motivação interior necessária para se esforçar num teste, mesmo quando não há uma recompensa externa para quem se sair bem. Sem que ninguém se desse conta, o teste de codificação estava medindo uma capacitação não cognitiva decisiva e de grande importância no mundo adulto.

As descobertas de Segal oferecem uma nova perspectiva sobre os chamados alunos de QI baixo que participaram da experiência com M&M's no sul da Flórida. Devemos lembrar que eles tiveram resultados medíocres no primeiro teste de QI e se saíram muito melhor no segundo, com o incentivo dos M&M's. A questão, portanto, era saber qual era o QI verdadeiro de um aluno típico de "baixo QI". Seria 79 ou 97? Certamente seria possível sustentar que o QI verdadeiro deve ser 97. Espera-se que as pessoas se esforcem num teste de QI, e, quando as crianças de QI baixo contavam com a motivação do chocolate, elas se esforçavam. Não é que os M&M's lhes conferissem por um passe de mágica a inteligência necessária para responder às perguntas; elas já deviam tê-la. Então, na verdade, não eram crianças de baixo QI. Seu QI era equivalente à média.

Mas o que o experimento de Segal parece indicar é que, na realidade, a primeira pontuação, 79, era mais relevante para as perspectivas dos garotos. Era o equivalente do resultado no teste de codificação, o teste de pouco risco e pouca recompensa que prevê o grau de sucesso da pessoa na vida. Essas crianças podiam não ter baixo QI, mas tinham pouco dessa qualidade, qualquer que fosse, que fazia com que alguém se esforçasse num teste de QI sem qualquer incentivo óbvio. E o que a pesquisa de Segal demonstra é que essa é uma qualidade das mais valiosas.

8. Escrupulosidade

Como é que chamamos então a qualidade apresentada pelos alunos que Segal apontava como os esforçados, os que se empenhavam com ou sem o estímulo de uma recompensa? A expressão usada pela psicologia da personalidade é *escrupulosidade*. Nas duas últimas décadas, manifestou-se entre os psicólogos um consenso no sentido de que a maneira mais eficaz de se analisar a personalidade humana consiste em observá-la em cinco dimensões, conhecidas como os Cinco Grandes Fatores: socialização, extroversão, neuroticismo, abertura à experiência e escrupulosidade. E, quando Segal submeteu os alunos do sexo masculino de um de seus estudos a um teste de personalidade padrão, os que não reagiram aos incentivos materiais — aqueles que se saíram bem com ou sem M&M's — tinham pontuação particularmente alta em escrupulosidade.

No mundo da psicologia da personalidade, o grande especialista em matéria de escrupulosidade é Brent Roberts, professor na Universidade de Illinois em Urbana-Champaign, que colaborou com o economista James Heckman e a psicóloga Angela Duckworth. Roberts disse-me no fim da década de 1990, quando estava concluindo sua pós-graduação e decidindo em que campo de pesquisa deveria se especializar, que ninguém queria estudar a escrupulosidade. A maioria dos psicólogos a considerava a ovelha negra do ramo da personalidade. E muitos ainda consideram. É uma questão cultural, explicou Roberts. Assim como a palavra *caráter*, a palavra *escrupulosidade* carrega certas associações fortes e nem sempre positivas fora da academia. "Os pesquisadores preferem estudar coisas que eles valorizam. E, na nossa sociedade, aqueles que valorizam a escrupulosidade não são intelectuais, nem acadêmicos, nem liberais. Tendem a ser conservadores da direita religiosa que acham que as pessoas deveriam ser mais controladas." (Segundo Roberts, os psicólogos preferem estudar a abertura à experiência. "Abertura é uma coisa *bacana*", explicou ele, meio sarcástico. "É uma questão de criatividade. Além disso, tem a correlação mais forte com a ideologia liberal. Na psicologia da personalidade, a maioria de nós — inclusive eu, devo dizer — é liberal. E gostamos de nos estudar.")

Embora, no mundo acadêmico, os psicólogos da personalidade, com a solitária exceção de Roberts, tenham mantido distância do assunto até recentemente, o fator escrupulosidade foi adotado na década de 1990 por uma especialização menos ilustre da psicologia: a psicologia industrial/organizacional, ou psicologia I/O.[27] Os pesquisadores desse campo raramente ocupam posições em universidades de prestígio; em sua maioria, trabalham como consultores para gerentes de recursos humanos em empresas grandes com uma necessidade específica, muito longe dos esotéricos debates acadêmicos: elas querem contratar os funcionários mais produtivos, confiáveis e diligentes. Quando a psicologia I/O começou a usar diferentes avaliações de personalidade para ajudar as empresas a identificar esses trabalhadores, constatou-se que, dos Cinco Grandes Fatores, a escrupulosidade era o traço que melhor podia prever sucesso no trabalho.

O que mais intriga Roberts no caso da escrupulosidade é o fato de esse conceito prever tantos resultados que vão muito além do trabalho.[28] As pessoas dotadas de alto grau de escrupulosidade obtêm notas mais altas no ensino médio e na faculdade, cometem menos crimes e ficam casadas por mais tempo. Elas vivem mais, e não apenas por fumarem e beberem menos. Têm menos derrames, pressão arterial mais baixa e menor incidência de doença de Alzheimer. "Na verdade, seria bom que houvesse algo negativo associado à escrupulosidade", disse-me Roberts. "Mas por enquanto ela se revela um dos principais fatores do bom desempenho ao longo de toda a vida. Realmente vai do berço ao túmulo em relação ao sucesso das pessoas."

9. O lado ruim do autocontrole

Claro que isso não significa que todo mundo concorde que a escrupulosidade seja algo inteiramente positivo. Na verdade, algumas das primeiras provas empíricas da relação entre escrupulosidade e sucesso na escola e no trabalho partiram de pessoas que não tinham em muito alta conta a escola ou o trabalho. Em seu livro *Schooling in Capitalist America*, de 1976, os economistas marxistas Samuel Bowles e Herbert Gintis sustentavam que as escolas públicas dos Estados Unidos tinham sido formatadas para perpetuar as divisões de classe.[29] Para que os capitalistas pudessem manter os proletários na mesma classe, "o sistema educacional deve tentar ensinar às pessoas como ter um comportamento adequado de subordinação".[30] Bowles e Gintis basearam-se em pesquisas contemporâneas de Gene Smith, um psicólogo que descobrira que o teste capaz de prever com maior grau de confiabilidade o futuro de um estudante do ensino médio aferia não o QI, mas a maneira como os colegas classificavam esse aluno quanto ao que Smith chamava de "força de caráter", abrangendo "escrupulosidade, responsabilidade, disciplina persistente, concentração, determinação e perseverança".[31] Essa avaliação tinha um índice de acerto três vezes maior quanto à previsão do desempenho universitário do que qualquer combinação de pontuações cognitivas, incluindo as provas de ingresso e a classificação na turma. Intrigados com os resultados de Smith, Bowles, Gintis e um colega empreenderam um novo projeto de pesquisa, submetendo os 237 alunos do último ano de ensino médio de um grande colégio do estado de Nova York a uma série de testes de QI e personalidade. Constataram, como esperado, que as pontuações cognitivas eram capazes de prever as médias gerais de notas, mas que um índice formulado com uma combinação de dezesseis medidas de avaliação de personalidade, entre elas a escrupulosidade, tinha poder de previsão equivalente.

Para psicólogos como Seligman, Peterson, Duckworth e Roberts, esses resultados constituem uma demonstração cabal da importância do caráter para o sucesso escolar. Para Bowles e Gintis, eram uma prova de que o sistema escolar estava estruturado para manter o proletariado dócil. Os professores recompensavam os autômatos reprimidos, segundo Bowles e Gintis; eles constataram que os alunos com médias mais altas eram aqueles que obtinham os resultados mais baixos em criatividade e independência e mais altos em pontualidade, adiamento da gratificação, previsibilidade e confiabilidade. Bowles e Gintis consultaram então avaliações equivalentes de pessoas que trabalhavam em escritório e constataram que os supervisores julgavam os funcionários exatamente como os professores julgavam os alunos. Eles davam notas baixas a funcionários com alto grau de criatividade e independência e notas altas aos que mostravam níveis mais altos de tato, pontualidade, confiabilidade e capacidade de adiar a gratificação.[32] Para Bowles e Gintis, essas descobertas confirmavam a hipótese: as corporações que mandavam nos Estados Unidos queriam seus escritórios cheios de ovelhas mansas e confiáveis, então criaram um sistema escolar que efetuava uma seleção dessas características.

Segundo a pesquisa de Roberts, as pessoas com pontuação alta em escrupulosidade tendem a compartilhar certas características: são organizadas, trabalhadoras, confiáveis e respeitam as normas sociais. Mas talvez o ingrediente mais importante da escrupulosidade seja o autocontrole. E os economistas marxistas não são os únicos céticos quanto ao valor dessa característica.

Em *Character Strengths and Virtues*, Peterson e Seligman sustentavam que "não existe qualquer desvantagem de fato em se ter muito autocontrole";[33] trata-se de uma capacidade, como força, beleza ou inteligência, sem aspectos negativos inerentes: quanto mais, melhor. Mas uma corrente de pensamento contrária, liderada pelo falecido Jack Block, psicólogo pesquisador da Universidade da Califórnia em Berkeley, argumentava que autocontrole demais pode ser tão problemático quanto autocontrole de menos. As pessoas controladas demais são "excessivamente limitadas", escreveram Block e dois colegas num artigo.[34] Têm "dificuldade de tomar decisões [e] podem adiar a gratificação ou rejeitar prazer sem necessidade". Segundo esses pesquisadores, as pessoas escrupulosas são exemplos clássicos de conservadorismo: são compulsivas, ansiosas e reprimidas.

As descobertas de Block certamente são válidas; é fácil ver de que maneira a escrupulosidade pode resvalar para a compulsão. Mas, ao mesmo tempo, é difícil contestar os dados que evidenciam correlações entre o autocontrole e resultados positivos. Em 2011, essas evidências foram reforçadas quando uma equipe de pesquisadores publicou as conclusões de um estudo conduzido ao longo de três décadas com mais de mil jovens na Nova Zelândia que demonstrou, com ainda maior detalhamento, uma relação nítida entre o autocontrole na infância e resultados na idade adulta.[35] Quando os participantes do estudo tinham idade entre três e onze anos, Brent Roberts e os demais pesquisadores, liderados pelos psicólogos Avshalom Caspi e Terrie Moffitt, valeram-se de uma série de testes e questionários para aferir o autocontrole das crianças e em seguida combinaram esses resultados num único índice de autocontrole para cada criança. Quando os participantes estavam com 32 anos, os pesquisadores constataram que o índice de autocontrole infantil previra uma ampla gama de resultados. Quanto menor fosse o autocontrole do participante na infância, mais chances ele tinha, aos 32 anos, de fumar, ter problemas de saúde, financeiros ou com a lei. Em certos casos, a dimensão desses efeitos era enorme: os adultos com os piores índices de autocontrole na infância tinham três vezes mais probabilidade de terem sido condenados por um crime do que os com os melhores índices. Tinham três vezes mais probabilidade de terem enfrentado vícios diversos e mais de duas vezes mais probabilidade de serem pais solteiros.

10. Determinação

Mas até mesmo Angela Duckworth concorda que o autocontrole tem seus limites. Ele pode ser muito útil para prever quem conseguirá concluir o ensino médio, mas, segundo ela, não é relevante quando se trata de identificar quem pode vir a inventar uma nova tecnologia ou dirigir um filme de sucesso. E, depois de publicar no *Psychological Science*, em 2005, seu inovador estudo comparando o autocontrole com o QI, Duckworth começou a perceber que o autocontrole não era exatamente o motivador de sucesso que ela estava procurando. Duckworth analisou a própria carreira. Em termos objetivos, ela era muito inteligente e reconhecia que tinha um alto nível de autodisciplina: levantava-se cedo, trabalhava muito, cumpria prazos, ia à academia com regularidade. E, embora certamente tivesse alcançado sucesso — são muito poucos os doutorandos que têm um projeto de primeiro ano publicado num periódico de prestígio como o *Psychological Science* —, o início diversificado de sua carreira tinha sido muito menos direcionado, por exemplo, que o de David Levin, que encontrara sua vocação aos 22 anos e desde então persistira na mesma meta, superando muitos obstáculos e criando, com Michael Feinberg, uma rede bem-sucedida de escolas *charter* frequentadas por milhares de alunos. Duckworth achava que Levin, mais ou menos da mesma idade, tinha uma característica da qual ela não dispunha: um comprometimento fervoroso com uma única missão e uma dedicação inabalável para concluí-la. Ela achou que precisava dar um nome a essa qualidade e optou pela palavra *determinação*.

Trabalhando com Chris Peterson, coautor de *Character Strengths and Virtues* junto com Seligman, Duckworth desenvolveu um teste para medir a determinação e o chamou de Escala de Determinação.[36] Trata-se de um teste enganosamente simples, nada mais que doze afirmações breves pelas quais os participantes devem se avaliar, como "Novos projetos e ideias às vezes me distraem de outros anteriores"; "Reveses não me desanimam"; "Trabalho muito"; e "Sempre concluo o que começo".

Para cada uma dessas afirmações, os participantes se atribuem uma nota que vai de 5, "muito parecido comigo", a 1, "nada a ver comigo". A realização do teste leva cerca de três minutos e consiste exclusivamente de autoavaliação — e, ainda assim, quando o levaram a campo, Duckworth e Peterson constataram que tinha um índice notável de acerto como fator de previsão do sucesso. Duckworth descobriu que a determinação possui apenas uma relação muito vaga com o QI — existem pessoas determinadas inteligentes e pessoas determinadas burras —, mas, na Universidade da Pensilvânia, um índice alto de determinação permitia que alunos que tinham entrado para a faculdade com notas relativamente baixas alcançassem médias finais elevadas. Em torneios de soletração, Duckworth constatou que os participantes com alto índice de determinação tinham mais probabilidade de chegar às últimas etapas. O resultado mais notável veio quando Duckworth e Peterson aplicaram seu teste de determinação em mais de 1.200 cadetes que ingressavam na academia militar de West Point e no duríssimo programa de treinamento conhecido como Quartel Bestial. Os militares haviam desenvolvido seu próprio método de avaliação, um sistema complexo chamado de índice geral do candidato, para analisar os cadetes novos e prever quais deles sobreviveriam às exigências de West Point; o índice engloba notas acadêmicas, preparo físico e potencial de liderança. Mas, no final, o método de previsão que mais acertou ao apontar quais cadetes persistiriam no Quartel Bestial e quais não aguentariam acabou sendo o simples questionário de doze perguntas de Duckworth.

11. Quantificação do caráter

Ao começarem a se consultar com Angela Duckworth e seus colegas sobre a questão do caráter, David Levin e Dominic Randolph logo se convenceram de que o autocontrole e a determinação eram pontos fortes de caráter essenciais para seus alunos. Mas esses não pareciam ser os únicos pontos relevantes. Contudo, a lista completa de 24 fatores estabelecida por Seligman e Peterson parecia muito complicada e difícil de ser transformada num sistema prático de instrução nas escolas. Então, Levin e Randolph perguntaram se Peterson não poderia reduzi-la a uma quantidade mais administrável, e ele identificou um conjunto de pontos que, de acordo com sua pesquisa, eram particularmente precisos como indicadores de satisfação e realização pessoal no futuro. Depois de alguns ajustes, eles ficaram com uma lista final de sete pontos:

determinação
autocontrole
entusiasmo
inteligência social
gratidão
otimismo
curiosidade

Durante um ano e meio depois disso, Duckworth trabalhou com Levin e Randolph para transformar a lista de sete pontos fortes em uma ferramenta de avaliação, um questionário de duas páginas a ser respondido pelos professores, pelos pais ou pelos próprios alunos. Para cada um dos pontos fortes, os professores sugeriam uma série de possíveis indicadores, enunciados muito semelhantes às doze frases que Duckworth escolhera para seu questionário sobre determinação. Ela testou dezenas deles no Riverdale e no KIPP, pedindo que os professores dessem notas aos alunos e que os alunos dessem notas a si mesmos numa escala de um a cinco para cada indicador. Com o tempo, ela estabeleceu os 24 indicadores mais confiáveis do ponto de vista estatístico, de "Este aluno anseia por explorar novas possibilidades" (indicador de curiosidade) a "Este aluno considera que o esforço pode melhorar seu futuro" (otimismo).

Para Levin, o passo seguinte era evidente. Em 2007, numa pequena conferência sobre psicologia positiva organizada por Randolph em Lawrenceville apenas para convidados, ele tivera a ideia de atribuir notas de caráter a alunos do KIPP da mesma forma como recebiam notas de matemática, ciências e história. Na época, Levin se perguntara como seria ótimo se cada estudante se formasse não só com uma média de notas, mas também com uma média de caráter. Para um gerente de recursos humanos incumbido de selecionar novos funcionários para cargos iniciantes, não seria bom saber quais eram os candidatos com melhores notas em determinação, otimismo ou entusiasmo? E, se seu filho fosse aluno do KIPP, você não gostaria de saber como ele se saiu em comparação ao resto de sua turma não só em matéria de capacidade de leitura, mas também de caráter? Para Levin, a resposta a todas essas perguntas era um sonoro sim, e, assim que recebeu a lista final de indicadores de Duckworth e Peterson, ele começou a trabalhar para transformá-la numa forma específica e concisa de avaliação, que seria entregue duas vezes por ano aos alunos e pais das escolas KIPP da cidade de Nova York: o primeiro boletim de caráter da história.

Em Riverdale, contudo, a ideia de um boletim de caráter incomodava Randolph. "Tenho cá minhas dúvidas filosóficas com essa questão de quantificar o caráter", explicou-me ele certa tarde. "Pelo menos no caso dos alunos da minha escola, bastará estabelecer algo parecido com um boletim de caráter para surgir um monte de gente criando cursos preparatórios. Não quero aparecer com uma espécie de sistema de medição do caráter que possa então ser manipulado. Seria terrível chegar a esse ponto."

Ainda assim, ele concordava com Levin que o inventário compilado por Duckworth e Peterson podia ser uma ferramenta útil para tratar com os alunos a questão do caráter. E assim adotou o que um professor de Riverdale definiu para mim como uma "abordagem viral" para disseminar na comunidade da escola a ideia desse novo método de avaliação do caráter. Falava sobre caráter nas reuniões com os pais, fazia perguntas específicas nas reuniões de professores, aproximava os professores com ideias convergentes e os estimulava a apresentar novos programas. No inverno de 2011, alunos do quinto e do sexto ano foram submetidos ao questionário dos 24 indicadores e também foram avaliados pelos professores. A equipe discutiu os resultados, que, no entanto, não foram comunicados aos alunos nem aos pais, e certamente não foram tratados como boletins escolares.

A cautela de Randolph resulta, em parte, de seu estilo pessoal: ele gosta de adotar o que chama de processo dialógico, conversas que aos poucos vão mudando a maneira de pensar das pessoas. Mas também tem muito a ver com a cultura de Riverdale, uma escola cujos professores não são contratados por algum interesse pedagógico específico, mas pelo domínio do conteúdo em seu campo de conhecimento. "Os professores vêm para Riverdale em busca de certa independência", explicou Randolph. "Em tese, eu provavelmente poderia dizer: 'Vamos fazer assim e pronto.' Mas todo mundo responderia: 'Vai se catar!'"

Contudo, no tempo que passei em Riverdale, ficou evidente para mim que o debate sobre o caráter na escola não era apenas uma questão de saber a melhor maneira de avaliar e aperfeiçoar o caráter dos alunos e decidir o quão rápido deveriam adotar novos métodos para fazê-lo. Era algo mais profundo, chegando à questão de saber o que realmente significava *caráter*. Quando Randolph chegou ao Riverdale, a escola já possuía uma espécie de programa de formação do caráter. Conhecido como CARE, sigla para Children Aware of Riverdale Ethics (Crianças Cientes da Ética de Riverdale), o programa foi adotado em 1988 na educação inicial, que em Riverdale abarcava do jardim de infância ao quinto ano. É uma cartilha para certo tipo de gentileza bem-comportada, determinando que os alunos "tratem todo mundo com respeito" e "tenham consciência dos sentimentos dos outros e encontrem maneiras de ajudar aqueles cujos sentimentos tenham sido feridos". Nos corredores, cartazes lembram aos alunos as virtudes associadas ao CARE (CULTIVE BONS MODOS; EVITE FOFOCAS; AJUDE OS OUTROS). Na educação inicial, muitos professores se orgulham de definir o programa como parte essencial do que faz de Riverdale a escola que é.

Quando perguntei a Randolph sobre o CARE, ele fez uma careta, como um revolucionário obrigado a acatar uma tradição. "Para mim, os pontos fortes de caráter são uma espécie de CARE 2.0", explicou, cauteloso. "Eu gostaria de pegar toda essa nova linguagem sobre caráter e dizer que estamos numa nova geração do CARE."

Na realidade, a perspectiva de Seligman e Peterson quanto aos pontos fortes de caráter não constitui uma ampliação de programas como CARE; chega a ser uma expressão de repúdio a eles. Em 2008, uma organização americana chamada Character Education Partnership publicou um estudo dividindo a educação do caráter em duas categorias: programas destinados a desenvolver o "caráter moral", que incorpora valores éticos como justiça, generosidade e integridade; e os programas voltados para o "caráter de desempenho", abrangendo valores como esforço, zelo e perseverança.[37] O programa CARE se encaixa decididamente na esfera do "caráter moral", mas os sete fatores escolhidos por Randolph e Levin para suas escolas pendiam muito mais na direção do caráter de desempenho: embora tenham um componente moral, fatores como entusiasmo, otimismo, inteligência social e curiosidade não são particularmente heroicos; evocam figuras como Steve Jobs ou Bill Clinton, não tanto Martin Luther King Jr. ou Gandhi.

Os dois professores designados por Randolph para supervisionar o programa escolar de caráter foram K.C. Cohen, conselheira de orientação para os alunos a partir do sexto ano, e Karen Fierst, especialista em aprendizado na educação inicial. Cohen era uma mulher simpática e atenciosa de trinta e poucos anos que estudara em Fieldston, uma escola particular vizinha de Riverdale. Tinha um profundo interesse no desenvolvimento do caráter e, como Randolph, preocupava-se com o caráter dos alunos de Riverdale. Mas os sete pontos fortes de caráter escolhidos em Riverdale não a convenciam. "Quando penso em bom caráter, o que me vem à cabeça é: 'Você é justo? É honesto no trato com outras pessoas? Costuma trapacear?'", disse-me ela. "Não penso tanto em termos de 'Você é obstinado? Trabalha muito?', mas em termos de 'É uma boa pessoa?'."

A visão de Cohen estava muito mais próxima do caráter moral que do caráter de desempenho, e nos meses em que visitei Riverdale esse ponto de vista revelou-se predominante. Quando passei um dia inteiro na escola no fim do inverno de 2011, assistindo a uma série de aulas e reuniões, por toda parte havia mensagens sobre comportamento e valores, mas elas se mantinham quase inteiramente na dimensão moral. Foi um dia muito agitado no ensino fundamental: era o dia do pijama, houve uma assembleia pela manhã e ainda por cima as crianças que fariam a viagem de férias em grupo para Bordeaux precisaram ir embora cedo a fim de pegar o voo para Paris. O tema tratado na assembleia foi "heróis", na qual meia dúzia de alunos se postou diante dos colegas — cerca de 350 no total — e fez uma breve apresentação sobre o herói que cada um escolhera: Ruby Nell Bridges, a menina afro-americana que fez parte do primeiro grupo de integração racial nas escolas de Nova Orleans em 1960; Mohamed Bouazizi, o fruteiro tunisiano que se autoimolou e ajudou a despertar a recente revolta em seu país; o ator e militante Paul Robeson; o boxeador Manny Pacquiao.

Na assembleia, nas aulas e em conversas com vários alunos, ouvi muitos comentários sobre valores e ética, e em geral os valores enfatizados eram de natureza social: inclusão, tolerância, diversidade. (Em Riverdale, ouvi muito mais sobre a história dos negros do que nas escolas do KIPP que visitei.) Uma exposição de fotos numa das extremidades da maravilhosa lanchonete banhada pelo sol continha retratos de famílias que se caracterizavam pela diversidade: casais gays, pais cegos, famílias de raças diferentes, crianças adotadas. Uma aluna do oitavo ano a quem fiz uma pergunta sobre caráter respondeu que, para ela e seus amigos, a principal questão era a inclusão: quem seria convidado para o bat-mitzvá de alguém, quem estava sendo criticado no Facebook. Até onde eu podia ver, em Riverdale o caráter era definido essencialmente em termos de como ajudar os outros — ou pelo menos não ferir sentimentos alheios. Ouvi muito menos comentários sobre como os pontos fortes de caráter podem ajudar alguém a ter mais sucesso na vida.

Mas Randolph comentou comigo que achava preocupante um programa de educação para o caráter que não ia além desse tipo de valores politicamente corretos. "O perigo nessa questão do caráter é que, se nos limitarmos a expressões genéricas — respeito, honestidade, tolerância —, fica muito vago", disse ele. "Se eu for diante da garotada e disser apenas 'É muito importante que vocês respeitem uns aos outros', acho que eles vão perder o interesse. Mas se eu disser 'Na verdade, vocês precisam ter autocontrole' ou explicar o valor da inteligência social — algo que vai ajudá-los a interagir melhor com os outros —, parecerá algo mais tangível."

Quando conversei com Karen Fierst, a professora que supervisionava o projeto de caráter do ensino inicial de Riverdale, ela disse recear que seria difícil convencer os alunos e os pais de que os 24 pontos fortes de caráter podiam oferecer algum benefício de fato. Ela disse que, para os alunos do KIPP, a ideia de que o caráter poderia ajudá-los na faculdade era um atrativo poderoso capaz de motivá-los a levar essa questão a sério. Para os alunos do Riverdale, todavia, não havia a menor dúvida de que eles concluiriam o ensino superior. "É claro que eles vão concluí-lo", explicou Fierst. "Todas as gerações anteriores da família deles concluíram. Então é mais difícil fazê-los se dedicar a essa ideia. Para os alunos do KIPP, aprender esses pontos fortes é, em parte, um esforço de desmistificar o sucesso das outras pessoas — mais ou menos como dizer: 'Vamos contar o segredo de como as outras pessoas têm sucesso.' Mas estas crianças já vivem numa comunidade bem-sucedida. Elas não precisam que os professores lhes expliquem como ter sucesso."

12. Fortuna

Dwight Vidale ensina inglês a turmas de ensino fundamental e médio em Riverdale. Foi aluno da instituição, da turma de 2001, e, na condição de afro-americano, pode ser considerado uma raridade na sala de professores de Riverdale — quando o conheci, ele era o único professor negro no ensino médio. Vidale cresceu no Bronx e foi criado pela mãe, secretária, e pelo padrasto, eletricista. Chegou ao Riverdale no ensino médio, com uma bolsa de estudos, e, embora adorasse os amplos recursos do colégio e o desafio acadêmico das aulas, tinha dificuldade de se acostumar com a riqueza dos colegas brancos. No nono ano, formou dupla com uma colega de turma para um trabalho, e ela o convidou à casa de sua família no Upper East Side para fazê-lo. "Nunca esquecerei o momento em que entrei naquele apartamento", disse-me ele. "Fiquei simplesmente atônito com toda aquela opulência." Essa experiência o levou a manter certa distância em relação a muitos colegas. Durante seus anos em Riverdale, ele nunca convidou colegas brancos para sua casa. Achava que sua vida era diferente demais da deles.

Hoje, com alunos que crescem nesse mesmo ambiente abastado, Vidale é capaz de enxergar com mais nuanças essas infâncias endinheiradas. Embora tenha vindo do que ele chama de "origens muito humildes", Vidale pôde contar com o apoio da mãe, sempre a seu lado, sempre presente quando ele precisava conversar. Aparentemente, muitos de seus alunos têm um relacionamento mais distante com os pais. Muitos são o que a equipe de Riverdale costuma descrever como "pais-helicópteros" — "sempre rondando, prontos para mergulhar em resgate"—, mas, acrescentou ele, "isso não quer dizer que tenham uma ligação emocional com os filhos, ou mesmo que passem tempo com eles".

Numa reunião de professores a que assisti em Riverdale, Dominic Randolph exibiu para todo o corpo docente o documentário *Race to Nowhere*, sobre as tensões enfrentadas pela maioria dos estudantes ricos de ensino médio nos Estados Unidos. O filme fez sucesso em muitos bairros privilegiados, onde escolas, igrejas e centros comunitários organizavam sessões únicas que atraíam centenas e mesmo milhares de pais preocupados. Ele apresenta um quadro sombrio da adolescência contemporânea, chegando a um crescendo emocional com a história de uma adolescente que se suicidou, aparentemente por causa da pressão cada vez maior que sentia tanto na escola quanto em casa. Em Riverdale, o filme pareceu exercer forte efeito em muitos membros da equipe. Depois da exibição, uma professora foi falar com Randolph com lágrimas nos olhos.

Race to Nowhere ajudou a se estabelecer um movimento crescente de psicólogos e educadores para quem os sistemas e métodos atualmente em uso na criação e educação de crianças de famílias abastadas nos Estados Unidos estão na verdade contribuindo para destruí-las. Uma das figuras centrais no filme é Madeline Levine, uma psicóloga do distrito de Marin County e autora do best-seller *The Price of Privilege: How Parental Pressure and Material Advantage Are Creating a Generation of Disconnected and Unhappy Kids*. Em seu livro, Levine cita uma série de estudos e levantamentos para fundamentar sua tese de que os filhos de pais ricos evidenciam hoje "níveis surpreendentemente altos de problemas emocionais a partir dos últimos anos do ensino fundamental".[38] Não se trata de um mero acidente demográfico, afirma Levine; é resultado direto das práticas de criação que prevalecem nos lares de americanos abastados. Hoje em dia, afirma ela, os pais ricos têm maior probabilidade de ser emocionalmente distantes dos filhos e ao mesmo tempo exigir altos níveis de desempenho, uma combinação de influências potencialmente nociva que pode gerar "intensos sentimentos de vergonha e desamparo" nas crianças.[39]

O livro de Levine baseia-se em pesquisas de Suniya Luthar, professora de psicologia no Teachers College da Universidade Columbia que na última década se especializou no estudo de desafios psicológicos específicos de crianças criadas em ambientes abastados. (A convite de Randolph, ela compareceu à conferência de 2007 em Lawrenceville.) No começo da pesquisa, o interesse inicial de Luthar eram os problemas de adolescentes de famílias de baixa renda. Mas, no fim da década de 1990, ela chegou à conclusão de que precisava encontrar um grupo comparativo para melhor entender de que maneira os padrões identificados em áreas urbanas carentes contrastavam com os de grupos demográficos menos problemáticos. Foi assim que deu início a um estudo comparando mais de duzentos adolescentes majoritariamente brancos e de famílias ricas com uma quantidade semelhante de adolescentes majoritariamente afro-americanos de baixa renda. Para surpresa de Luthar, os adolescentes abastados consumiam *mais* bebidas alcoólicas, cigarros, maconha e outras drogas ilícitas mais fortes do que os jovens pobres.[40] Das meninas ricas de bairros abastados, 35% já haviam experimentado os quatro tipos de substância, em comparação com apenas 15% das meninas dos bairros desfavorecidos. As meninas ricas do levantamento de Luthar também apresentavam índices elevados de depressão; 22% delas relatavam sintomas clínicos representativos da doença.

Luthar logo seria convidada a prestar consultoria em outra escola de ensino fundamental de uma cidade ainda mais rica, onde ela acompanhou um grupo de alunos durante vários anos.[41] Constatou que cerca de um quinto desses jovens ricos apresentava diversos problemas persistentes, como uso de drogas, alto índice de depressão e ansiedade e dificuldades escolares crônicas.[42] Dessa vez, além de coletar informações sobre desequilíbrios psicológicos e comportamentos delinquentes, Luthar questionou os alunos sobre suas relações com os pais. Ela verificou que os cuidados parentais eram importantes em ambos os extremos socioeconômicos. Tanto para os adolescentes ricos quanto para os pobres, certas características familiares podiam indicar desajustes futuros dos filhos, incluindo níveis baixos de apego materno, índices altos de atitude crítica por parte dos pais e escassa supervisão adulta após a escola. Luthar constatou que, entre as crianças ricas, a principal causa de angústia era "isolamento dos pais, tanto físico quanto emocional, e excesso de pressão pelo desempenho".[43]

Dan Kindlon, professor-assistente de psicologia infantil em Harvard, encontrou mais indicações das pressões específicas sofridas por crianças de famílias abastadas num estudo realizado com famílias ricas de todo o país para um livro que ele publicou em 2000. Como Luthar, Kindlon descobriu níveis desproporcionalmente altos de ansiedade e depressão em alunos ricos, sobretudo na adolescência, e constatou que a distância emocional entre muitos pais ricos e seus filhos não raro fazia com que esses pais se mostrassem indulgentes demais frente ao mau comportamento dos filhos.[44] No estudo de Kindlon, os pais com renda anual de mais de 1 milhão de dólares eram, de longe, o grupo com maior probabilidade de afirmar que se sentia menos rigoroso do que seus próprios pais.[45]

K.C. Cohen disse-me que ela e outros professores de Riverdale conversaram muito sobre a riqueza e seus efeitos potencialmente prejudiciais no desenvolvimento do caráter dos alunos; na verdade, ela convidou Kindlon para falar aos alunos e professores de Riverdale sobre a questão. Tanto Cohen quanto Fierst disseram-me que muitos pais em Riverdale, apesar de estimularem os filhos a se superarem, sem perceber os protegiam justamente das experiências que podem levar ao fortalecimento do caráter. Comentário de Fierst: "Nossos alunos não enfrentam muito sofrimento. Eles não têm nenhuma tolerância a ele. Estão bastante protegidos. E, quando de fato sentem algum desconforto, os pais vêm falar conosco. Tentamos então conversar com esses pais sobre a necessidade de se aceitar a existência de desafios, pois é assim que se dá o aprendizado."

Cohen explicou que, no ensino fundamental, "se um aluno é mediano e os pais acham que ele é superdotado, enfrentamos muita resistência: 'Como assim? Esta redação é excelente!' Sempre tem pais telefonando para perguntar, em nome dos filhos: 'Vocês não podem dar mais dois dias para ele fazer essa redação?' Mimar os filhos, com a intenção de lhes dar tudo e se mostrar um pai amoroso, em prejuízo do caráter, é muitíssimo frequente em nossa população. Acho que é um dos maiores problemas que enfrentamos em Riverdale."

A questão diz respeito a todos os pais, claro, e não apenas os abastados. Na verdade, é um paradoxo central do panorama contemporâneo da educação dos filhos: temos um impulso muito forte, quase biológico, no sentido de prover para eles, de lhes dar tudo o que querem e de que precisam, de protegê-los dos perigos e das adversidades, sejam grandes ou pequenos. E, no entanto, sabemos perfeitamente — pelo menos em algum nível — que o que eles mais precisam é experimentar alguma dificuldade: algum desafio, certo grau de privação que possa ser superada, ainda que apenas para eles se descobrirem capazes disso. Os pais enfrentam essas questões espinhosas diariamente e podem se considerar sortudos se conseguirem acertar pelo menos na metade das vezes. Mas uma coisa é reconhecer esse dilema na privacidade do lar e outra muito diferente é ter de enfrentá-la em público, na escola cara que seus filhos frequentam.

Esse é o problema que Randolph encara em Riverdale, em sua tentativa de levar adiante um novo tipo de conversa sobre o caráter. Quem trabalha em escola pública é remunerado pelo Estado e, em certa medida, é responsável, perante a sociedade, por preparar os alunos para a entrada no mundo adulto. Mas quem trabalha numa escola particular como Riverdale está sempre consciente de que trabalha para os pais, que pagam a mensalidade. E isso complica ainda mais uma campanha como a que Randolph tenta lançar. Se o professor parte do princípio de que os alunos carecem de traços profundos como determinação, gratidão e autocontrole, isso é uma crítica implícita à formação que eles receberam dos pais — ou seja, uma crítica implícita aos patrões.

Embora muito provavelmente os pais ricos não fossem se expressar nestes termos, a opção deles por uma escola como Riverdale é, pelo menos em parte, uma estratégia de gestão de risco. Passando os olhos pela relação de ex-alunos bem-sucedidos de Riverdale, encontramos alguns nomes de peso — Carly Simon, Chevy Chase, Robert Krulwich, o governador da Pensilvânia e um dos senadores de Connecticut —, mas, em se tratando de uma escola que há 104 anos forma pessoas altamente privilegiadas, são na verdade muito poucos os que contribuíram para mudar o mundo. (Desculpe, Chevy.) Tradicionalmente, o objetivo de uma escola como Riverdale não é elevar o teto do potencial de uma criança para a vida, mas elevar o piso, proporcionando-lhe os contatos e as credenciais capazes de fazer com que seja muito difícil ela sair da classe alta. O que Riverdale oferece aos pais, acima de tudo, é uma alta probabilidade de não fracassar.

O problema, segundo constatou Randolph, é que a melhor maneira de um jovem desenvolver o caráter é tentar algo com uma possibilidade real de fracasso. Numa empreitada de alto risco, seja no mundo dos negócios, no atletismo ou nas artes, as chances de uma derrota colossal são maiores do que numa atividade de baixo risco; mas também é maior a chance de sucesso legítimo e original. "A ideia de desenvolver a determinação e o autocontrole é que essas qualidades são alcançadas pelo fracasso", explicou Randolph. "E, na maioria dos ambientes muito acadêmicos dos Estados Unidos, ninguém fracassa em nada."

Para David Levin, é nesse terreno que os alunos do KIPP têm vantagem sobre os de Riverdale. "Os desafios cotidianos que nossos alunos enfrentam para receber educação são muito, muito diferentes dos desafios dos alunos de Riverdale. Em consequência, a determinação dos nossos alunos é consideravelmente maior, sob muitos aspectos, que a dos estudantes de Riverdale."

Como observou Karen Fierst, a maioria dos alunos de Riverdale se vê diante de um caminho nítido para certo tipo de sucesso. Eles entrarão para a universidade, obterão seu diploma, conseguirão empregos bem-remunerados — e, se tropeçarem no caminho, certamente serão amparados pela família, não raro já bem entrados nos vinte anos e até pelos trinta, se necessário. Mas, apesar das muitas vantagens ao seu alcance, Randolph não está convencido de que a educação que os alunos recebem em Riverdale ou o apoio de que desfrutam em casa possa capacitá-los a conquistar o caminho para o sucesso mais profundo que Seligman e Peterson consideram ser o resultado supremo do bom caráter: uma vida feliz, plena e produtiva. Randolph quer que seus alunos tenham êxito, naturalmente; o problema é que ele acredita que, para isso, eles precisem primeiro aprender a fracassar.

13. Disciplina

"No KIPP, sempre dissemos que o caráter é tão importante quanto os valores acadêmicos", explicava Tom Brunzell. Eram seis da tarde de uma amena quarta-feira de outubro, e Brunzell apresentava o conceito do boletim de caráter diante de uma plateia de pais de alunos. "Achamos que, mesmo que seus filhos tenham o conhecimento acadêmico necessário — e fazemos o máximo possível nesse sentido —, nossos jovens adultos não terão muita coisa se crescerem sem uma forte capacitação em matéria de caráter. Pois sabemos que é o caráter que faz com que as pessoas sejam felizes, bem-sucedidas e realizadas."

Então com trinta e poucos anos, Brunzell era orientador educacional no colégio KIPP Infinity; inaugurada em 2005, era a terceira unidade do KIPP em Nova York, instalada num andar do Roberto Clemente Middle School, na rua 133 Oeste, em frente a uma enorme garagem de ônibus. Como responsável pela manutenção da disciplina no Infinity, Brunzell tinha um lado severo muito eficaz, mas nessa noite era todo sorrisos, com uma camisa social bem passada, gravata e calça jeans impecável, e parecia meio nervoso ao avançar pelos slides de PowerPoint projetados de seu laptop numa tela atrás de si. No KIPP, Brunzell tornara-se o principal responsável pelo boletim de caráter, organizando as reuniões mensais do chamado grupo de trabalho para o caráter KIPP/Riverdale. Sob muitos aspectos, contudo, ele não parecia a escolha mais óbvia para a função — Brunzell chegara ao KIPP como uma espécie de opositor honesto, um crítico declarado do sistema disciplinar da instituição.

Desde os primeiros anos do KIPP, Levin e Feinberg, os fundadores, ficaram famosos — e famigerados — por controlar o comportamento dos alunos de forma direta e muitas vezes intensa, determinando a forma exata como eles deveriam se sentar, falar, prestar atenção e se deslocar pelos corredores. Em *Sweating the Small Stuff*, David Whitman escreveu que escolas "paternalistas" como o KIPP "dizem aos alunos exatamente como se comportar, e seu comportamento é acompanhado com atenção, com recompensas por obediência e punições por desobediência".[46] Em seu relato da fundação do KIPP, *Work Hard. Be Nice*, Jay Mathews descreve alguns dos episódios disciplinares mais duros de Levin, como a vez em que ele flagrou um aluno atirando uma bolinha de papel.[47] Levin fez o transgressor se sentar à frente da turma, pôs diante dele uma lata de lixo e disse aos outros alunos que podiam jogar na lixeira quaisquer pedaços de papel que encontrassem — alguns dos quais quase acertaram o menino. (Mathews afirma que mais tarde Levin se arrependeu do incidente.)

Ao chegar ao KIPP Infinity, em 2005, Brunzell estava concluindo uma pós-graduação no Bank Street College, uma faculdade de pedagogia conhecida por suas tendências progressistas. Seu trabalho de conclusão, desenvolvido no primeiro ano e meio que ele passou no Infinity, era uma extensa avaliação crítica do regime disciplinar da escola. O sistema "baseado em obediência" do Infinity "estabelece um clima de dependência punitiva", escreveu Brunzell, "que em última análise nega o poder decisório do aluno".[48] Ele constatou que o resultado disso era que os alunos do KIPP Infinity muitas vezes demonstravam um tipo muito superficial de boa conduta: em vez de contemplarem de maneira profunda as consequências de seus atos, exibiam bom comportamento quando observados pelos professores e tentavam transgredir sem punição o máximo possível assim que eles davam as costas.

Embora questionasse alguns elementos fundamentais da tradição do KIPP, Brunzell recebeu uma resposta surpreendentemente encorajadora tanto de Levin quanto de Joseph Negron, o jovem diretor do Infinity. No primeiro ano de funcionamento, a escola alcançou resultados notáveis, mesmo pelos padrões do KIPP. Foi inaugurada com apenas uma turma de quinto ano, formada por alunos saídos dos conjuntos habitacionais e das mercearias do West Harlem e de Washington Heights e selecionados por sorteio. Somente 24% dos alunos matriculados tinham passado no exame estadual de inglês do quarto ano em suas escolas públicas anteriores;[49] apenas 35% tinham atendido aos padrões de matemática do quarto ano. Mas, depois de um ano no KIPP, 81% passaram no exame de inglês do quinto ano, e 99%, no de matemática. Apesar disso, assim como Brunzell, Negron também achava que havia algo errado no Infinity naquele primeiro ano. "Os garotos estavam fazendo a coisa certa por motivos errados", disse ele. "Não tínhamos muitos problemas com os alunos, e obtivemos bons resultados, o que era excelente. Mas simplesmente tínhamos a sensação de que não éramos o tipo de escola capaz de fomentar vidas felizes e plenas."

Quando conheci Brunzell, no outono de 2010, ele estava no KIPP Infinity havia mais de cinco anos, e nesse período a escola mudara, em parte em resposta a suas críticas. As punições eram menos rigorosas e extensas, e as conversas entre alunos e administradores sobre temas disciplinares, embora muitas vezes ainda intensas, eram conduzidas de forma mais discreta e a fim de garantir que os alunos se sentissem respeitados e ouvidos. Para Brunzell, o boletim de caráter foi um elemento fundamental dessas reformas, gerando uma estrutura diferente para as conversas sobre comportamento, capaz de conduzir a uma reflexão profunda e, potencialmente, a um crescimento maior.

Ao mesmo tempo, Brunzell tinha abrandado algumas de suas críticas iniciais. Disse-me que passara a reconhecer o valor de certos elementos do sistema de modificação do comportamento adotado no KIPP que a princípio haviam parecido excessivamente autoritários. Um exemplo disso era o SLANT, conjunto de hábitos de comportamento em sala de aula incutido nos alunos no início do quinto ano, o primeiro deles no KIPP. Para Brunzell, o SLANT, acrônimo em inglês para "Sente-se direito, ouça, faça perguntas, gesticule com a cabeça e acompanhe o orador com os olhos", era uma maneira útil de ensinar alternância de códigos, a capacidade — muito valorizada no KIPP e em muitas outras escolas de áreas urbanas de baixa renda — de reconhecer e desempenhar comportamentos adequados a cada contexto cultural. Segundo a teoria da alternância de códigos, tudo bem comportar-se de um jeito descolado na rua, mas quem está num museu, numa entrevista de admissão a uma faculdade ou num bom restaurante precisa saber exatamente como se comportar ou vai perder oportunidades importantes. "No KIPP, ensinamos o código de comportamento profissional, o código de comportamento universitário, o código de comportamento culturalmente dominante", disse Brunzell, "e precisamos ensiná-los o tempo todo."

Nesse tópico, os professores do KIPP e os de Riverdale divergiam radicalmente. K.C. Cohen, a conselheira do Riverdale, disse-me que, ao longo do ano letivo, ela percebera uma discordância crescente entre as duas escolas a respeito de certos indicadores do boletim de caráter. Não significava que ela e outros professores do Riverdale dessem menos valor que os colegas do KIPP a pontos fortes como autocontrole. A questão era que eles estavam começando a perceber que talvez vissem esses pontos fortes de maneira diferente. "No KIPP, demonstrar autocontrole, por exemplo, significa ficar sentado com as costas eretas e acompanhar as aulas", explicou ela. "Aqui, o aluno pode estar sentado com os pés na cadeira, e ninguém liga. Não estamos nem aí se o aluno quiser se deitar no chão."

Enquanto conversávamos em sua sala, Cohen percorria com os olhos a lista dos 24 indicadores do boletim de caráter do KIPP, mencionando alguns outros que, em sua opinião, teriam uma ressonância diferente em cada escola. "Veja o caso de 'O aluno deve ser educado com os adultos e os colegas'", disse ela (um indicador de autocontrole). "Isso é ótimo, mas em Riverdale a garotada chega para mim, me dá um tapinha nas costas e diz 'Ei, K.C.!' E tudo bem. No KIPP, os professores sempre são sr. Fulano ou sra. Beltrano. Há uma certa formalidade." Essa é a parte confusa da alternância de códigos: a garotada que faz parte da cultura dominante não age necessariamente de acordo com ela na escola — ou talvez seja mais exato dizer que, numa escola como Riverdale, andar de forma desleixada, com a camisa para fora da calça, e brincar com os professores *é* um comportamento culturalmente dominante.

"Temos alunos que precisam mascar chiclete por serem hiperativos", prosseguiu Cohen. "Assim, eles se acalmam. Isso nunca seria permitido no KIPP. É quase como se partíssemos do princípio de que nossos alunos já sabem como se comportar, então, se eles precisarem se sentar de um jeito desleixado, tudo bem. Ao passo que no KIPP é mais assim: Não, não, não, todo mundo tem de obedecer, pois a obediência vai ajudá-los a ter êxito na vida."

É verdade que mascar chiclete constitui uma transgressão no KIPP, mas também é verdade que, em consequência das discussões constantes sobre o desenvolvimento do caráter, alguns professores encontraram uma maneira de transformar o debate sobre esse tipo de infração em algo mais significativo do que uma simples questão de obediência. Dias antes da minha conversa com Cohen, estive com Sayuri Stabrowski, professora de trinta anos que lecionava inglês e interpretação nas turmas de sétimo e oitavo ano do KIPP Infinity, e ela disse que, naquele mesmo dia, tinha apanhado uma aluna mascando chiclete em sua aula. "Ela negou. Respondeu: 'Não, estou mascando a língua.'" Stabrowski revirava os olhos ao me contar a história. "Eu disse então: 'Está bem, ok.' Pouco depois, voltei a vê-la mascando e disse: 'Você está mascando! Estou vendo!' E ela: 'Não, não estou. Pode ver', e deslocou o chiclete dentro da boca da maneira mais óbvia, e tudo mundo viu o que ela estava fazendo. Há uns dois anos, eu provavelmente teria perdido as estribeiras e gritado. Mas dessa vez consegui dizer: 'Caramba, você não só estava mascando chiclete, o que nem é tão grave, como mentiu para mim duas vezes. Que decepção. O que podemos pensar do seu caráter?' Ela ficou arrasada."

Stabrowski receou que a menina, que costumava apresentar problemas de comportamento, tivesse um pequeno acesso de fúria — um ataquezinho, no jargão do KIPP — em plena aula, mas ela cuspiu o chiclete e passou o resto da aula em silêncio e, no fim, aproximou-se da professora com lágrimas nos olhos. "Tivemos uma longa conversa", contou-me Stabrowski. "Ela disse: 'Estou me esforçando muito para crescer. Mas as coisas não mudam!' E eu perguntei: 'Você sabe o que *mudou*? Você não teve um ataquezinho na frente dos colegas, e duas semanas atrás isso teria acontecido.'"

Para Tom Brunzell, o que ocorre num momento assim não é ensino acadêmico, nem sequer disciplina, mas terapia. Especificamente, um tipo de terapia cognitivo-comportamental, a técnica psicológica prática que constitui a base teórica de todo o campo da psicologia positiva. A terapia cognitivo-comportamental, ou TCC, envolve o esforço consciente de reconhecer pensamentos ou interpretações negativos ou autodestrutivos e se convencer a adotar uma perspectiva melhor.

"Os alunos que se saem bem no KIPP são os que se mostram capazes de aplicar a TCC em si mesmos na hora", disse-me Brunzell. Para ele, o trabalho no KIPP incluía proporcionar aos alunos as ferramentas para alcançar esse objetivo. "Todos os jovens dessa idade têm pequenas implosões diariamente", comentou. "As crianças estão no ensino fundamental, os piores anos da vida delas. Mas as que superam essa etapa são as que conseguem dizer a si mesmas: 'Sou capaz de superar esta situação insignificante. Estou bem. Amanhã será um novo dia.'"

14. Bons hábitos

A terapia cognitivo-comportamental é apenas um exemplo do que os psicólogos chamam de metacognição, termo abrangente que significa, grosso modo, pensar sobre o pensamento. E é possível encarar o boletim de caráter como uma gigantesca estratégia metacognitiva. Na realidade, uma das coisas que mais interessaram David Levin em *Aprenda a ser otimista* foi a afirmação de Martin Seligman de que o momento mais propício para a transformação de crianças pessimistas em otimistas era "antes da puberdade, mas num estágio avançado da infância em que elas já sejam metacognitivas (capazes de pensar sobre o pensamento)"[50] — em outras palavras, bem na época em que os alunos chegam ao ensino fundamental do KIPP. Falar do caráter, pensar no caráter e avaliar o caráter são processos metacognitivos.

Mas Angela Duckworth considera que pensar no caráter e falar sobre ele não basta, sobretudo no caso dos adolescentes. Uma coisa é saber abstratamente que é necessário melhorar a própria determinação, o entusiasmo ou o autocontrole. Dispor de ferramentas para tal é outra história. Esse é o lado oposto da distinção estabelecida por Duckworth entre motivação e volição, ou força de vontade. Assim como uma vontade forte não ajuda muito se um aluno não estiver motivado, também a motivação sozinha é insuficiente sem a força volitiva de perseguir os objetivos. Hoje em dia, Duckworth tenta ajudar jovens a desenvolver essas ferramentas da volição — projeto que sob muitos aspectos é uma extensão de seu trabalho com Walter Mischel no estudo das estratégias usadas pelas crianças para resistir à tentação do marshmallow —, e num dia de outono eu assisti a uma oficina que a pedagoga promoveu numa reunião de professores no KIPP Infinity para informá-los dos elementos práticos de uma estratégia metacognitiva testada por ela, ao longo de um ano letivo com alunos do quinto ano da instituição.

A intervenção, que atende pelo nome meio canhestro de Contraste Mental com Intenções de Implementação, ou MCII na sigla em inglês, foi desenvolvida pela psicóloga Gabriele Oettingen, da Universidade de Nova York, em conjunto com outros pesquisadores. A pesquisa de Oettingen revelou que as pessoas tendem a usar três estratégias quando estabelecem metas, e que duas dessas estratégias não funcionam muito bem. Os otimistas tendem para a autoindulgência, o que significa imaginar o futuro que se gostaria de alcançar (no caso de um aluno do ensino fundamental, pode ser tirar dez em matemática no ano seguinte) e visualizar vividamente todas as consequências boas que o acompanharão — elogios, satisfação, sucesso.

Oettingen constatou que é muito agradável recorrer a esse tipo de autoindulgência — ela pode desencadear um bom influxo de dopamina —, mas não tem relação alguma com a realização concreta daquela meta.

Os pessimistas tendem a se valer de uma estratégia que Oettingen chama de remoedura, que consiste em pensar nos obstáculos que se interporão à consecução das metas. Se o aluno do ensino fundamental que deseja tirar dez em matemática tiver essa característica, ele talvez pense que nunca consegue concluir o dever de casa e que, de qualquer maneira, nunca tem um lugar tranquilo para estudar, e que ainda por cima sempre se distrai durante a aula... Como é de se esperar, a remoedura tampouco ajuda na realização das metas.

A terceira estratégia chama-se contraste mental, combinando elementos dos dois outros. Significa concentrar-se simultaneamente num resultado positivo e nos obstáculos a serem enfrentados. Fazer as duas coisas ao mesmo tempo, segundo escreveram Duckworth e Oettingen num artigo recente, "estabelece uma forte associação entre o futuro e a realidade, indicando a necessidade de superar os obstáculos para alcançar o futuro contemplado".[51] Para Oettingen, o passo seguinte em direção a um bom resultado é criar uma série de "intenções de implementação", planos específicos na forma de enunciados se/então vinculando os obstáculos a maneiras de superá-los, como "*Se* eu me distraio com a televisão depois da escola, *então* esperarei para ver televisão depois do dever de casa". Oettingen demonstrou a eficácia do MCII numa série de experiências: a estratégia ajudou pessoas em dieta a comer mais frutas e legumes, alunos do ensino médio a se preparar com mais afinco para as provas e pacientes com dores de coluna crônicas a adquirir maior mobilidade.[52]

"Só fantasiar que você será capaz de fazer o dever de matemática todos os dias no próximo semestre dá uma sensação ótima na hora", explicou Duckworth aos professores do KIPP em sua oficina. "Mas você não faz nada de concreto. Quando visito escolas, em muitos casos encontro cartazes dizendo 'Sonhe com algo e você será capaz de realizá-lo!' Mas precisamos parar com essas fantasias positivas de que todos seremos ricos e famosos quando crescer e começar a pensar nos obstáculos que se interpõem no caminho."

O MCII é uma maneira de estabelecer *regras* para si próprio. E, como David Kessler, o ex-diretor da Food and Drug Administration, observa em seu recente livro *The End of Overeating* [O fim da comilança], o fato de as regras funcionarem tem um motivo neurobiológico, seja para evitar alimentos fritos (como no caso de Kessler) ou resistir à tentação de ver *American Idol* (como poderia ser o caso de nosso imaginário aluno de matemática do KIPP). Quando estabelecemos regras para uso próprio, escreve Kessler, estamos formando uma parceria com nosso córtex pré-frontal contra as partes do cérebro mais reflexivas e movidas pelo apetite. Kessler frisa que regras não são o mesmo que força de vontade. São um *substituto* metacognitivo da força de vontade. Ao estabelecer uma regra de uso próprio ("Eu nunca como bolinhos fritos"), podemos evitar o doloroso conflito interno entre o desejo de alimentos fritos e a determinação de resistir. As regras, explica Kessler, "fornecem uma estrutura, preparando-nos para encontros com estímulos tentadores e redirecionando nossa atenção".[53] Em pouco tempo, as regras se tornam tão automáticas quanto os apetites que elas rechaçam.

Muitas vezes, quando Duckworth fala de caráter, como no dia da oficina no KIPP, ela cita William James, o filósofo e psicólogo americano que escreveu que os traços chamados de *virtudes* não passam de simples hábitos. "Hábito e caráter são essencialmente a mesma coisa", explicou Duckworth aos professores do KIPP. "Não tem isso de certas crianças serem boas e outras más. Certas crianças têm bons hábitos e outras têm maus hábitos. As crianças entendem quando explicamos dessa maneira porque sabem que pode ser *difícil* mudar os hábitos, mas não *impossível*. William James diz que nosso sistema nervoso é como uma folha de papel. Dobramos muitas e muitas vezes, e logo ela forma um vinco. Acho que é o que vocês estão fazendo no KIPP. Quando os alunos deixam o KIPP, vocês querem garantir que eles formem o tipo de vinco que os levará ao sucesso no futuro."

Segundo Duckworth, as pessoas escrupulosas não ficam sempre tomando a decisão consciente de agir de maneira virtuosa. Elas simplesmente automatizaram a reação de fazer a coisa "boa", isto é, a alternativa mais socialmente aceitável ou que contribui a longo prazo para resultados benéficos. Em qualquer situação, o caminho mais escrupuloso nem sempre é a alternativa mais inteligente. No teste de velocidade de codificação de Carmit Segal, por exemplo, os alunos que obtiveram melhores resultados trabalharam com afinco numa tarefa realmente tediosa e nada obtiveram em troca. Tal comportamento pode ser considerado *escrupuloso*. E também *tolo*. A longo prazo, contudo, na maioria dos casos é bom ter como alternativa automática um comportamento escrupuloso. Pois o fato é que, quando *realmente* importa — quando precisamos estudar para uma prova final, chegar pontualmente a uma entrevista de emprego ou decidir se vale a pena ceder à tentação e trair o cônjuge —, o mais provável é que façamos a escolha certa, sem precisarmos nos esforçar e exaurir para isso. Estratégias como o MCII, ou o ato de imaginar uma moldura ao redor do marshmallow, no fim das contas, são apenas truques para tornar o caminho virtuoso mais fácil.

15. Identidade

Quando visitei o KIPP Infinity no inverno de 2011, no meio do primeiro ano de uso do boletim de caráter, a linguagem do caráter estava por toda parte. Os alunos usavam moletons com o slogan "Caráter Infinito" e, nas costas, uma lista de todos os pontos fortes de caráter. Uma camiseta que promovia autocontrole chegava a fazer referência a Walter Mischel: "Não coma o marshmallow!" As paredes estavam cheias de mensagens do tipo TEM AUTOCONTROLE? e EU PARTICIPO ATIVAMENTE! (um dos indicadores de entusiasmo). Havia no corredor um quadro de avisos encimado pelas palavras *O caráter é importante*; e, espalhados pelo quadro, havia cartões que os alunos pregavam sempre que viam colegas em atos que demonstravam caráter. (Jasmine R. comentava o entusiasmo de William N.: *William levantava a mão para responder sempre que um problema era proposto na aula de matemática.*)

Perguntei a David Levin sobre a saturação da mensagem. Não era um pouco demais? De forma alguma, respondeu ele. "Para que a coisa funcione, é necessário que permeie todas as atividades escolares, incluindo o linguajar do dia a dia, os planos de aula, o reconhecimento, as recompensas e os cartões nas paredes. Se a mensagem não estiver integrada ao DNA da instituição, terá impacto muito pequeno."

É claro que as mensagens espalhadas pelas paredes dos corredores não são nenhuma novidade no KIPP; desde o início, Levin e Feinberg se valeram de cartazes, slogans, avisos e camisetas para forjar uma cultura escolar poderosa no KIPP, inspirando nos alunos o sentimento de que eles eram diferentes e estavam em seu ambiente. Duckworth disse-me que considera a abordagem do KIPP em matéria de identidade grupal um elemento central da eficácia das escolas. "O que o KIPP faz é provocar uma mudança de função social, de maneira que uma criança mude completamente de mentalidade de uma hora para outra", disse ela. "Eles trabalham com a dualidade estar no grupo/estar fora do grupo: 'Nós sabemos o que é SLANT, e você não sabe o que é SLANT, pois não frequenta o KIPP.'"

A psicologia tem constatado que a identidade grupal pode exercer um efeito poderoso no desempenho, seja positiva ou negativamente. No início da década de 1990, o psicólogo Claude Steele, atual diretor da faculdade de pedagogia da Universidade de Stanford, identificou um fenômeno a que denominou ameaça do estereótipo. Steele demonstrou que é possível influenciar fortemente o desempenho de alguém num teste de capacidade intelectual ou física se a pessoa receber uma indicação psicológica sutil relacionada a sua identidade grupal. Desde então, esse efeito foi comprovado por diferentes pesquisadores em inúmeros contextos. Em Princeton, alunos brancos que participaram de uma partida de golfe com a informação de que aquilo seria um teste de habilidade esportiva (o que eles acreditavam não possuir) obtiveram resultado quatro pontos aquém do grupo de alunos brancos que haviam sido informados de que se tratava de um teste de raciocínio estratégico (algo que eles acreditavam possuir).[54] No caso dos alunos negros, o efeito foi contrário: informados de que a partida seria um teste de raciocínio estratégico, eles obtiveram um resultado quatro pontos inferior. A teoria de Steele é que, quando alguém teme confirmar um estereótipo a respeito do próprio grupo — os brancos não são atléticos; os negros não são inteligentes —, fica ansioso e, em consequência, apresenta um resultado pior.

Outros pesquisadores constataram a ameaça do estereótipo em empreendimentos muito mais sérios que uma partida de golfe. Voluntários na casa dos sessenta, dos setenta e dos oitenta anos instruídos a ler um artigo sobre a perda da memória com a idade antes de se submeterem a um teste de memória conseguiam lembrar-se de 44% das palavras no teste;[55] membros de um grupo semelhante que não leram o artigo previamente se lembraram de 58% das palavras. Antes de um teste de matemática difícil, universitárias lembradas de que são mulheres apresentam resultado pior do que as que não recebem essa sinalização.

A boa notícia sobre a ameaça do estereótipo é que, assim como pode ser desencadeada por indicações sutis, ela também pode ser desarmada por intervenções sutis. Uma das técnicas mais eficazes, já testada em contextos variados, consiste em expor os alunos em risco de ameaça do estereótipo a uma mensagem bem específica: a de que a inteligência é maleável. Esses estudos demonstram que, quando internalizam essa ideia, os alunos ganham confiança e muitas vezes sua média e suas notas nas provas também melhoram.

O mais intrigante a respeito dessas intervenções é que, de fato, a questão da maleabilidade da inteligência é motivo de debate acalorado entre psicólogos e neurocientistas.[56] Embora os resultados em testes de desempenho como provas escolares certamente possam ser afetados por diferentes tipos de treinamento, a forma mais pura de inteligência não é muito maleável. Mas uma psicóloga de Stanford chamada Carol Dweck descobriu algo digno de nota: independentemente dos fatos relativos à maleabilidade da inteligência, os alunos apresentam resultados acadêmicos muito melhores quando *acreditam* que a inteligência é maleável. Dweck considera que existem dois tipos de pessoas: as de mentalidade fixa — para quem a inteligência e outras capacitações são basicamente estáticas e inatas — e as que têm uma mentalidade de crescimento e acreditam que a inteligência pode ser aperfeiçoada.[57] Ela demonstrou que a mentalidade dos alunos torna possível prever sua trajetória acadêmica: aqueles para quem as pessoas são capazes de aperfeiçoar a própria inteligência de fato melhoram suas notas.[58]

E seja a inteligência maleável ou não, a mentalidade certamente é. Dweck e outros pesquisadores constataram que, com as intervenções adequadas, os alunos podem passar de uma mentalidade fixa a uma mentalidade de crescimento, e em consequência seus resultados acadêmicos tendem a melhorar. Joshua Aronson — colaborador frequente de Claude Steele — e dois colegas realizaram um estudo para comparar a eficácia de algumas intervenções de mudança de mentalidade num grupo de alunos do sétimo ano no Texas, a maioria deles proveniente de famílias de baixa renda. Ao longo do ano letivo, cada criança trabalhou com um mentor, um aluno universitário que se encontrava com ele ou ela em duas sessões de noventa minutos e que, em seguida, passava a se comunicar regularmente por e-mail. Alguns alunos foram selecionados aleatoriamente para ouvir desses mentores uma mensagem de mentalidade de crescimento do tipo "A inteligência não é um dom finito, mas uma capacidade que pode ser ampliada com exercícios mentais."[59] Num grupo de controle, os alunos recebiam uma mensagem mais genérica sobre a maneira como o consumo de drogas pode interferir no desempenho acadêmico.

No fim do ano, Aronson e seus colaboradores compararam os resultados dos dois grupos na avaliação estadual do Texas, e os alunos que tinham ouvido uma mensagem de mentalidade de crescimento se saíram consideravelmente melhor do que os que tinham ouvido uma mensagem contra as drogas. O resultado mais impressionante foi constatado nas notas das meninas em matemática. O efeito da ameaça do estereótipo tem sido bem caracterizado nas notas de matemática de garotas e mulheres, que parecem particularmente ansiosas em situações de teste nas quais consideram que poderiam confirmar o estereótipo de que as mulheres são ruins em matemática. Na experiência do Texas, as alunas que ouviram a mensagem genérica contra as drogas alcançaram pontuação média de 74, cerca de oito pontos abaixo dos alunos do sexo masculino que tinham ouvido a mesma mensagem. As que ouviram uma mensagem de mentalidade de crescimento obtiveram em média cerca de 84 pontos, eliminando completamente a defasagem em relação aos alunos do sexo masculino.

16. Boletins

A teoria de Dweck de que os alunos se saem melhor quando se consideram capazes de aperfeiçoar a própria inteligência também se aplica ao caráter. Pelo menos é essa a ideia por trás do boletim de caráter: a de que o fato de se apresentar o caráter aos alunos não como um conjunto de traços fixos, mas como uma série de atributos em constante desenvolvimento servirá para incitá-los a aperfeiçoar esses traços. No KIPP Infinity, conversei sobre essa ideia certa manhã com Mike Witter, de 31 anos, um professor de inglês do oitavo ano que parecia perfeitamente convencido das vantagens de uma mentalidade de crescimento. "Para ser um bom professor, *temos* de acreditar na inteligência maleável", disse ele. "E o caráter é igualmente maleável. Se ensinarmos à garotada que é preciso prestar atenção no caráter, o caráter deles vai se transformar."

Witter, talvez mais que qualquer outro professor da escola, tinha se empenhado para que seus alunos prestassem atenção no caráter. Visitei sua aula numa manhã daquele inverno para observar algo que David Levin costuma chamar de instrução de duplo propósito, na qual os professores inserem deliberada e explicitamente os pontos fortes de caráter em cada aula. Levin queria que os professores de matemática usassem os pontos fortes de caráter em exercícios de aritmética; explicou que os professores de história podiam usá-los em aulas sobre Harriet Tubman e a Underground Railroad.* E, quando cheguei à sala de aula, Witter estava conduzindo um debate sobre o romance *O mundo se despedaça*, de Chinua Achebe. Acima de Witter, à frente da turma, os sete pontos fortes de caráter, do otimismo à inteligência social, estavam impressos em letras garrafais brancas sobre fundo azul. Ele convidou os alunos a avaliar o personagem principal do romance, Okonkwo, nos diferentes pontos fortes de caráter. Houve muita discussão, mas no fim das contas a maioria dos estudantes concordou que Okonkwo se saía melhor em matéria de determinação e pior no quesito autocontrole. Até que um aluno chamado Yantzee levantou a mão e perguntou: "Um desses traços pode ser prejudicial?"

"Claro, um traço pode ser prejudicial", respondeu Witter. "Determinação demais, como no caso de Okonkwo, pode levar alguém a perder a capacidade de empatia. Quando alguém é tão movido pela determinação que não entende por que as outras pessoas se queixam das dificuldades, pois nada é difícil para essa pessoa, o sr. Determinação, será difícil agir com gentileza. E isso acontece até mesmo no caso do amor: ser amoroso demais pode levar

* Heroína abolicionista americana e a rede clandestina de vias e abrigos usada pelos escravos do fim do século XIX para escapar para estados americanos onde não havia mais escravidão. (N. da T.)

alguém a ser manipulado." Uma risada de identificação percorreu a turma. "É verdade, então, que o caráter é algo com que devemos ter cuidado. Os pontos fortes de caráter podem se transformar em pontos fracos."

Numa conversa depois da aula, Witter disse-me que certos professores do KIPP Infinity ainda não estavam convencidos da premissa básica por trás do boletim: o caráter pode mudar. "A aceitação da ideia pelos professores faz parte do processo. Para realmente assimilar a ideia do boletim de caráter, é preciso acreditar no caráter maleável, e não sei se todos os professores já chegaram lá. Quantas vezes já não ouvimos um adulto dizer 'É assim que eu sou! É o meu jeito. Vai ter que aguentar!'? Mas, se alguém não acredita que isso se aplica a si mesmo, como vai acreditar que se aplica às crianças?"

Voltei a me encontrar com Witter na noite do boletim, que, para os alunos de ensino fundamental do KIPP Infinity, caiu numa gelada quinta-feira do início de fevereiro. A noite do boletim sempre é um evento importante nas escolas KIPP — insiste-se que os pais compareçam, e no Infinity quase todos vão —, mas nessa ocasião o nível de ansiedade era particularmente alto tanto da equipe da escola quanto dos pais, pois os alunos receberiam seus primeiros boletins de caráter, e ninguém sabia muito bem o que esperar.

Em termos logísticos, o boletim de caráter tinha sido um verdadeiro desafio para Brunzell e seus colegas. Os professores de três das quatro escolas KIPP em Nova York tiveram de avaliar cada um dos alunos em todos os 24 indicadores de caráter, e não foram poucos os que acharam o processo um tanto intimidador. E, agora que estávamos na noite do boletim, eles enfrentavam um desafio ainda maior: explicar aos pais de que maneira aqueles números tão específicos, chegando à segunda casa decimal, podiam resumir o caráter de seus filhos. Sentei-me ao lado de Witter por alguns momentos num banco do corredor perto da sala de música, ouvindo enquanto ele comentava o boletim de caráter com Faith Flemister, uma afro-americana com batom muito vermelho e um gorro de tricô preto, e seu filho, Juaquin Bennett, um aluno alto e corpulento do oitavo ano que usava um moletom cinza com capuz.

"Nos últimos anos, temos trabalhado num projeto para oferecer aos pais uma imagem mais clara do caráter de seus filhos", explicou Witter a Flemister. "As categorias que acabamos estabelecendo representam qualidades que estudos consideraram serem indicadores de sucesso. Elas significam que o aluno tem maior probabilidade de chegar à faculdade. Maior probabilidade de conseguir um bom emprego. E até mesmo coisas surpreendentes, como maior probabilidade de se casar, ou de constituir família. Então achamos que esses fatores são muito importantes."

Flemister assentiu com a cabeça, e Witter começou a explicar as notas do boletim de caráter de Juaquin, começando pela boa notícia: todos os professores lhe haviam dado a nota máxima de 5 no quesito "É educado com os adultos e os colegas", e ele se saiu quase tão bem no quesito "Mantém a calma". Eram dois indicadores de autocontrole interpessoal.

"Dá para ver que esse é um ponto bastante forte seu", disse Witter para Juaquin. "Você conseguiu desenvolver incrivelmente bem esse tipo de autocontrole. Então começo a pensar: qual deve ser nosso novo alvo? E a primeira opção que me ocorre é o seguinte." Witter pegou uma caneta pilot verde e circulou um dos indicadores do boletim do jovem. "'Presta atenção e resiste às distrações'", leu ele em voz alta; era um indicador de autocontrole acadêmico. "Nesse ponto, estamos um pouco abaixo de alguns dos outros fatores. Por que você acha que isso aconteceu?"

"Eu falo demais durante a aula", reconheceu Juaquin, envergonhado, os olhos fixos nos próprios tênis pretos. "Às vezes, fico viajando, sem prestar atenção."

Os três começaram então a traçar algumas estratégias para ajudar Juaquin a se concentrar mais nas aulas, e ao fim de quinze minutos de conversa Flemister parecia convencida pela nova abordagem. "Os pontos fortes não chegam a ser uma surpresa", disse ela a Witter quando ele se levantou para ir ao encontro de outra família. "É mesmo o jeito de Juaquin. Mas é bom ver que você está identificando o que ele pode fazer para facilitar as coisas para si mesmo. Talvez assim suas notas melhorem."

17. Escalando a montanha

Se o primeiro boletim de caráter de cada aluno representa o início de uma conversa que ele precisará ter com professores e gestores do KIPP a respeito do próprio caráter e da melhor maneira de aperfeiçoá-lo, a outra ponta desse processo é responsabilidade de uma mulher chamada Jane Martinez Dowling. Ela dirige o escritório nova-iorquino do KIPP Through College, o programa de apoio aos ex-alunos do KIPP, supervisionando cerca de vinte orientadores em um escritório que ocupa parte do oitavo andar de um prédio alto com fachada de pedra a um quarteirão de Wall Street. Ao todo, o KIPP Through College de Nova York é responsável por cerca de setecentos ex-alunos do KIPP, metade deles ainda no ensino médio e a outra metade cursando a universidade com diferentes graus de sucesso.

O objetivo oficial do KIPP é fazer com que 75% de seus ex-alunos concluam uma faculdade de quatro anos em até seis anos após terminarem o ensino médio. Se lembrarmos que o índice de graduação universitária após seis anos na turma de Tyrell Vance era de 21%, teremos uma ideia do desafio enfrentado por Dowling. Quando visitei seu escritório numa fria manhã de fevereiro de 2011, ela me entregou uma planilha detalhada mostrando os dados de sucesso universitário de cada turma do KIPP. Sem dúvida os números se moviam na direção certa: o índice de graduação após seis anos tinha passado de 21% na Turma de 2003, a turma de Tyrell Vance, para 46%, na Turma de 2005. No dia da minha visita, Dowling estava particularmente dedicada à Turma de 2007, que estava prestes a alcançar a marca dos quatro anos — quatro anos após a conclusão do ensino médio —, o ponto em que teoricamente os primeiros alunos poderiam obter um diploma universitário. Apenas 26% dos alunos estavam para se formar dentro dos primeiros quatro anos, segundo a planilha, mas outros 18% ainda frequentavam a faculdade, o que significava que tinham a possibilidade de se formar cinco ou seis anos após o ensino médio.

Dowling disse que a Turma de 2007 era academicamente mais talentosa que as anteriores. Muitos de seus alunos frequentaram internatos exclusivos no ensino médio, e a lista de universidades que eles cursavam incluía Vanderbilt e Columbia. "Constatamos que foi a questão do caráter que dificultou o avanço de alguns deles", explicou Dowling. "Certos alunos têm um intelecto incrível, mas não o canalizam necessariamente na direção certa. Muitos jovens lutam com problemas de procrastinação, embora tenham capacidade de cumprir suas obrigações. E há também alunos enfrentando questões sociais e emocionais muito concretas." Dowling disse que, dos 57 jovens dessa turma de universitários, sete tinham passado por uma grave depressão na faculdade. "O problema se revelou particularmente acentuado nessa turma", disse ela. "Eles enfrentam problemas na família, ou simplesmente têm dificuldade para lidar com os colegas, e isso atrapalhou bastante o avanço de alguns deles." Dowling deixou bem claro que a maioria dos jovens a que se referia, se não todos, ainda tinha possibilidade de se formar. "Eles são bons garotos", disse. "Mas o impacto da pobreza se faz sentir até mesmo em crianças que mostram resiliência."

Ela me entregou um exemplar do manual de 76 páginas desenvolvido pelo KIPP para orientar os conselheiros ao longo do acompanhamento dos alunos. Ele é incrivelmente detalhado, reflexo da obsessão institucional do KIPP pelos dados. Segundo o manual, cada conselheiro do KIPP Through College deve entrar em contato com todos os alunos da sua lista pelo menos uma vez por mês. A cada aluno é atribuída uma nota sempre variável de persistência universitária em quatro categorias: preparo acadêmico, estabilidade financeira, bem-estar socioemocional e preparo não cognitivo, e depois do contato com um aluno o conselheiro deve classificar cada categoria como vermelho, verde ou amarelo. Por exemplo, se uma aluna tiver um emprego no qual deve trabalhar mais de vinte horas por semana, receberá um amarelo em preparo acadêmico. Se ela tiver alguma questão em aberto com o serviço de orientação da faculdade, receberá um vermelho em bem-estar socioemocional. Se tiver "grande dificuldade de assumir responsabilidade e concluir tarefas importantes", receberá um vermelho em preparo não cognitivo. Em sua mesa, Dowling pode acessar a qualquer momento um banco de dados que exibe um ponto vermelho reluzente para cada seção com problemas em potencial de cada um dos alunos aos cuidados de seus conselheiros.

A leitura do manual no metrô de volta ao centro me lembrou como pode ser complicada a logística do sucesso. O livro está cheio de fatos e ideias — prazos para a entrega de formulários de auxílio financeiro, observações sobre orientação vocacional, dicas para melhorar os hábitos de estudo, sugestões para a manutenção de um bom relacionamento com colegas de quarto e professores —, informações que durante anos os alunos de Riverdale ouviram dos pais, de amigos e irmãos mais velhos, informações das quais, na verdade, eles passaram a vida inteira cercados. Para os ex--alunos do KIPP, no entanto, muitas vezes parece uma língua estrangeira.

Eis uma das maneiras de se encarar o caráter: ele pode funcionar como substituto dos benefícios sociais de que desfrutam os alunos do Riverdale — o amparo que, assegurado pela família, pela escola e pela cultura, os protege de quaisquer desvios, erros e decisões equivocadas. Aqueles que não dispõem desse tipo de benefício — o que é quase a regra para crianças de famílias de baixa renda — precisam compensar isso de alguma maneira. Para terem êxito, precisam de mais determinação, mais inteligência social, mais autocontrole que os jovens ricos. O desenvolvimento desse tipo de força requer muito trabalho. Entretanto, no caso dos alunos do KIPP que de fato conseguem desenvolver essas capacitações, que se revelam capazes de atravessar o campo minado e concluir a faculdade, é difícil não pensar que eles entrarão na idade adulta com vantagens muito concretas em relação aos colegas do Riverdale. Não vantagens financeiras, mas vantagens de caráter. Quando um aluno do KIPP conclui a universidade, obtém não só um diploma, mas também algo mais valioso: a certeza de que escalou uma montanha para conquistá-lo.

3

COMO PENSAR

1. A mancada de Sebastian

Sebastian Garcia não conseguia entender o que tinha feito de errado. Num momento estava com vantagem de um bispo e um peão, em boa posição, sentindo-se forte, prestes a começar o Campeonato Nacional de Xadrez do Ensino Fundamental de 2011 com uma vitória. No momento seguinte, estava em maus lençóis, já sem nenhuma vantagem, seu rei fugindo da torre adversária pelo tabuleiro como um ratinho assustado. Depois de mais algumas jogadas, quando sua derrota estava consumada, Sebastian trocou um frouxo aperto de mão com o adversário que o havia derrotado, um garoto de cabelo castanho-claro de um bairro de classe média alta de Ohio, atravessou o cavernoso salão do centro de convenções onde mil cabeças se inclinavam sobre tabuleiros de xadrez e se refugiou no Union B, o salão sem janelas que servia de sede temporária para seu time. Sebastian, um latino tranquilo, baixo e corpulento, de bochechas redondas e densa cabeleira negra, estava no sexto ano do Intermediate School 318 no Brooklyn, e dois dias antes, juntamente com sessenta companheiros de time e alguns professores e pais, tinha viajado onze horas num ônibus fretado até Columbus, Ohio, para alguns dias de competição de xadrez. Seu fim de semana não começava bem.

O ritual para os alunos do IS 318 era que, ganhando ou perdendo, eles deveriam voltar à sala do time depois de cada jogo para uma análise da partida com a professora de xadrez da escola, Elizabeth Spiegel. Sebastian entrou meio arrastado no Union B e se aproximou da mesinha à qual Spiegel, alta e esbelta, estava sentada diante de um tabuleiro de xadrez.

"Perdi", anunciou ele.

"Conte-me como foi o jogo", disse Spiegel. Aos trinta e poucos anos, ela estava toda vestida de preto, e sua pele parecia ainda mais clara em contraste com o cabelo vivamente tingido, que mudava de cor a cada estação. Para aquela competição, ela optara por um tom de vermelho profundo. Sebastian desabou na cadeira em frente a ela e lhe entregou seu bloco de anotações, no qual tinha registrado suas 65 jogadas e também as do adversário.

O outro cara simplesmente era melhor que ele, explicou Sebastian. "Ele tinha muita habilidade", disse, meio queixoso. "Boas estratégias."

"Bom, vamos ver", respondeu Spiegel, e, tomando para si as peças brancas, começou a recriar o jogo no tabuleiro com o garoto, fazendo cada uma das jogadas do adversário, enquanto o próprio Sebastian, com as pretas, repetia as suas. Tanto Sebastian quanto o garoto de Ohio tinham começado avançando um par de peões, e as brancas logo posicionaram seus cavalos, uma abertura tradicional chamada Caro-Kann, que havia sido treinada nas aulas de xadrez no Brooklyn dezenas de vezes. Em seguida, o garoto de Ohio recuara um dos cavalos para uma posição inesperada, de tal maneira que ambos os seus cavalos estavam ameaçando um único peão preto. Nervoso, Sebastian deslocou outro peão para se defender, mas tinha caído numa armadilha. Seu adversário logo mobilizou um cavalo para capturar o peão defensor, e depois de apenas quatro movimentos Sebastian já perdera uma peça.

Spiegel olhou para ele. "Quanto tempo você levou para fazer essa jogada?", perguntou.

"Dois segundos."

Spiegel fechou a cara. "Não o trouxemos aqui para que você fizesse uma jogada em dois segundos", disse ela, com a voz dura. Sebastian baixou os olhos. "Sebastian!" Ele levantou os olhos. "Que coisa patética! Se continuar jogando assim, vou retirá-lo do campeonato e você vai passar o resto do fim de semana aqui de cabeça baixa. Dois segundos não é lento o bastante." Sua voz se abrandou um pouco. "Veja bem, não tem problema você cometer um erro. Mas fazer algo sem sequer pensar? Isso não dá. Estou muito aborrecida, mas muito mesmo, de ver um jogo tão descuidado e impensado."

E então, com a mesma rapidez com que havia chegado, a tempestade passou, e Spiegel estava de novo movimentando as peças e avaliando o jogo de Sebastian. "Boa", disse ela quando ele evitou a perda de um peão. "Muito inteligente", comentou quando ele comeu um cavalo do adversário. Os dois prosseguiram assim, jogada após jogada: Spiegel elogiava as boas ideias de Sebastian, pedia que apresentasse alternativas para as não tão boas e constantemente tentava lembrá-lo de que ele precisava desacelerar. "De certo modo você fez um excelente jogo", disse-lhe, "mas, de vez em quando, se movia rápido demais e fazia uma grande burrice. Se conseguir parar com isso, vai se sair muito, muito bem."

Conheci Spiegel no inverno de 2009, depois de ler no *New York Times* uma matéria sobre o desempenho de seu time no Campeonato Estudantil Nacional K-12 do último dezembro.[1] A matéria, assinada por Dylan McClain, o colunista de xadrez do jornal, observava que o IS 318 fazia parte do programa Title I (Título I) do departamento federal de educação, o que significava que mais de 60% de seus alunos vinham de famílias de baixa renda. Mesmo assim, no campeonato mencionado, os alunos de Spiegel tinham derrotado jovens ricos de escolas particulares e instituições de currículo diferenciado. Fiquei intrigado, mas, para ser sincero, também estava um pouco cético. Produtores de Hollywood e editores de revistas adoram histórias de garotos pobres derrotando alunos de escolas particulares em torneios de xadrez, mas, não raro, olhando um pouco mais de perto, essas vitórias não são assim tão inspiradoras quanto parecem. Às vezes, o campeonato vencido pelo time do bairro desfavorecido não era importante, ou a divisão em que os alunos competiam era restrita a estudantes abaixo de certo nível de habilidade. Ou então os garotos de famílias de baixa renda são atípicos em algum sentido: entraram para uma escola que exige exame de admissão ou chegaram recentemente aos Estados Unidos como imigrantes da Ásia ou do Leste Europeu, em vez de serem negros ou latinos de famílias com longa história de pobreza. Em 2005, para citar um exemplo, a revista *New York* publicou um longo perfil adulatório do time de xadrez do Mott Hall School, conhecido como os Knights of The South Bronx (Cavaleiros Negros do Harlem), "um bando de garotos bem agitados de dez a doze anos de Washington Heights, Inwood e Harlem" que participavam de um campeonato nacional em Nashville.[2] Eles de fato ficaram em segundo lugar em sua divisão no torneio para o sexto ano, o que era um belo feito — mas competiam na categoria sub-1.000, o que significava que não enfrentavam ninguém com nível acima de 1.000, um nível bem baixo. E todos os alunos tinham passado por um exame de admissão para entrar para o Mott Hall, de modo que eles já estavam acima da média. Além disso, o time, embora tecnicamente pertencesse ao Harlem, tinha apenas um jogador negro; quase todos os outros eram imigrantes nascidos em Kosovo, na Polônia, no México, no Equador ou na China.

Assim, quando fui ao IS 318 numa manhã de janeiro, eu esperava encontrar uma ressalva semelhante. Mas não achei nenhuma. O time é diversificado — tem alguns brancos e asiáticos —, mas em sua maioria os jogadores são negros ou hispânicos, e os melhores são afro-americanos. Pelo que pude perceber, poucos alunos do time enfrentavam a desencorajadora série de desvantagens e obstáculos de alunos do Fenger High School em Roseland, mas, como 87% dos alunos do IS 318 têm direito a subsídio federal para a merenda escolar, a instituição conquistara honestamente sua integração no Title I. O IS 318 ficava em South Williamsburg, próximo à fronteira com Bedford-Stuyvesant — seu ex-aluno mais famoso era o rapper Jay-Z, que cresceu ali perto no conjunto habitacional de Marcy —, e o time refletia a composição do corpo discente; as famílias dos alunos eram quase todas da classe operária, e a maioria dos pais estava empregada, mas não tinha formação universitária.

Nos dois anos seguintes, retornei muitas vezes ao IS 318 — para assistir a aulas, acompanhar o time em torneios e clubes de xadrez na cidade de Nova York, acompanhando seu progresso no blog de Spiegel — e, enquanto isso, tentava entender como eles conseguiam. A dura realidade é que são os garotos ricos que vencem os torneios de xadrez — ou, mais exatamente, garotos ricos somados à elite cognitiva que frequenta escolas seletivas com exames de admissão bastante concorridos. Veja os times vencedores, por categoria, do torneio estudantil de 2010 em Orlando, realizado alguns meses antes do torneio de Columbus do qual participou Sebastian Garcia:[3]

Jardim de infância	Oak Hall School, escola particular de Gainesville, Flórida
Primeiro ano	SciCore Academy, escola particular de Nova Jersey
Segundo ano	Dalton School, escola particular da cidade de Nova York
Terceiro ano	Hunter College Elementary, escola com exame de admissão da cidade de Nova York
Quarto ano	Empate entre o SciCore Academy e o Stuart Hall School for Boys, escola católica de Nova Orleans
Quinto ano	Regnart Elementary, escola pública de Cupertino, Califórnia, onde ficam a Apple e dezenas de empresas de informática
Nono ano	San Benito Veterans Memorial Academy, no sul do Texas, escola pública com alunos majoritariamente hispânicos e de baixa renda
Décimo ano	Horace Mann, escola particular da cidade de Nova York
Décimo primeiro ano	Solomon Schechter, escola particular num bairro de classe média alta da cidade de Nova York

Décimo segundo ano*	Bronx Science, escola com exame de admissão da cidade de Nova York

Em outras palavras, o time vitorioso em todas as categorias — com a exceção dos azarões de San Benito — vinha de uma escola particular, uma escola com exame de admissão, uma escola católica ou uma escola pública frequentada pelos filhos dos engenheiros da Apple.

Isto é, com a exceção das categorias do sexto, sétimo e oitavo anos, cuja relação de vitoriosos foi a seguinte:

Sexto ano	IS 318, escola pública de baixa renda no Brooklyn
Sétimo ano	IS 318, escola pública de baixa renda no Brooklyn
Oitavo ano	IS 318, escola pública de baixa renda no Brooklyn

Os alunos do IS 318 não venceram apenas numa das categorias; venceram em todas de que a escola pôde participar. A relação das instituições que eles derrotaram parece uma lista das escolas particulares mais cobiçadas do país, sonhos de consumo de pais ricos: Trinity, Collegiate, Spence, Dalton e Horace Mann na cidade de Nova York, além de escolas particulares exclusivas de Boston, Miami e Greenwich, Connecticut. E o torneio de 2010 não foi um caso isolado; o IS 318 venceu nas três categorias em 2008 também. (Em 2009, ganhou nas categorias do sexto e sétimo anos, mas perdeu o troféu do oitavo ano por meio ponto.)

* Como os sistemas americano e brasileiro divergem quanto à divisão dos níveis de ensino, optou-se aqui por preservar a numeração do sistema americano, que não reinicia a contagem dos anos em sua versão do ensino médio. (N. da E.)

No fim das contas, a verdade é muito simples, sem necessidade de ressalvas ou observações: o programa de xadrez do Intermediate School 318 é, isolado, o melhor programa de xadrez do país para alunos do sexto ao oitavo ano. Na verdade, é muito provável que seja o melhor programa estudantil de xadrez do país em todos os níveis de ensino. A reputação do time aumentou nos últimos anos, e eles começaram a atrair bons jogadores de escolas de ensino primário de toda a cidade, o que contribuiu ainda mais para sua ascendência sobre os outros. Contudo, eles vencem os torneios sobretudo graças ao que Elizabeth Spiegel fazia naquela tarde de abril no Union B: transformar garotos de onze anos como Sebastian Garcia, que sabem um pouco de xadrez, mas não muito, em campeões uma jogada meticulosa de cada vez.

Por volta do 35º lance do jogo que estava repassando com Spiegel, Sebastian tinha se recuperado completamente dos erros anteriores e tomado nitidamente a dianteira. Ele avançou com a rainha pelo território inimigo, pondo o rei branco em xeque. O adversário moveu um peão para impedir o ataque. Sebastian moveu sua rainha mais duas casas: xeque de novo. O rei branco recuou uma casa, saindo do alcance da rainha.

E então, em vez de manter a pressão no rei branco, Sebastian tentou o mais fácil: capturou um peão branco com a rainha. Mais uma vez, deixou de perceber uma ameaça: do outro lado do tabuleiro, a torre do adversário derrubou seu bispo, e sua vantagem começou a se esvair.

"Você comeu o peão?", perguntou Spiegel. "Ora, vamos. Qual seria uma jogada melhor?"

Sebastian ficou calado.

"Que tal xeque?"

Sebastian olhou para o tabuleiro.

"Pense bem", disse Spiegel. "Lembre-se, quando lhe faço uma pergunta, você não precisa responder logo. Mas precisa estar certo."

De repente, surgiu o esboço de um sorriso no rosto de Sebastian. "Eu posso comer a rainha", disse.

"Mostre-me", respondeu Spiegel, e Sebastian fez os movimentos, demonstrando que mais um xeque não só teria salvado seu bispo como também teria desestruturado as peças brancas, obrigando o garoto de Ohio a optar entre perder a rainha ou o jogo.

"É isso aí", disse Spiegel em tom neutro, restabelecendo as peças nas posições em que se encontravam quando Sebastian tentou a jogada fácil com o peão. "Repense este momento. Quando você fez *esta* jogada" — e ela comeu o peão branco, como Sebastian havia feito — "você perdeu o jogo. Se tivesse feito *esta* jogada" — e ela pôs o rei branco em xeque — "teria vencido o jogo." Spiegel recostou-se na cadeira, com o olhar fixo em Sebastian. "Tudo bem se a derrota incomoda um pouco", disse. "Você *deve* se sentir mal. É um jogador talentoso, mas precisa desacelerar e pensar mais. Pois agora você tem" — ela consultou o relógio — "quatro horas até o próximo jogo, o que significa que tem quatro horas para pensar no fato de que foi derrotado por esse garoto." Ela deu uma pancadinha no tabuleiro. "Tudo por causa de um momento em que poderia ter desacelerado mas não o fez."

2. QI e xadrez

No dia 11 de maio de 1997, no Equitable Center, em Manhattan, Garry Kasparov, que desde 1985 era o campeão mundial de xadrez, abandonou depois de apenas dezenove jogadas a última das seis partidas que vinha jogando contra Deep Blue, um programa de computador enxadrista desenvolvido por engenheiros da IBM. Era a segunda derrota de Kasparov na disputa — ele vencera uma partida e três outras tinham sido empates —, o que significava que havia perdido o jogo e, pior ainda, seu título não oficial de "melhor jogador de xadrez do planeta", nas palavras do repórter do *New York Times* que cobria o evento.[4] Tanto no mundo do xadrez quanto fora dele, foi grande a consternação com a derrota de Kasparov, e não faltaram debates ansiosos sobre o que aquilo poderia significar para todos nós, mortais. (A *Newsweek* publicara uma matéria sobre a disputa alguns dias antes, proclamando na capa: "A última chance do cérebro.")[5] Numa pesarosa coletiva de imprensa depois do jogo, Kasparov se disse envergonhado com a derrota e perplexo com a impressionante capacidade de Deep Blue: "Sou um ser humano", queixou-se ele. "Quando vejo algo que está muito além do meu entendimento, sinto medo."[6]

Para muitos, a vitória de Deep Blue não representava apenas um desafio ao domínio humano no terreno do xadrez, mas uma ameaça existencial à inteligência ímpar de nossa espécie; era como se um bando de golfinhos acabasse de compor uma sinfonia perfeita. Na verdade, a habilidade no xadrez há muito é considerada um símbolo da inteligência: quanto mais inteligente, melhor o desempenho no xadrez, e vice-versa. Em seu livro *Genius in Chess*, de 1997, o grande mestre britânico Jonathan Levitt propunha uma relação matemática exata entre o QI e o talento no xadrez, à qual deu o nome de equação de Levitt:[7]

$$\text{Elo} \sim (10 \times \text{QI}) + 1.000.$$

Elo refere-se ao índice de um jogador em competições — e Levitt explicava que sua equação usa o índice mais alto que um jogador podia alcançar "depois de muitos anos de competições e estudo". (O til estranho depois de *Elo* significa "aproximadamente igual a".) Assim, pelos cálculos de Levitt, quem tiver um QI mediano de cem pode esperar, no máximo, um índice de dois mil. Um QI de 120 pode levar a até 2.200. E assim por diante. Os grandes mestres de xadrez geralmente têm 2.500 de classificação ou mais; pela fórmula de Levitt, isso significa que cada um deles tem um QI de pelo menos 150, que é considerado nível de gênio.

Mas nem todo mundo concorda com a premissa de que a habilidade no xadrez esteja direta e intimamente ligada ao puro QI. Jonathan Rowson, um jovem grande mestre escocês que escreveu alguns livros provocadores sobre xadrez, considera a equação de Levitt "completamente equivocada".[8] Rowson argumenta que os talentos mais importantes no xadrez não têm nada de intelectuais; são psicológicos e emocionais. "A maioria dos principais estudos acadêmicos sobre o xadrez deixa de captar muito do que é essencial na maneira como um jogador pensa e sente", escreveu Rowson em seu livro *The Seven Deadly Chess Sins*.[9] "Eles encaram o xadrez como uma atividade quase exclusivamente cognitiva, na qual os movimentos são escolhidos e as posições são entendidas com base somente em padrões e inferências mentais." Na realidade, escreveu ele, para quem quiser se tornar um grande jogador, ou mesmo apenas bom, "a capacidade de reconhecer e utilizar as emoções é tão importante quanto a maneira de pensar".[10]

Em suas aulas de xadrez no IS 318 e nas análises com os alunos em competições como o Campeonato Nacional do Ensino Fundamental, Spiegel muitas vezes exibe um conhecimento específico do xadrez: como identificar a diferença entre a defesa eslava variante das trocas e a defesa semieslava; como comparar o valor do bispo da casa escura e o bispo da casa clara. Mas, na maior parte do tempo, impressionou-me constatar, ao observá-la em ação, que o que ela fazia era muito mais simples, e também muito mais complicado: ela estava ensinando aos alunos uma nova maneira de pensar. Sua metodologia estava estreitamente relacionada às estratégias metacognitivas estudadas por Martin Seligman e ensinadas por Angela Duckworth. E, pelo menos para mim, seu sistema parecia inextricavelmente vinculado às pesquisas dos neurocientistas no terreno das funções executivas — as capacidades mentais de mais alto nível que certos cientistas compararam a uma espécie de centro de controle de tráfego aéreo do cérebro.

Duas das funções executivas mais importantes são a flexibilidade cognitiva e o autocontrole cognitivo. A flexibilidade cognitiva é a capacidade de identificar soluções alternativas para os problemas, de pensar além dos parâmetros previsíveis, de administrar situações inusitadas. O autocontrole cognitivo é a capacidade de inibir uma reação instintiva ou habitual, substituindo-a por outra mais eficaz e menos óbvia. Ambas as capacidades são fundamentais no treinamento dos alunos de Spiegel. Para se sair bem no xadrez, diz ela, é necessário ter uma capacidade maior de vislumbrar ideias novas e diferentes: que jogada particularmente criativa e acertada pode ter sido ignorada? E que movimento potencialmente letal do adversário pode estar passando completamente despercebido? Ela também ensina a resistir à tentação de fazer um movimento que a curtíssimo prazo pareça interessante, pois esse tipo de movimento (como Sebastian Garcia pôde constatar) muitas vezes acaba em problemas. "Na verdade, ensinar a jogar xadrez é ensinar os hábitos relacionados ao ato de pensar", explicou-me Spiegel certa manhã, quando a visitei em sua sala de aula. "Como entender nossos erros e estar mais consciente de nossos processos mentais."

Antes de ensinar xadrez em tempo integral no IS 318, Spiegel era professora de inglês numa turma especial de oitavo ano na escola e, nessa disciplina, ela se considerava um verdadeiro desastre. Ensinava redação da mesma maneira como analisou as jogadas de Sebastian: quando os alunos entregavam seus textos, ela percorria cada um, frase por frase, junto ao aluno, perguntando: você tem *certeza* de que esta é a melhor maneira de dizer o que está querendo dizer? "Eles olhavam para mim como se eu fosse louca", disse-me ela. "Eu lhes escrevia longas cartas sobre o que haviam escrito. Levava uma noite inteira para fazer só seis ou sete."

Embora o estilo pedagógico de Spiegel talvez não fosse o melhor para uma turma de inglês, sua experiência com a disciplina a ajudou a entender melhor o que ela queria fazer na aula de xadrez. Em vez de seguir um currículo fixo ao longo do ano, ela decidiu que formaria seu calendário acadêmico com o passar do período letivo, planejando as aulas com base exclusivamente no que os alunos sabiam e, sobretudo, no que não sabiam. Por exemplo, levava os alunos a um torneio de fim de semana e notava que muitos deles deixavam peças penduradas no tabuleiro, o que significava que elas estavam indefesas e, portanto, eram alvo fácil. Na segunda-feira seguinte, organizava a aula sobre como evitar deixar peças penduradas, reconstituindo as jogadas equivocadas dos alunos nos quadros de feltro verde presos na frente da sala de aula. Reiteradas vezes, ela repassava as partidas dos alunos, tanto individualmente como com a turma inteira, analisando os pontos exatos em que o jogador havia errado, o que poderia ter feito diferente, o que teria acontecido se ele tivesse optado pela jogada mais acertada e dando seguimento a essas hipóteses com algumas jogadas antes de voltar ao momento do erro.

Por mais sensato que possa parecer, o processo é, na verdade, uma forma inusitada de ensinar ou aprender xadrez. "É desagradável concentrar tanta atenção naquilo que fazemos mal", comentou Spiegel. "Então, para estudar xadrez, as pessoas costumam ler um livro sobre o assunto, o que pode ser divertido e, muitas vezes, intelectualmente instigante, mas na verdade não se traduz em maior habilidade. Para melhorar de fato no xadrez, temos que analisar os nossos jogos e descobrir o que fazemos errado."

É mais ou menos como aquilo que as pessoas teoricamente obtêm com psicoterapia, afirma Spiegel. Elas repassam os erros cometidos — ou os erros que costumam ser reincidentes — e tentam entender a raiz do motivo que as levou a cometê-los. E, tal como os melhores terapeutas, Spiegel tenta conduzir os alunos por um caminho estreito e difícil: assumir a responsabilidade pelos erros e aprender com eles, sem ficar obcecados nem se punir por isso. "É muito raro na vida das crianças a experiência de perder quando as coisas estão inteiramente sob seu controle", disse-me ela. "Mas, quando elas perdem num jogo de xadrez, sabem que a culpa é toda delas. Tinham tudo que era necessário para ganhar e perderam. Quando isso nos acontece uma vez, costumamos arrumar alguma desculpa ou simplesmente não voltamos a pensar no assunto. Mas, quando passa a fazer parte da vida, quando acontece todo santo fim de semana, precisamos encontrar uma maneira de nos distinguir dos nossos erros e perdas. Tento ensinar aos meus alunos que perder é algo que fazemos, não algo que somos."

3. Febre de xadrez

Naturalmente, é fácil dizer à garotada que é preciso contextualizar as derrotas e manter a autoconfiança intacta apesar dos revezes. Mas isso é mais difícil para quem está perdendo. Spiegel joga xadrez num nível muito elevado; embora seu índice tenha caído um pouco nos últimos anos, por dedicar seu tempo mais ao ensino, ela ainda é uma das trinta melhores jogadoras dos Estados Unidos. Porém, como todos os grandes enxadristas, ela perde muito, e quando isso acontece ela costuma ir para o seu blog — fonte muito popular, apesar de um tanto excêntrica, de notícias e opiniões no mundo do xadrez — e fazer uma autocrítica pública. "Eu sou uma bebezona imbecil e retardada", escreveu ela em 2007, depois de perder para um mestre russo.[11] "Será que não sou capaz de calcular as capturas mais simples? É oficial: eu me odeio."

Spiegel aprendeu os movimentos básicos do xadrez com o pai, quando tinha apenas quatro anos, mas só passou a competir com outras pessoas a partir do sexto ano, quando entrou para um programa extraclasse de xadrez na escola em Raleigh, Carolina do Norte. Ela adorou a experiência — não só o xadrez, que ela dominava, mas também a sensação inédita de acolhimento que o jogo lhe proporcionava. Tímida e deslocada antes do xadrez, ela de repente encontrou um lugar ao qual sentia pertencer. "Lembro que me senti muito feliz e aliviada", contou-me. "As outras crianças eram legais comigo porque eu jogava bem. Os adultos me tratavam como se eu tivesse opiniões de verdade. Pela primeira vez parecia que a vida estava melhorando." Seu índice no mundo do xadrez logo ultrapassou a do professor que dirigia o programa, e, para seu espanto, ela se deu conta de que não precisava de ajuda para continuar melhorando: podia estudar xadrez por conta própria. Também percebeu que, se podia aprender xadrez sozinha, também seria capaz de aprender matemática ou qualquer outra coisa. Essa capacidade de dominar novos temas por conta própria, algo que ela aprendeu com o xadrez, ajudou-a a superar os anos passados num "colégio americano de ensino médio terrível" e a entrar na faculdade, primeiro em Duke e depois em Columbia, onde começou a cursar matemática e, alguns anos depois, transferiu-se para literatura inglesa.

Depois de se formar, Spiegel permaneceu em Nova York e passou a trabalhar como professora numa organização sem fins lucrativos chamada Chess-in-the-Schools (Xadrez nas escolas), que desde 1986 contratava especialistas como ela para passar algumas horas por semana ensinando xadrez nas escolas públicas das comunidades de baixa renda da cidade. Durante alguns anos, Spiegel circulou num grupo de quatro escolas, um dia aqui, outro ali, mas sua favorita era o IS 318, e, em 2006, o diretor enfim a contratou como professora de xadrez em tempo integral e treinadora do time itinerante da instituição.

No verão de 2005, depois de vários anos jogando xadrez sem muito empenho, ela resolveu de repente participar de um torneio aberto de alto nível em Phoenix. Para sua surpresa, saiu-se muito bem, terminando como a melhor mulher no torneio, o que significava classificação automática para o campeonato nacional americano na primavera seguinte. Ela sabia que era areia demais para seu caminhão; 64 homens e mulheres estavam classificados para o torneio, os melhores enxadristas do país, e ela era uma das últimas da lista geral. Spiegel então tratou de mergulhar fundo, estudando diariamente por três ou mais horas, cinco dias por semana, passando noites em claro para analisar uma abertura ou jogar horas a fio pelo site Internet Chess Club. Aperfeiçoou-se e conseguiu se sair razoavelmente bem no torneio — não entre os dez primeiros, mas com um resultado respeitável — e, depois, continuou a jogar com o mesmo fervor. Exatamente como acontecera no sexto ano, o xadrez tomou conta da sua vida. Ela ensinava xadrez o dia inteiro e jogava toda noite. Perdeu contato com os amigos que não jogavam, enquanto outros compromissos e relações também se deterioravam. Jogar xadrez, segundo ela escreveu em seu blog, tornara-se "praticamente o único momento em que eu sinto alguma coisa. Fora isso, com uma ou duas exceções, fico quase totalmente inerte".[12]

Spiegel isolou-se cada vez mais do que não tinha a ver com o xadrez. Com uma tendência para a melancolia e certa excentricidade, esse isolamento crescente fez com que essas características entrassem em metástase. Certo dia, em seu blog, ela anunciou timidamente aos leitores que havia saído com um cara na sexta-feira anterior. "Lá pelas tantas", escreveu, "ele passou o braço sobre o meu ombro e pensei: *Caramba, não tenho absolutamente mais nenhum contato com seres humanos!* Mas no fim das contas fiquei orgulhosa de mim mesma, pois não disse isso a ele, apesar de ter pensado a respeito por um tempão. Percebi a tempo que não é coisa para se dizer num encontro."[13]

Nas férias de Natal de 2009, ela resolveu, por impulso, fazer uma viagem romântica ao Caribe com o professor de artes do IS 318, um homem alto e bonito chamado Jonathan, com traços mediterrâneos e cabelo escuro comprido, que ela já admirava de longe na sala dos professores, mas considerava bom demais para o seu bico. Ao retornarem do passeio nas Bahamas, os dois estavam apaixonados. Quatro meses depois, foram morar juntos, e, no outono de 2010, estavam noivos.

Jonathan não jogava xadrez, e, no convívio com ele, Spiegel percebeu que seu entusiasmo com o jogo começava a se dissipar. Ela não chegou a largar completamente o xadrez — continuava a ensinar o dia inteiro na escola e a treinar os alunos aos sábados, nos torneios estudantis —, mas agora passava o tempo livre fazendo outras coisas, como andar de bicicleta, saborear uma boa comida, explorar locais pela cidade e conversar sobre o futuro, em vez de jogar xadrez na internet. Para mim, que não jogo xadrez, parecia uma mudança positiva. Estava claro que jogar xadrez o tempo todo não fazia Spiegel muito feliz, e que a companhia de Jonathan fazia. Contudo, do ponto de vista dela, a análise da relação custo/benefício não era tão simples assim. Seu índice oficial no mundo do xadrez chegara a 2.170, mas caiu abaixo de 2.100 depois que ela começou a namorar Jonathan. Volta e meia ela falava do desejo de voltar a jogar xadrez a sério, de jogar mais, de recuperar seu índice. Racionalmente, ela sabia que estava mais feliz do que quando jogava xadrez o tempo todo, mas me disse que, ainda assim, continuava sentindo falta daqueles tempos de infeliz obsessão.

4. Maldade calibrada

O cerne do trabalho de Spiegel era um complexo número de equilibrismo. Ela queria aumentar a autoconfiança dos alunos, levá-los a acreditar na própria capacidade de superar rivais mais fortes e dominar um jogo absurdamente complicado. Mas as exigências de seu trabalho — assim como as peculiaridades de sua personalidade — faziam com que ela passasse a maior parte do tempo dizendo aos alunos que eles estavam estragando tudo. Esta é a frase básica de qualquer análise pós-jogo no xadrez: *Aqui, você achou que tinha uma boa ideia, mas estava errado.*

"Passo o tempo todo lutando contra isso", disse-me ela certo dia, quando visitei sua aula. "Diariamente. Está bem lá em cima na minha lista de ansiedades como professora. Acho que sou muito má com os alunos. Às vezes isso acaba comigo; eu volto para casa e fico repassando na cabeça tudo que disse a cada um deles e penso: 'Mas o que é que eu estou fazendo? Estou arruinando essas crianças.'"

Depois do torneio nacional feminino de 2010 (vencido pelo IS 318), Spiegel escreveu em seu blog:

> O primeiro dia e meio foi bem ruim. Eu estava completamente descontrolada, repassando cada jogo e sendo uma bruxa o tempo todo: dizia coisas como "ISTO É COMPLETAMENTE INACEITÁVEL!!!" a meninas de onze anos que deixaram peças penduradas ou fizeram determinada

jogada sem pensar. Eu disse coisas incríveis, como "Você sabe contar até dois? Então devia ter visto isto!!" e "Se não vai prestar mais atenção, devia desistir do xadrez, pois está fazendo todo mundo perder tempo".

No fim da terceira rodada, eu já começava a me sentir uma babaca grossa e estava a ponto de desistir e passar a me fingir de boazinha. Mas na quarta rodada todo mundo levou mais de uma hora e começou a jogar bem. E realmente acho que é por isso que todo ano a gente parece vencer nas categorias femininas nacionais com tanta facilidade: a maioria das pessoas não tem coragem de dizer às adolescentes (principalmente às centradas e articuladas) que elas são preguiçosas e que a qualidade de seu trabalho é inaceitável. E às vezes as meninas precisam ouvir exatamente isso, caso contrário não terão motivos para reagir.[14]

Spiegel muitas vezes desafiou meu estereótipo de como um bom professor, especialmente um bom professor de escolas de bairros pobres, deve interagir com os alunos. Confesso que, antes de conhecê-la, minha visão do professor de xadrez ideal em escolas de áreas carentes era muito semelhante ao personagem interpretado por Ted Danson em *Knights of the South Bronx*, filme comovente de 2005 produzido pelo canal A&E, no qual Danson lidera um grupo de pés-rapados da comunidade e os conduz à vitória sobre alguns alunos arrogantes de escolas particulares, distribuindo no processo abraços, discursos motivadores e lições de vida. Spiegel não é assim. Ela não abraça. É evidente que ela se dedica muito aos alunos e se preocupa com eles, mas, quando um aluno fica arrasado ao perder um jogo, ela raramente é aquela pessoa que chega perto para consolar. Spiegel disse que John Galvin, o vice-diretor do IS 318, que muitas vezes participava dos torneios como treinador-assistente de Spiegel, era melhor nesse tipo de coisa; tinha mais "inteligência emocional".

"Eu com certeza tenho um relacionamento muito bom com muitas dessas crianças", contou Spiegel durante um dos torneios. "Mas acho que minha função como professora é ser mais como uma espécie de espelho, conversar sobre o que elas fizeram no tabuleiro e ajudá-las a pensar nisso. É algo muito importante para a garotada. Elas investem muito esforço em algo, e trabalhamos nisso sem condescendência. Não é comum elas receberem esse tipo de coisa, e, na minha experiência, elas querem muito. Mas eu não ajo como uma mãe amorosa para elas. Não sou assim."

Pesquisadores como Michael Meaney e Clancy Blair demonstraram que, para desenvolver qualidades como perseverança e concentração, os bebês precisam de um alto nível de carinho e atenção por parte dos que cuidam deles. Mas o sucesso de Spiegel parece indicar que, quando as crianças chegam aos primeiros anos da adolescência, o que mais as motiva não são os cuidados afetuosos, mas um tipo muito diferente de atenção. Talvez o que leve alunos a partir do sexto ano a se concentrar e praticar com tanto afinco quanto a turma de Spiegel seja a experiência inusitada de ser levado a sério por alguém que acredita em suas capacidades e os desafia a crescer.

Nos meses em que estive mais presente no IS 318, assistindo aos preparativos do time para o torneio de Columbus, também passei muito tempo no KIPP Infinity, acompanhando o desenvolvimento do boletim de caráter. E no vaivém de metrô entre West Harlem e South Williamsburg não me faltava tempo para pensar nos paralelos entre os métodos de treinamento de Spiegel com seus jogadores de xadrez e a maneira como os professores e gestores do KIPP conversavam com os alunos a respeito de crises emocionais e lapsos comportamentais do dia a dia. Cabe lembrar que o orientador educacional do KIPP, Tom Brunzell, dizia considerar sua abordagem uma espécie de terapia cognitivo-comportamental. Quando seus alunos se agitavam, perdidos em momentos de estresse e turbulência emocional, ele os estimulava a se engajar no tipo de pensamento em escala macro — a metacognição, como dizem muitos psicólogos — que ocorre no córtex pré-frontal: desacelerar, avaliar os próprios impulsos e contemplar soluções mais produtivas para os problemas do que, por exemplo, gritar com o professor ou esmurrar um colega no recreio. Em suas análises pós-jogo, Spiegel simplesmente havia desenvolvido uma maneira mais formalizada de fazê-lo. Como os alunos do KIPP, os do IS 318 eram desafiados a examinar profundamente seus próprios erros, entender por que os haviam cometido e procurar descobrir como poderiam ter agido de outra maneira. E quer você entenda isso como terapia cognitiva ou apenas como um bom método de ensino, o fato é que parecia extraordinariamente eficaz no sentido de promover mudanças nos alunos pré-adolescentes.

No entanto, essa técnica é muito rara nas escolas atuais dos Estados Unidos. Se o professor acredita que sua missão na escola ou sua função como profissional é apenas transmitir informação, ele provavelmente não achará necessário submeter os alunos a esse tipo de autoanálise rigorosa. Mas, se ele estiver tentando ajudá-los a mudar de caráter, a transmissão de informação não é suficiente. E, embora Spiegel não empregasse a palavra *caráter* ao falar do que estava ensinando, havia uma considerável coerência entre as qualidades enfatizadas por David Levin e Dominic Randolph e as habilidades que ela tentava inculcar em seus alunos. A cada dia, em sala de aula e nos torneios, pude vê-la tentando ensinar a eles determinação, curiosidade, autocontrole e otimismo.

Em uma ou duas oportunidades, cheguei a vê-la usando suas técnicas analíticas para ensinar até mesmo inteligência social. Num dia de setembro, fui com Spiegel e o time do IS 318 a um grande torneio de xadrez ao ar livre, promovido no Central Park pelo Chess-in-the-Schools. Fazia calor, e, quando eu estava sentado com Spiegel na escada de pedra que levava à fonte Bethesda, um garoto chateado se aproximou, querendo conversar com ela. Era A.J., aluno do sétimo ano de pele morena, cabelo curto e óculos grandes de lentes grossas do tipo Elvis Costello. Eu sabia que ele tinha dificuldade para lidar com situações sociais, muitas vezes se perdia em meio às brincadeiras e disputas típicas da idade e costumava interpretar mal o que acontecia ao seu redor. Seu relato naquele dia saiu num atropelo: um garoto chamado Rawn, aluno recém-saído do IS 318, ameaçava bater nele, e A.J. queria que Spiegel fizesse algo.

"Por que ele quer bater em você?", perguntou Spiegel.

De forma confusa, A.J. explicou que trouxera sua bola para o parque, e entre as partidas de xadrez ele e alguns outros meninos ficaram brincando com ela. A.J. sentiu calor e, ao se afastar para beber algo, resolveu levar a bola consigo. Ao apanhá-la e se dirigir para o bebedouro, julgou ter ouvido um dos meninos chamá-lo de babaca. Ele acusou Rawn, que negou.

"Ele disse: 'Não fale assim comigo'", contou A.J., parecendo magoado. "Disse: 'Vou lhe dar um tapa na boca.' E respondi: 'Experimenta!' E aí ele tentou se aproximar e me bater na cara, mas os outros meninos impediram." Em outras palavras, tratava-se de uma clássica briga de meninos à beira da adolescência: impulsivos, cheios de hormônios, muito moralistas e meio sem noção.

Mas, em vez de tomar partido ou enunciar alguns clichês sobre a boa convivência, Spiegel começou a analisar a situação como se fosse um jogo de xadrez.

"Deixe-me ver então se eu entendi", disse, levantando a mão para proteger os olhos do sol e olhando para A.J. "Ele tentou bater em você depois que você o desafiou a bater?"

"Foi", respondeu A.J. meio hesitante.

"Bom, se Rawn não disse nada e você o provocou... É claro que ele não iria gostar. Faz sentido?"

A.J. a fitou, calado, um olhar parecido com o de Sebastian Garcia ao ser criticado por perder o bispo.

"Minha outra pergunta é sobre a bola", prosseguiu Spiegel. "Você precisa entender que as pessoas não vão gostar se você levar a bola quando elas estão jogando. Você gostaria se elas a usassem quando você não estivesse junto?"

"Não."

"Bom, então você precisa entender que, se não confiar neles, provavelmente eles não serão seus amigos."

A.J. parecia frustrado. "Esquece", disse, afastando-se.

Meses antes, na verdade, eu já havia presenciado uma conversa semelhante entre A.J. e Spiegel. Eu estava sentado na sala de aula, falando de xadrez com ela, e A.J. chegou com uma queixa: ele tinha feito um comentário sobre a mãe de um colega, e o outro o havia xingado.

Inicialmente, imaginei que A.J. recorria a Spiegel em busca de proteção ou vingança, esperando que ela castigasse o outro aluno. Mas, depois de assistir à conversa no Central Park, dei-me conta de que, na verdade, ele a procurava pelo mesmo motivo que o levava a pedir ajuda depois de uma partida em que desperdiçara uma vantagem ou perdera uma rainha de bobeira. Queria saber como parar de cometer erros idiotas. Buscava conselhos para se sair melhor em algo que, para ele, também era um jogo de incrível complexidade, com uma quantidade imensa de peças: sobreviver na escola e fazer com que os outros garotos gostassem dele.

5. Justus e James

Quando encontrei Spiegel pela primeira vez em Columbus, na tarde anterior ao início do torneio, ela parecia feliz e descansada; usava blusa branca e calça social listrada, comendo tangerina, bebericando *chai* e dando uma última conferida em planilhas de xadrez com uns vinte alunos apertados em seu quarto de hotel, muitos andares acima do centro de convenções. Mas, após o início da competição, sua leveza começou a se desgastar, e a cada dia seu cabelo ficava um pouco mais revolto, os olhos, um pouco mais vidrados. Para ela, aquela competição era a mais importante do ano. "Tenho a sensação de que isso é uma avaliação do meu trabalho", disse-me naquela primeira tarde. "Todo o meu trabalho de um ano inteiro se resume no nosso desempenho aqui." E assim ela ficava sentada no Union B o dia inteiro, tomando café, comendo mal e se estressando.

O IS 318 tinha times competindo em cinco divisões, e as duas que Spiegel mais levava a sério eram a K-8 Open e a K-9 Open. (*Open* [aberto] significa que não há limite superior para o índice dos jogadores.) A K-9 Open tinha alunos até o nono ano, mas muitos treinadores a consideravam uma divisão menos competitiva que a K-8 Open (que aceitava alunos apenas até o oitavo ano), já que era menor o número de equipes de ensino fundamental* que competiam na K-9. Spiegel considerava que seu time tinha pelo menos uma chance razoável de vencer em ambas as divisões, embora nenhuma escola jamais tivesse vencido a K-8 e a K-9 na mesma edição do torneio — e apesar de o IS 318 não ter turmas de nono ano.

Um dos motivos pelos quais os times de Spiegel sempre se saíam tão bem nos torneios era porque ela dispunha do que os técnicos esportivos costumam chamar de bom banco de reservas. Na maioria das escolas particulares e das escolas seletivas com exame de admissão, era possível encontrar alguns jogadores muito bons, prodígios de famílias abastadas que vinham sendo treinados em casa desde muito pequenos. O IS 318 não atraía essas crianças privilegiadas, mas, como o xadrez estava tão integrado

* No original, "junior high", que abarca turmas do sexto ao oitavo ano. A partir do nono, as turmas já são consideradas parte do ensino médio, que no Brasil começa no décimo ano escolar. (N. da E.)

ao cotidiano da escola e da sua cultura, Spiegel conseguia a cada ano atrair dezenas de novos alunos para o clube de xadrez, crianças com pouco ou nenhum conhecimento do jogo, mas que estavam ansiosas por aprender mais. Ela concebera seu programa de maneira a capitalizar essa situação e, depois de quase uma década na escola, desenvolvera um sistema pedagógico que permitia que os vinte e poucos novatos que apareciam para o clube de xadrez na primeira semana do sexto ano se transformassem, até o fim do oitavo ano, num conjunto de jogadores com classificações na faixa de 1.500 e 1.600 e alguns na faixa de 1.800 e 1.900.

Só muito raramente algum aluno do IS 318 tinha chegado a dois mil, o que significava que a escola não vencia muitos campeonatos individuais. Mas a abordagem de Spiegel era a estratégia perfeita para os campeonatos em *equipe*, vencidos a cada torneio pela escola cujos quatro melhores jogadores tivessem juntos conquistado o maior número de vitórias. Numa competição em equipe, Spiegel sabia que o mais importante não era a habilidade do melhor jogador, mas a do quarto melhor. E o IS 318 sempre tinha dez ou mais alunos capazes de serem o quarto melhor jogador do time.

No outono de 2009, contudo, Justus Williams chegou ao IS 318, e a composição do time começou a mudar. Um garoto tranquilo e morador do Bronx, Justus tinha um jeito pensativo e grave, e era alto, moreno e robusto. Falava baixo e podia mostrar-se tímido na presença de estranhos, mas se movimentava com discreta autoconfiança pelos corredores do IS 318, uma das poucas escolas de ensino fundamental no país onde o fato de ser campeão de xadrez era algo que rendia respeito, em vez de deboches. Justus tinha começado a jogar xadrez no terceiro ano na PS 70 no South Bronx, através do programa Chess-in-the-Schools, e muito cedo seus professores perceberam que ele era um jogador muito promissor, ansioso por aprender e com rara capacidade de concentração. O Chess-in-the-Schools pagou instrutores particulares para ele, e sua mãe, acreditando que o filho estava destinado a realizar grandes feitos, fez tudo ao seu alcance para ajudá-lo a progredir. Ao começar o sexto ano no IS 318, Justus estava com um índice acima de dois mil, centenas de pontos mais do que qualquer aluno que já havia chegado às mãos de Spiegel e, na verdade, muito perto do índice da própria professora. E, embora fosse evidente que Justus era o melhor jogador do sexto ano, dois outros alunos que chegaram ao mesmo tempo que ele ao IS 318 também tinham considerável experiência no xadrez: Isaac Barayev, filho de imigrantes russos do Queens que entrou para a escola com um índice de 1.500, e James Black Jr., um menino afro-americano do bairro de Bedford-Stuyvesant, no Brooklyn, que tinha saído da escola pública anterior com índice de 1.700.

Spiegel tinha uma relação especialmente boa com James Black. Já o conhecia desde os primeiros anos do ensino fundamental, e, embora o talento dele no xadrez agora fosse comparável ao dela, o menino reconhecia que a professora o havia ajudado a melhorar seu índice de 1.700 para mais de 2.100 durante os anos em que ele esteve no IS 318, um salto considerável. James era esbelto e elegante, com cabelo curto, um dente incisivo lascado e grandes olhos expressivos. Muito sociável, adorava brincar com os colegas. Visitando a turma de Spiegel, muitas vezes eu o encontrava no fundo da sala envolvido num jogo e ao mesmo tempo dando palpites na partida ao lado, dizendo aos outros que lances eles deveriam fazer e vez ou outra esticando o braço para fazê-los pessoalmente.

Como Justus, James aprendeu a jogar no terceiro ano, quando um instrutor do Chess-in-the-Schools visitou sua escola. Em casa, ele treinava com o pai, que havia comprado um jogo de xadrez numa loja de departamentos assim que o menino manifestou interesse pela primeira vez. O sr. James Black era muito dedicado ao filho. Ele me disse certa vez que, antes mesmo da concepção de James, tomara a decisão de dar ao primogênito, fosse menino ou menina, o nome de James Black Jr.

O sr. James cresceu no Bronx e se saiu bem no ensino médio, mas abandonou a faculdade depois de dois anos. Sempre sonhara ser um fuzileiro naval, mas, ao largar os estudos, conseguiu um emprego bem remunerado na mercearia do D'Agostino, a rede de supermercados de Nova York, e nunca chegou a se alistar. Quase 25 anos depois, Black ainda estava no D'Agostino, na mesma mercearia. Com trinta e poucos anos, se apaixonara por Tonya Coles, que tinha três filhos, e, com o bebê que tiveram, James Jr., formavam uma família heterogênea. O sr. James disse-me que esperara que seus enteados servissem de bom exemplo para James Jr., mas não foi bem assim. Um dos garotos foi condenado por tráfico de drogas quando

James Jr. era menino e passou quase três anos na prisão;[15] o outro ainda está preso por homicídio: cumpre pena de prisão perpétua, com possibilidade de liberdade condicional depois de vinte anos. Esses problemas serviram para intensificar ainda mais a atenção do sr. James com o filho, assim como sua determinação para que o menino tivesse sucesso na vida. "Eu sempre digo a James: 'Não posso falar muito para eles'", contou ele no início do ano letivo. "'Mas posso falar muito para você. Estou aqui para guiá-lo para o futuro.'"

O desempenho de James era irregular no IS 318. Suas notas costumavam ser boas, mas nos exames estaduais do sexto ano ele tirou 2, numa escala de 1 a 4, tanto em matemática quanto em interpretação de texto, o que significava que estava abaixo da média e fazia parte do terço inferior da classificação geral da cidade. Na escola, tinha fama de baderneiro, e no sexto ano muitas vezes era mandado para a sala do diretor por fazer bagunça durante as aulas ou dizer coisas inadequadas às colegas. Apesar dos eventuais problemas na escola, contudo, era um aluno excepcional de xadrez, chegando a estudar seis horas por dia e tendo uma parede inteira em seu quarto tomada por espessos livros de estratégia.

6. O Marshall

Seis meses antes do torneio de Columbus, passei um dia com James, Spiegel e meia dúzia de outros alunos do IS 318 no Marshall Chess Club, que ocupa dois andares de uma bela casa antiga numa rua arborizada do Greenwich Village. O clube, considerado por muitos enxadristas o de maior prestígio dos Estados Unidos, foi fundado em 1915 por Frank Marshall, um campeão da época, e já teve entre seus membros alguns dos melhores jogadores americanos. É um lugar imponente, especialmente para jovens aspirantes do xadrez: o pé-direito é alto; as lareiras, majestosas; as mesas de madeira, lustrosas; as paredes, cobertas de fotos em preto e branco emolduradas de jogadores lendários reclinados sobre tabuleiros e de imagens já meio apagadas de grupos de convivas em jantares formais na década de 1930.

Quando Spiegel chegou a Nova York no fim da adolescência, depois de se transferir de Duke para Columbia, era no Marshall que ela passava o tempo, participando de torneios de fim de semana e desfrutando do ambiente. Hoje o Marshall oferece algumas filiações gratuitas por ano ao IS 318, e uma vez por mês, mais ou menos, Spiegel leva um pequeno número de alunos para jogar lá. Trata-se de um tipo de experiência enxadrística muito diferente daquilo a que estão acostumados. Os torneios estudantis regulares de fim de semana em Nova York são bem caóticos, com centenas de jogadores e pais amontoados numa escola pública e macarrão gratinado feito pelas mães para o almoço. As partidas duram apenas uma hora, e os jogadores do IS 318 geralmente vencem ou se saem muito bem. Quando os alunos vão ao Marshall, contudo, suas partidas duram quatro horas, frente a adversários muito superiores. É uma situação intimidante para os alunos, mas Spiegel lembra-lhes que a melhor maneira de melhorar no xadrez é jogar contra os melhores, ainda que para virar picadinho.

No dia de outono em que vi James jogar no Marshall, o menino enfrentava Yuri Lapshun, um mestre internacional de origem ucraniana que era (e ainda é) um dos trinta ou quarenta melhores jogadores dos Estados Unidos. Em 2000 e 2001, Lapshun foi o campeão do clube Marshall, e no grande painel de madeira da parede que relaciona todos os campeões do clube desde 1917, seu nome se destaca em duas placas metálicas consecutivas. É comum que nas partidas de xadrez, especialmente no Marshall, se enfrentem figuras bem contrastantes — a adolescente gótica mal-humorada contra o matemático *nerd* barbudo e de óculos; o lunático de meia-idade do Village, com seu *tweed*, contra o menino chinês baixinho —, mas a dupla Black *versus* Lapshun era uma das mais estranhas. Com trinta e muitos anos, Lapshun não só tinha o triplo da idade de James como devia pesar uns quarenta quilos mais que ele. Pela maior parte das quatro horas de duração da partida, Lapshun encarava o tabuleiro com pesada carranca, recostado na cadeira e acariciando o espesso bigode soviético retrô, com os longos e pesados braços cruzados sobre a enorme barriga. James sentava-se com o corpo projetado para a frente, o queixo acomodado nas mãos, quase desaparecendo dentro do enorme moletom cinza de capuz e dos jeans largos e de vez em quando dando uma olhada pelo salão, para em seguida voltar a atenção para o tabuleiro, agitando os longos cílios negros. Ele tem enorme dificuldade para se manter quieto, e durante as partidas costuma levantar-se para dar uma volta e espiar os outros tabuleiros, para grande consternação dos professores e treinadores. A certa altura de sua partida com Lapshun, James foi até o segundo andar, onde eu estava conversando com Spiegel. Ela gritou para o menino descer de volta à sala do torneio, dizendo que, se não permanecesse em sua cadeira até o fim da partida, chamaria o pai dele.

Nesse dia, Lapshun tinha o índice de 2.546, e James, 2.068. James parecia inferior em todos os aspectos — exceto, de alguma forma, no tabuleiro. Já na sexta jogada, James surpreendeu Lapshun com algumas táticas inteligentes, e pela altura do trigésimo lance era evidente para os vários especialistas e mestres que observavam a partida que James estava em posição de vantagem. Ele conseguira estabelecer uma sufocante linha de defesa no meio do tabuleiro, interceptando cada uma das jogadas de Lapshun e prendendo-o numa imobilidade desconfortável em que praticamente qualquer movimento o levaria a perder uma peça ou uma posição vantajosa. No 59º lance, Lapshun abandonou o jogo.

Mais tarde, no andar de cima, James repassou sua partida com Spiegel, e Lapshun teve a elegância de participar da análise, acrescentando de vez em quando comentários sombrios e fatalistas que pareciam ainda mais sombrios com seu carregado sotaque do Leste Europeu: "Não adianta", dizia, apontando para o tabuleiro. E depois, algumas jogadas adiante, com um balançar pesaroso da cabeça: "Aqui, foi o meu fim." James demonstrou, lance após lance, como havia aniquilado qualquer chance de Lapshun evitar as armadilhas paralisantes que havia montado para ele, e Spiegel ficou impressionada. Ele não havia apenas derrotado um mestre internacional: tinha jogado melhor que ele do início ao fim. Era "xadrez de nível excepcionalmente alto", disse-lhe ela.

Com a vitória sobre Lapshun e algumas outras partidas bem fortes naquele outono, o índice de James ultrapassou 2.150. Sua meta a curto prazo era alcançar 2.200, um marco importante para os enxadristas. Chegando aos 2.200, eles recebem da Federação Americana de Xadrez o certificado de mestre nacional. Justus tornara-se mestre nacional em setembro, um mês antes da vitória de James sobre Lapshun. Na verdade, Justus foi o afro-americano mais jovem da história a se tornar um mestre. Por algum tempo ficou parecendo que James, cinco meses mais novo que Justus, bateria com facilidade esse recorde de mais jovem mestre negro. Mas o índice de James acabou estacionando num patamar; chegou a cair para quase 2.100 em janeiro, oscilando em seguida por um ou dois meses pouco acima dos 2.100. Ao entrar no ônibus em abril para participar do torneio de Columbus, James não era mais uma ameaça para o recorde de Justus, e seu índice estacionara em 2.156.

7. Mestria

Em Columbus, James não repassou suas partidas com Spiegel; analisou-as com Matan Prilleltensky, um enxadrista competitivo de Miami de 23 anos, que naquele ano trabalhava em esquema de meio-período como treinador-assistente do time do IS 318 ao mesmo tempo que fazia mestrado em educação especial. O interesse de Prilleltensky pela educação especial era motivado por seu próprio transtorno do déficit de atenção com hiperatividade, ou TDAH, com que fora diagnosticado na infância. Ele enfrentara muitas dificuldades ao longo do ensino fundamental, incapaz de se concentrar nas aulas ou no dever de casa por mais de alguns minutos. Até que descobriu o xadrez. Ele disse que pela primeira vez se sentira capaz de concentrar a atenção em alguma coisa. O xadrez, que exige horas de estudo paciente, parecia uma atividade altamente improvável para uma pessoa com déficit de atenção, mas Prilleltensky explicou que a combinação não era tão estranha assim. "Muitas pessoas com problemas de atenção desejam experiências intensas e estímulos constantes", explicou. "Querem se entregar a alguma atividade envolvente." Para Prilleltensky, o xadrez era o perfeito antídoto para o TDAH; quando ele se sentava diante de um tabuleiro, seus sintomas praticamente desapareciam.

Prilleltensky tornou-se um jogador de peso no ensino médio, alcançando o índice de dois mil logo após completar dezoito anos. Na faculdade, continuou jogando e chegou a vencer um torneio ou dois, mas não melhorou muito, e, quando se formou, em 2009, seu índice estava emperrado em torno de 2.100. Ele queria progredir, mas seu xadrez parecia não querer ir a lugar nenhum. Até que, em janeiro de 2010, ele participou de um torneio em Palatka, Flórida; estava a ponto de sair como o grande vencedor quando pôs tudo a perder numa partida crucial. Arrasado com a derrota, ele se deu conta, ao analisar a partida com seu adversário, um aluno de ensino médio, de que o outro não jogara particularmente bem — Prilleltensky tinha sido o causador da própria derrota. Era uma sensação horrível, ele me disse tempos depois. Estava cansado de ser um jogador medíocre.

Durante a volta para casa em Miami, Prilleltensky leu uma série de entrevistas com grandes mestres, incluindo uma conversa por e-mail com Jonathan Rowson, o grande mestre escocês que escrevera sobre a importância da emoção e da psicologia para alcançar sucesso no xadrez. Os comentários de Rowson pareciam responder à angústia de Prilleltensky — e também faziam eco à teoria de Angela Duckworth sobre a diferença fundamental entre motivação e volição. "Em relação a ambição", escreveu Rowson, "é essencial distinguir entre 'querer' e 'escolher' algo."[16] Quando alguém decide que *quer* se tornar campeão mundial, explicava o enxadrista escocês, inevitavelmente será incapaz de mobilizar todo o empenho necessário. Além de não se tornar uma campeã mundial, a pessoa passará pela desagradável experiência de ficar aquém de uma meta desejada, com todas as consequentes manifestações de decepção e arrependimento. Mas, se essa pessoa *escolher* tornar-se campeã mundial (como Kasparov fez quando era jovem), haverá de "revelar sua escolha através do comportamento e da determinação pessoal. Cada ato seu dirá 'É assim que eu sou'".

Inspirando-se nessas palavras, Prilleltensky tomou no fim de janeiro de 2010 uma resolução meio atrasada de ano-novo: passaria dos 2.200.[17] Dedicou quase um ano inteiro ao estudo do xadrez, eliminando todo o resto (exceto sua compreensiva namorada): nada de festas, nada de Facebook, nada de ESPN, nada de socialização desnecessária. Só horas e horas de xadrez. ("É assim que eu sou.") Seu empenho valeu a pena: no dia 10 de outubro de 2010, seu índice chegou a 2.200 pela primeira vez. Ele se tornara um mestre nacional.

Conheci Prilleltensky pouco depois de ele ter alcançado sua meta, e o que me surpreendeu ao ouvi-lo falar a respeito foi que o rapaz olhava para aqueles meses monásticos não só com orgulho pelo resultado, mas com uma lembrança agradável de todo o processo. Perguntei-lhe o que podia ser tão bom assim num ano de total imersão no xadrez. "De maneira geral, era a sensação de ser intelectualmente produtivo", respondeu. "Eu passo muito tempo achando que não estou me desafiando ou me esforçando, só desperdiçando o cérebro. Mas nunca me sinto assim quando estou estudando, jogando ou ensinando xadrez."

Chamou-me a atenção a palavra usada por Prilleltensky: *produtivo*. Spiegel escolheu a mesma palavra ao descrever, meio nostálgica, o que havia perdido quando trocou a obsessão de noites inteiras jogando xadrez na internet pela felicidade doméstica com Jonathan: "Sinto falta daquela sensação de ser tão produtiva."

Era realmente um enigma. Eu entendia o atrativo de dominar o xadrez, assim como entendia o atrativo do domínio de qualquer outra habilidade que não estivesse ao meu alcance — pintar quadros a óleo, tocar jazz no trompete, praticar salto com vara —, mas, embora eu pudesse aceitar que o xadrez seja encarado como um desafio intelectual digno de dedicação, *produtivo* seria a última palavra que eu escolheria para me referir a ele. A mim parecia que jogadores de xadrez produziam literalmente nada. Por acaso, essa questão viera à tona na entrevista de Rowson que desencadeou a busca de Prilleltensky pelo índice 2.200. O entrevistador perguntou a Rowson se ele se incomodava com o fato de ter mobilizado uma energia mental tão extraordinária para se tornar um grande mestre "e não para fazer algo que realmente valesse a pena, como virar neurocirurgião". Rowson reconheceu que "a questão de o xadrez ser uma atividade essencialmente fútil me incomoda bastante (...) às vezes fico pensando que as milhares de horas que dediquei ao xadrez, por mais que tenham contribuído para meu desenvolvimento pessoal, podiam ter sido mais bem empregadas".

Mas então Rowson começou a se defender e aos outros jogadores de xadrez, e o fez a partir de uma perspectiva estética: "O xadrez é uma atividade criativa e bela que nos permite vivenciar toda uma gama de características exclusivamente humanas", escreveu.[18] O jogo "é uma celebração da liberdade existencial, na medida em que somos abençoados com a oportunidade de nos criar através de nossos atos. Ao jogar xadrez, estamos celebrando a liberdade, mais que a utilidade". Aos olhos de Rowson, dois jogadores que se defrontam sobre um tabuleiro estão criando uma obra de arte colaborativa e ímpar, e, quanto melhor jogarem, mais belo será o resultado.

Em seu livro *Fora de série: Outliers*, de 2008, Malcolm Gladwell divulgou ao público geral a teoria do psicólogo sueco K. Anders Ericsson segundo a qual são necessárias dez mil horas de prática consciente para de fato dominar qualquer habilidade, seja tocar violino ou programar computadores.[19] Ericsson baseou sua teoria, em parte, num estudo sobre a mestria no xadrez. Constatou que não existem campeões inatos; é simplesmente impossível tornar-se um grande mestre sem dedicar milhares de horas ao jogo e ao estudo. O psicólogo percebeu que os melhores enxadristas começaram a jogar na infância; na verdade, ao longo da história do xadrez, a idade com que um aspirante a campeão deveria começar a jogar para alcançar os níveis de desempenho mais altos havia diminuído constantemente. No século XIX, era possível começar a jogar xadrez aos dezessete anos e se tornar um grande mestre. Mas, entre os jogadores nascidos no século XX, ninguém que tenha começado a jogar depois dos catorze anos chegou a se tornar um grande mestre. No fim do século XX, segundo Ericsson, aqueles que viriam a se tornar mestres começaram a jogar xadrez em média aos dez anos e meio, e o grande mestre típico foi iniciado no jogo aos sete.[20]

O mais famoso — e notório — estudo que demonstrou a força da precocidade deliberada para o sucesso no xadrez foi realizado por Laszlo Polgar, psicólogo húngaro que publicou na década de 1960 um livro intitulado *Bring Up Genius!*. No livro, o psicólogo defende que, trabalhando com afinco, os pais podiam transformar qualquer filho num prodígio intelectual. Ao escrevê-lo, Polgar era solteiro e não tinha filhos,[21] e por isso não podia testar a teoria, mas tratou de resolver esse problema, conquistando o coração de uma professora húngara de línguas estrangeiras chamada Klara, que vivia na Ucrânia, mas foi convencida a se mudar para Budapeste pelas cartas de Polgar, que descreveu em detalhes como eles poderiam criar uma família de gênios.

E, por incrível que pareça, foi o que eles fizeram. Laszlo e Klara tiveram três filhas, Susan, Sofia e Judit, e o pai as educou em casa, seguindo um currículo centrado quase exclusivamente no xadrez (embora as meninas também aprendessem várias línguas estrangeiras, incluindo esperanto). Todas começaram a estudar xadrez antes de completar cinco anos, e em pouco tempo passaram a jogar de oito a dez horas por dia.[22] Susan, a mais velha, venceu seu primeiro torneio aos quatro anos. Aos quinze, tornou-se a jogadora de índice mais alto no ranking feminino mundial, e, em 1991, aos 21 anos, tornou-se a primeira grande mestra. Seu sucesso representava uma impressionante confirmação da tese do pai de que os gênios são criados, não nascem prontos — e Susan sequer era a melhor jogadora da família. Foi Judit, a caçula, que se tornou grande mestra aos quinze anos, quebrando o recorde de enxadrista mais jovem a obter o título, até então detido por Bobby Fischer. O índice de Judit no ranking geral do xadrez chegou ao seu máximo em 2005, quando ela estava na oitava posição mundial, com 2.735 pontos; hoje ela é considerada a melhor enxadrista do sexo feminino de todos os tempos. (Sofia também era muito boa: seu índice máximo foi de 2.505, quando ela era a sexta melhor jogadora do ranking feminino mundial, um feito surpreendente para qualquer um que não fosse um Polgar.)

Se a história dos Polgar parece meio estranha, a de Gata Kamsky chega a ser perturbadora. Nascido na Rússia soviética em 1974, Kamsky começou a estudar xadrez aos oito anos sob a tutela do pai, um ex-boxeador de pavio curto chamado Rustam. (A mãe de Gata deixara a família quando ele ainda era criança.) Aos doze anos, Gata Kamsky já derrotava grandes mestres; em 1989, o pai fugiu com ele para os Estados Unidos, foram instalados num apartamento em Brighton Beach e começaram a receber um auxílio de custo anual de 35 mil dólares do presidente da Bear Stearns, que acreditava que o jovem se tornaria campeão mundial.[23] Aos dezesseis, Kamsky tornou-se grande mestre; aos dezessete, venceu o campeonato americano de xadrez. Mas, apesar dessas realizações impressionantes na adolescência, Kamsky era admirado igualmente, senão mais ainda, pelas circunstâncias da sua criação, por muitos consideradas draconianas. Sob a tutela do pai, ele praticava e estudava xadrez catorze horas por dia no apartamento de Brighton Beach; não frequentava a escola, não via televisão, não praticava esportes, não tinha amigos. Seu pai tornou-se conhecido no mundo do xadrez pelo temperamento violento: gritava com Gata frequentemente por causa de erros e derrotas, atirava móveis e, numa determinada partida, teria ameaçado fisicamente o adversário do filho.

Em 1996, aos 22 anos, Kamsky abandonou o xadrez. Casou-se, formou-se pelo Brooklyn College, fez faculdade de medicina por um ano e acabou obtendo um diploma de direito numa faculdade em Long Island, embora não tenha passado no exame da ordem dos advogados.[24] Sua história parecia uma advertência quanto aos riscos da prática muito precoce e de uma criação agressiva. Até que, em 2004, Kamsky voltou a participar de competições de xadrez. Começou em pequenos torneios no Marshall e, em questão de poucos anos, já havia superado suas proezas da adolescência, vencendo o campeonato americano em 2010 — dezenove anos depois de ter obtido o título pela primeira vez — e novamente em 2011. Hoje, ele lidera o ranking dos jogadores americanos e está em décimo lugar no ranking mundial. Aparentemente, o efeito daquelas dez mil horas — embora, no caso de Kamsky, praticando catorze horas por dia durante toda a infância, esse número possa ser na verdade 25 mil horas, ou mais — foi tão decisivo que nem um hiato de oito anos bastou para neutralizá-lo.

8. Fluxo

Quando Spiegel e outros enxadristas falam da infância de jogadores como Kamsky e as garotas Polgar, muitas vezes o fazem com sentimentos conflitantes. Por um lado, reconhecem que uma infância organizada obsessivamente em torno de um único objetivo é desequilibrada, se não insana. Por outro, não podem deixar de sentir certa inveja: *Se meu pai tivesse me obrigado a jogar dez horas por dia, que jogador eu não seria hoje!* Na primeira vez em que visitei a turma de Spiegel, ela acabava de voltar de uma semana numa colônia de férias de xadrez para jovens de alto nível, onde analisou por cinco dias problemas de xadrez com os melhores jogadores do país na faixa de nove a catorze anos. Mas a coisa não se revelou muito divertida, disse ela. "Fiquei me sentindo muito burra", explicou. "Foi doloroso para mim, pois a garotada era muito mais ágil que eu. Precisei pedir que um garoto de nove anos me explicasse uma partida." A certa altura, acrescentou, ela chegou a se esconder num banheiro para chorar.

Enquanto escrevia este capítulo, mantive um tabuleiro barato de xadrez na mesinha de centro do meu escritório para consultas, e de vez em quando meu filho, Ellington, na época com dois anos, aparecia e começava a brincar com as peças. Quando isso acontecia, eu fazia uma pausa. Ensinei-lhe os nomes das diferentes peças, e ele descobriu que gostava de derrubá-las, para em seguida arrumá-las ao seu gosto sobre o tabuleiro. Eu sabia, claro, que o interesse de Ellington pelo tabuleiro de xadrez não era mais especial nem sugestivo que seu interesse pelos clipes de papel da minha gaveta. Mas às vezes eu me surpreendia pensando: *Hummm, ele entende a diferença entre uma torre e um cavalo, embora tenha apenas dois anos. Talvez ele seja um prodígio! Se lhe ensinar agora como se movimentam as peças e começarmos a jogar uma hora por dia, quando chegar aos três anos...*

Por mais tentadora que fosse minha fantasia polgaresca, tratei de resistir. Percebi que, na verdade, eu não queria que Ellington se tornasse um prodígio do xadrez. Mas, quando tentei entender *por que* exatamente me sentia assim, constatei que não era fácil explicar ou justificar. Senti que, se Ellington estudasse xadrez quatro horas por dia (quanto mais catorze), estaria perdendo muita coisa. Mas eu não sabia se tinha razão. Seria melhor passar a infância, ou a vida inteira, um pouco interessado em muitas coisas (como tendia a acontecer comigo) ou muito interessado em uma coisa específica? Spiegel e eu debatemos essa questão muitas vezes, e tenho de admitir que ela tinha argumentos bem convincentes na defesa dos benefícios de uma dedicação obstinada — argumentos que, na verdade, me lembravam muito a definição de determinação dada por Angela Duckworth: autodisciplina aplicada à perseguição dedicada de uma meta.

"Acho que é uma libertação para as crianças entender como é se apaixonar por alguma coisa", explicou Spiegel certo dia durante um torneio. "Elas passam por experiências intensas das quais nunca se esquecerão. Acho que a pior coisa é a gente se lembrar da infância e ver um borrão indistinto de dias passados na carteira da sala de aula, morrendo de tédio, e de voltar para casa e ver televisão. Quando os garotos do time de xadrez olharem para trás, vão se lembrar dos campeonatos nacionais, ou de uma grande partida, de um momento em que estavam cheios de adrenalina e dando o melhor de si."

Pode ser difícil para alguém de fora entender perfeitamente o fascínio de ser um mestre de xadrez. Quando tentava me explicar, Spiegel muitas vezes se referia ao trabalho de Mihaly Csikszentmihalyi, psicólogo que colaborou com Martin Seligman no início da psicologia positiva. Csikszentmihalyi estudava as chamadas experiências ótimas,[25] aqueles momentos raros da vida em que uma pessoa se sente livre das distrações mundanas, no controle do próprio destino, totalmente envolvida no instante presente. Csikszentmihalyi definiu esse estado de intensa concentração com uma palavra: *fluxo*. Ele escreveu que os momentos de fluxo muitas vezes ocorrem "quando o corpo ou a mente de uma pessoa é levado ao limite num esforço voluntário para realizar algo difícil ou que vale a pena".[26] Em suas primeiras pesquisas, Csikszentmihalyi entrevistou enxadristas, bailarinos clássicos e alpinistas, constatando que nos três casos os momentos de fluxo eram descritos de forma parecida, como um sentimento de intenso bem-estar e controle. Um enxadrista relatou a Csikszentmihalyi que, durante esse estado de pico, "a concentração é como o ato de respirar — não precisamos pensar a respeito. O telhado pode cair e, se não nos atingir, nem nos damos conta."[27] (Um estudo com jogadores de xadrez de alto nível revelou que as mudanças fisiológicas durante os torneios eram semelhantes às dos atletas em competição: contrações musculares, aumento da pressão arterial e respiração três vezes mais rápida.)[28]

Simplesmente não dá para vivenciar o fluxo quando não se é bom o bastante em alguma coisa: eu jamais poderei senti-lo diante de um tabuleiro de xadrez. Mas Justus e James o sentem o tempo todo. Perguntei certa vez a Spiegel se ela às vezes não achava que os alunos estavam sacrificando muitas coisas para ter sucesso no xadrez. Ela ficou me olhando como se eu fosse maluco. "O que essa ideia não leva em conta é que jogar xadrez é, tipo, *maravilhoso*", respondeu. "É algo que inspira alegria. É quando se está mais feliz, quando a gente é mais a gente mesmo, quando a gente se sente nas melhores condições. É fácil pensar em termos de custo de oportunidade, mas, na minha opinião, Justus e James preferem o xadrez a qualquer outra atividade."

9. Otimismo e pessimismo

Há muito os psicólogos suspeitam que apenas inteligência não basta para alcançar a mestria no xadrez. Porém, os pesquisadores passaram mais de um século tentando entender quais exatamente seriam as habilidades importantes para isso. Qual a diferença entre os campeões de xadrez e os derrotados, senão o puro e simples QI? A primeira pessoa a estudar essa questão a sério foi Alfred Binet, psicólogo francês que ajudou a criar um dos primeiros testes de inteligência. Na década de 1890, muita gente no mundo do xadrez e também fora dele ficou encantada com o curioso fenômeno do xadrez às cegas, modalidade em que mestres jogavam de olhos vendados contra vários adversários ao mesmo tempo. Binet procurou entender a habilidade cognitiva por trás dessa capacidade inusitada. Sua hipótese era que os mestres do jogo às cegas tinham memória fotográfica. Ele acreditava que eles eram capazes de capturar uma imagem visual precisa do que acontecia em cada tabuleiro e retê-la na memória. Binet começou então a entrevistar esses mestres do xadrez às cegas e logo descobriu que sua teoria estava completamente equivocada. A memória dos jogadores não tinha nenhuma qualidade particularmente visual. Na verdade, lembravam-se de padrões, vetores e até estados de espírito[29] — algo a que Binet viria a se referir como "um mundo inquieto de sensações, imagens, movimentos, paixões e um panorama inconstante de estados de consciência".[30]

Cerca de cinquenta anos depois, em 1946, um psicólogo holandês chamado Adriaan de Groot, partindo da pesquisa de Binet, começou a testar a capacidade mental de uma série de mestres do xadrez, e os resultados puseram em questão outra crença bastante arraigada a respeito do talento no jogo. Há muito se presumia que um dos elementos essenciais da mestria no xadrez era a capacidade de fazer cálculos rápidos; que a cada jogada os melhores enxadristas eram capazes de levar em conta um número bem maior de resultados possíveis do que os novatos. Na verdade, segundo constatou de Groot, um jogador típico de índice 2.500 contemplava mais ou menos o mesmo número de jogadas que um jogador típico de índice dois mil.[31] A vantagem dos jogadores mais graduados era o fato de os lances por eles contemplados de alguma forma se revelarem os melhores. Com a experiência, eles adquiriram o instinto para saber intuitivamente quais possibilidades deveriam ser levadas a sério, e eles sequer consideravam as alternativas menos promissoras.

Mas, se os melhores jogadores de xadrez não têm melhor memória visual e não são capazes de analisar com maior rapidez os resultados possíveis, o que *de fato* os diferencia dos novatos? A resposta pode ter mais a ver com a capacidade de desempenhar uma tarefa mental específica que depende tanto da força psicológica quanto da habilidade cognitiva: uma tarefa conhecida como falseamento.

No início do século XX, o filósofo austríaco Karl Popper escreveu que a natureza do pensamento científico era de tal ordem que ninguém jamais seria capaz de efetivamente comprovar teorias científicas; a única maneira de testar a validade de determinada teoria era comprovar que ela estava errada, processo que ele denominou falseamento. Essa ideia conquistou a ciência cognitiva com a observação de que a maioria das pessoas de fato é muito ruim em falseamento — não só na ciência como na vida cotidiana. Ao testar uma teoria, seja grande ou pequena, um indivíduo não busca instintivamente indícios que a contradigam; ele busca dados capazes de comprovar sua veracidade, tendência conhecida como viés de confirmação. Essa tendência e a capacidade de superá-la revelaram-se elementos cruciais do sucesso no xadrez.

Em 1960, um psicólogo inglês (que, por acaso, também era um entusiasta do xadrez) chamado Peter Cathcart Wason realizou uma experiência engenhosa para demonstrar nossa tendência natural de preferir confirmar nossas ideias em vez de contestá-las. Os participantes foram informados de que receberiam uma série de três números que obedeciam a determinada regra conhecida apenas pelo condutor da experiência. A tarefa consistia em descobrir qual era essa regra, o que fariam ao apresentar outras séries de três números e perguntar se obedeciam à mesma regra.

A série de números recebida pelos participantes era muito simples:

2-4-6.

Tente: qual seu primeiro instinto quanto à regra que rege esses números? E que outra série poderia ser testada com o condutor da experiência para descobrir se sua suposição está certa?

Se você for como a maioria das pessoas, seu primeiro instinto será que a regra é "números pares ascendentes" ou "números acrescidos de dois". E, portanto, você arriscaria algo do tipo:

8-10-12.

E o condutor comentaria: "Sim! Essa série de números também obedece à regra." Sua autoconfiança aumentaria. Para confirmar seu brilhantismo, você testaria mais uma possibilidade, só por diligência, algo do tipo:

20-22-24.

"Sim!", exclamaria o condutor. Mais uma onda de dopamina. E você, cheio de orgulho, arriscaria sua hipótese: "A regra é: números pares subindo de dois em dois."

"Não!", diria o condutor.

Acontece que a regra é "quaisquer números ascendentes". Assim, 8-10-12 *de fato* obedece à regra, é verdade, mas também 1-2-3. Ou 4-23-512. A única maneira de vencer o jogo seria adivinhar séries numéricas que provassem a sua querida hipótese como *errada* — algo que somos todos inerentemente levados a evitar.

Você pode pensar que jamais cairia numa armadilha assim, que teria mais cuidado. Talvez, mas estaria em minoria. No estudo de Wason, apenas um quinto dos participantes conseguiu acertar a regra.[32] E o motivo de sermos todos tão ruins nesse tipo de jogo é a tendência para o viés de confirmação: é muito melhor encontrar provas que confirmem o que consideramos verdadeiro do que provas que refutem nossas hipóteses. Por que alguém haveria de buscar a decepção?

Acontece que o viés de confirmação é um problema sério para os jogadores de xadrez. Partindo das constatações de Wason, Michelle Cowley e Ruth Byrne, pesquisadoras da Universidade de Dublin, entrevistaram dois grupos de enxadristas, todos integrantes da União Irlandesa de Xadrez: um grupo de novatos experientes com índice em torno de 1.500 e outro de especialistas com índice variando de dois mil a 2.500. Elas apresentaram aos jogadores posições com a partida já iniciada e pediram que eles escolhessem o melhor lance seguinte — e que, ao mesmo tempo, registrassem num gravador seus processos de raciocínio: quais lances estavam considerando, o que achavam que o adversário poderia fazer em reação a cada lance possível, como eles próprios supunham que reagiriam à resposta do oponente — exatamente o processo ao qual qualquer bom jogador de xadrez recorre diante do tabuleiro. Cowley e Byrne valeram-se, então, de um programa de análise de xadrez chamado Fritz para avaliar o grau de precisão do raciocínio de cada um dos jogadores.[33]

Como não poderia deixar de ser, os jogadores mais experientes analisaram suas posições com mais precisão que os novatos. O que causou surpresa foi *a maneira* como eles se revelaram melhores. Em uma palavra, eles se mostraram mais pessimistas. Ao pensarem num lance de que gostavam, os novatos tendiam a ceder ao viés de confirmação, enxergando apenas a maneira como a opção poderia ser bem-sucedida e ignorando as possíveis ciladas;[34] já os jogadores mais experientes e pessimistas eram mais inclinados a ver resultados terríveis espreitando a cada passo. Eles tinham condições de falsear sua hipótese e, assim, evitar armadilhas mortais.

Quando perguntei a Spiegel sobre o estudo de Dublin, ela disse concordar que é uma boa ideia um jogador de xadrez se mostrar um pouco pessimista quanto ao possível resultado de qualquer lance. Entretanto, tratando-se da habilidade da pessoa no jogo como um todo, ela considerava que era melhor ser *otimista*. Explicou que era mais ou menos como falar em público: se a pessoa não tiver um pouquinho de excesso de autoconfiança quando se posicionar diante do microfone, vai ter problemas. O xadrez é algo intrinsecamente doloroso. "Por melhor que você seja, nunca vai deixar de cometer os erros mais estúpidos e de querer se trucidar por isso." Portanto, o processo de se aperfeiçoar no xadrez envolve a crença na própria capacidade de vencer.

Pude ver esse fenômeno em ação no dia em que visitei o Marshall Chess Club com Spiegel e seus alunos. Pela manhã, antes de perder para James Black, Yuri Lapshun jogou com outro aluno do IS 318, Shawn Swindell, um menino afro-americano franzino do oitavo ano que usava um brinco de brilhante e tinha na época um índice de 1.950. Ao se dar conta de que tinha sido destacado para enfrentar um jogador com índice mais de quinhentos pontos superior ao seu, Shawn sentiu que estava perdido. Ficou com as peças brancas, o que lhe deu a ligeira vantagem de abrir a partida, e mais tarde me diria que a primeira coisa que pensou foi: *Que desperdício ter as brancas*. James Black, em compensação, começou sua partida com

Lapshun convencido de que seria capaz de derrotar um mestre internacional — convicção que poderia parecer pretensiosa e insensata, mas que se revelou perfeitamente verdadeira.

10. Domingo

Cada um dos jogadores presentes no torneio de Columbus participou de sete partidas: duas na sexta-feira, três no sábado e as duas últimas no domingo. Ao chegar a manhã de domingo, a maior parte do time do IS 318 não saíra do centro de convenções desde o início do torneio. Ficavam se alternando nos mesmos pontos: a praça de alimentação, o salão onde aconteciam as partidas, os quartos onde eles dormiam e a sala do time, o Union B. Aparentemente, ninguém sentia falta de respirar ao ar livre. No placar, o IS 318 estava bem à frente na divisão K-8 e também na K-9, embora sem tanta vantagem. James Black vencera suas cinco primeiras partidas, e na manhã de domingo empatou na penúltima. Chegando a rodada final, o time K-8 parecia razoavelmente convencido de que conquistaria o troféu de equipe, e James era um dos cinco jogadores com chance de ficar em primeiro no quadro geral. Se vencesse sua última partida, ele ficaria com o troféu individual, vitória nunca antes obtida por um jogador do IS 318 em campeonatos nacionais do ensino fundamental.

O time K-9 não se saiu bem na rodada da manhã de domingo. Justus perdeu, de forma um tanto surpreendente, e dentre os quatro outros jogadores do time com chance de fazer mais pontos, dois perderam, um empatou e apenas um ganhou. Eles ainda estavam em primeiro lugar, mas sua liderança antes da rodada final estava enfraquecendo. Para Spiegel, a situação trazia más lembranças do ano anterior, quando seu time K-9 sustentara a liderança de meio ponto até a sétima e última rodada, e então se enroscou: cada um dos seis principais jogadores do time perdeu a última partida, e o IS 318 caiu do primeiro para o terceiro lugar. ("O nível da enroscada", escreveu Spiegel em seu blog na época, foi "incrível".)

Dessa vez, a rodada final estava marcada para começar às duas da tarde, e vinte minutos antes James ainda conversava sobre estratégia com

Prilleltensky. James jogaria na mesa um, o que significava sentar-se na plataforma à frente do salão, afastado e acima dos outros quase mil jogadores. Jogaria com as pretas contra Brian Li, aluno do oitavo ano de um bairro de classe média alta de Washington, D.C., e estava com o pressentimento de que Li jogaria o ataque grand prix. Sua conversa com Prilleltensky era técnica, e a maior parte estava fora do alcance da minha compreensão — James deveria abrir em d5 ou e5? Que peça deveria atacar d6? —, mas logo ficou claro que o que James realmente queria de Prilleltensky era uma infusão de ânimo: alguma confirmação de que o menino sabia qual era a melhor abertura e, mais que isso, de que sabia o que fazer no geral.

Poucos minutos antes de duas da tarde, os dois começaram a se encaminhar para o salão. James estava usando um moletom preto de capuz e jeans escuros, e parecia ansioso. Os dois pisaram juntos na escada rolante.

"Lembre-se, James: calma, concentração, confiança. Tudo bem?"

James jogou o capuz sobre a cabeça e olhou para o teto. "Estou nervoso", disse, em voz baixa.

"Está nervoso?", perguntou Prilleltensky. Ele então se recurvou para perto do menino, como um treinador preparando o boxeador para a luta. "James, você sabe quem é que está *realmente* nervoso a esta altura? Brian Li. E sabe por quê? Porque Brian Li, provavelmente há uns vinte minutos, foi olhar quais seriam as duplas e descobriu que jogaria contra *James Black* na mesa um na última rodada. E posso lhe garantir, James, que nenhuma outra dupla em todo o torneio, e talvez nenhuma dupla na *vida* inteira dele, seria capaz de assustá-lo tanto quanto esta. Certo?"

James sorriu.

Isaac Barayev, o companheiro de time de James, dois ou três degraus à frente deles na escada rolante, voltou-se. "Ei, James", foi dizendo. "Se você ganhar, vai levar o..."

"Isaac, Isaac, Isaac!", cortou Prilleltensky. Ele não queria que James ficasse pensando em vitórias, troféus ou resultados, apenas em xadrez. Voltou-se então para ele. "Simplesmente faça o que tem que fazer, James", disse. "Jogue devagar, vá com calma, tenha confiança. Está no papo, certo?"

E realmente estava no papo, como haveria de ser. Ele e Brian Li jogaram durante três horas e dez minutos. A certa altura, James achou que teria de se contentar com um empate, até que, na 27ª jogada, Brian fez uma troca inusitada, abrindo mão de sua rainha por uma torre e um bispo, e a partir daí James sentiu-se no controle. Finalmente, na 48ª jogada, seu cavalo comeu um peão decisivo, e Brian, percebendo que a derrota era inevitável, abandonou o jogo. James voltou correndo para o Union B, onde se viu afogado em abraços e cumprimentos. Ele havia conquistado o campeonato individual, e, com sua vitória, a equipe K-8 também garantia o campeonato de equipe. (A K-9 também acabou vencendo em sua divisão.) James pegou o celular para telefonar ao pai.

Spiegel vibrou com a vitória de James, mas para ela o momento mais emocionante do torneio foi quando Danny Feng, aluno do oitavo ano alto e taciturno, com longo cabelo liso, retornou ao Union B e anunciou que também tinha vencido, conquistando a sexta vitória num torneio de sete rodadas. E não foi tanto o resultado que a comoveu, mas a maneira como ele havia jogado. Spiegel tinha sido a principal professora de xadrez de Danny desde o início do sexto ano, quando ele ainda era um perfeito novato que mal sabia movimentar as peças no tabuleiro. Ela praticamente lhe havia ensinado tudo que ele sabia.

Danny montou um tabuleiro para mostrar sua vitória, e foi uma vitória suada: ele cometera um erro grave no início, perdendo um peão logo de saída, típico erro de iniciante, mas lentamente se tinha recuperado até alcançar uma ligeira vantagem na parte final do jogo, com uma torre e um peão contra a torre do adversário. Era uma situação difícil de vencer, o caso típico que muitas vezes termina em empate. Mas Danny tinha conseguido levar a melhor, lance após lance, aos poucos conduzindo seu peão até a última fileira do tabuleiro, onde foi promovido a rainha. Ao analisar suas partidas com um professor ou treinador, ele costumava mover suas peças de forma tímida, mas dessa vez batia com elas no tabuleiro, como Shawn e James faziam, claramente orgulhoso. Spiegel não conseguiu se conter: era um final que ela lhe havia ensinado. Ao vê-lo executar os últimos lances à perfeição, a professora começou a chorar.

Os alunos que estavam acompanhando não conseguiam acreditar. Mais tarde, no elevador do hotel, Warren Zhang perguntou a Prilleltensky: "A sra. Spiegel realmente estava chorando por causa da partida de Danny?"

"Claro", respondeu Prilleltensky. "Foi uma partida linda."[35]

11. O teste

No mês seguinte, o IS 318 quase conseguiu um feito ainda mais notável: James, Justus, Isaac e Danny ficaram em segundo lugar, por apenas meio ponto de diferença, no campeonato nacional do ensino médio, apesar de nenhum deles estar no ensino médio. Derrotaram times de alguns dos melhores colégios do país — o Bronx Science e o Stuyvesant de Nova York, o Whitney Young de Chicago e o Lakeside School de Seattle (escola onde Bill Gates estudou) —, mas acabaram perdendo na última rodada para o time do Hunter College High School.

Apesar das retumbantes vitórias em Columbus, James Black conquistou apenas onze pontos no torneio do ensino fundamental, passando de 2.149 a 2.160 — ainda quarenta pontos abaixo do mínimo para se tornar um mestre. Pelo resto da primavera, seu índice continuou oscilando, chegando mais perto de 2.200 para em seguida recuar de novo. Finalmente, no dia 17 de julho, no Marshall, James derrotou Michael Finneran, jogador de dezoito anos de Connecticut, e seu índice chegou a 2.205. Ele havia se tornado um mestre nacional. No início de setembro, James comemorou com uma festa debaixo das árvores frondosas do Fulton Park, no coração de Bedford-Stuyvesant. As pessoas sentavam-se em cadeiras dobráveis, e James ganhou um bolo decorado com uma foto comestível dele próprio diante do tabuleiro de xadrez, emoldurado de glacê. Maurice Ashley, o primeiro e até agora único grande mestre afro-americano, estava presente e recrutou James, Justus e Joshua Colas, jogador de doze anos de White Plains, Nova York, para uma recém-fundada sociedade intitulada Young Black Masters Club (Clube dos Jovens Mestres Negros). Exatamente um ano depois de Justus se tornar o primeiro mestre afro-americano com menos de quinze anos, já havia três com menos de *treze*, motivo de orgulho não só para suas famílias como para jogadores e fãs negros em todo o país.

Spiegel fez um discurso, dizendo que, apesar de orgulhosa com o feito de James, estava ainda mais orgulhosa com a determinação demonstrada por ele. Descreveu como havia sido o ano dele no xadrez, como tantas vezes ele se aproximara do índice de 2.200 para em seguida recuar. "Imaginem como deve ser frustrante", disse ela às pessoas reunidas.[36] "E acrescentem a essa frustração o fato de que todo mundo está observando, querendo saber como você se saiu, esperando que você já tenha chegado lá."

"Durante mais de um ano", prosseguiu Spiegel, "James estudou, solucionou problemas, jogou, analisou suas partidas, dissecou seus erros e enganos e nunca desistiu. No último ano, participou de 65 torneios e 301 partidas oficiais. Ele joga em torneios até onze horas da noite, e então se levanta cedo toda manhã para estudar táticas durante meia hora antes de ir para a escola. Tem se esforçado muito, com paciência, há muito tempo. É isso o que eu mais respeito em James."

Na primavera, logo depois do torneio do sexto ao oitavo ano, Spiegel abraçara uma nova missão. Em outubro daquele ano, milhares de alunos do oitavo ano de Nova York fariam um exame difícil conhecido como Teste Especializado de Admissão para o Ensino Médio;* os que se saíssem bem seriam matriculados num dos prestigiosos colégios seletivos da cidade, como Stuyvesant, Brooklyn Tech e Bronx Science. Ela decidiu que se ofereceria para preparar James para o exame. John Galvin, o vice-diretor, disse-lhe que ela estava abraçando uma missão impossível, que não havia a menor chance de um aluno com notas constantemente abaixo da média nas provas regulares se sair bem na prova das escolas especializadas. Mas Spiegel tinha visto James absorver conhecimentos no xadrez com impressionante rapidez, e ela também confiava na própria capacidade de ensinar. Ela me explicou num e-mail em abril: "Imagino que em seis meses posso ensinar qualquer coisa a um garoto inteligente, se ele estiver interessado e trabalhar duro, certo?"

Em meados de julho, contudo, Spiegel disse-me que começava a desanimar. Estava trabalhando muito com James, e ele realmente estava se dedicando, até mesmo nos dias quentes de verão, mas era angustiante ver o quanto o menino não sabia. Ele não era capaz de localizar a África ou a Ásia num mapa. Não conseguia dizer o nome de um único país europeu. Quando faziam exercícios de compreensão de textos, ele não reconhecia palavras como *infantil*, *comunitário* ou *benéfico*. Em setembro, os dois passavam horas trabalhando juntos depois das aulas e nos fins de semana, e

* Ver nota na página 155 a respeito da diferença de divisão dos sistemas de ensino nos Estados Unidos e no Brasil. (N. da E.)

Spiegel começava a ficar desesperada, tentando manter o ânimo de James enquanto o seu próprio minguava. Quando James desanimava, dizendo que simplesmente não era bom em analogias ou trigonometria, ela respondia, entusiasmada, que aquilo era igualzinho ao xadrez: alguns anos antes, ele não era nada bom no jogo, mas recebeu treinamento especializado, trabalhou muito e conseguiu dominá-lo. "Eu falava: 'Vamos lhe dar treinamento especializado nisto também, e você vai ficar bom'", contou-me ela. "Aí ele ficava feliz e dizia: 'Tudo bem, sem problema'. Mas eu não falo como isso é difícil."

Para mim (e também para Spiegel, creio eu), James representava um desafio e um enigma. Era um rapaz muito inteligente. (Qualquer que seja o significado de *inteligente*, ninguém seria capaz de derrotar grandes mestres ucranianos sem ser muito isso.) E também parecia um típico exemplo de determinação: tinha uma meta bem definida que o interessava muito e se esforçava bastante, incansavelmente e com eficácia, para conquistá-la. (Nunca vi nenhum outro garoto de doze anos se dedicando com tanto afinco a nada.) E apesar disso, de acordo com os indicadores tradicionais de sucesso acadêmico, ele estava abaixo da média, destinado, na melhor das hipóteses, a um futuro medíocre. Se compararmos as perspectivas de James com as de Mush ou outros jovens de Roseland, o garoto parece uma incrível história de sucesso. Mas também é possível ver nele uma história menos inspiradora, um potencial desperdiçado. Nas ocasiões em que conversamos naquele outono sobre a preparação de James para o teste, Spiegel mostrava-se às vezes chocada com quão pouca informação haviam ensinado a ele que não tivesse a ver com xadrez. "Sinto raiva por ele", disse-me ela. "Ele tem conhecimento básico de frações, mas não sabe geometria, não entende o conceito de uma equação. Está no nível no qual eu estava no segundo ou terceiro ano. A sensação é que ele devia ter aprendido mais."

O teste das escolas especializadas é concebido de modo que seja difícil se preparar para ele com apenas alguns meses de antecedência. Como o SAT, o teste de avaliação acadêmica do ensino médio, ele reflete o conhecimento e a capacitação que o aluno acumulou ao longo dos anos, em grande medida absorvidos durante a infância por meio da própria família e do ambiente cultural. Mas e se James tivesse começado a se preparar para o exame no terceiro ano, e não apenas no sétimo? E se ele tivesse despendido a mesma energia dedicada ao xadrez para aprender matemática, interpretação de texto e conhecimentos gerais? E se em todas as matérias ele tivesse tido professores criativos e dedicados como Spiegel e Prilleltensky? Não tenho a menor dúvida de que ele teria passado da mesma forma como venceu no torneio nacional do ensino fundamental.

Naturalmente, não faz muito sentido falar de James no passado; afinal de contas, ele tinha apenas doze anos. Ele acabou não passando para o Stuyvesant, mas ainda tem pela frente todo o ensino médio (durante o qual ele certamente vai trucidar todo o time de xadrez do Stuyvesant). Talvez não fosse mesmo possível transformá-lo num aluno de elite em seis meses, como Spiegel esperava. Mas e se pensarmos em termos de quatro anos? Para um aluno de dons tão prodigiosos, tudo parece possível — desde que haja um professor capaz de transformar o sucesso acadêmico numa perspectiva tão atraente quanto o êxito num tabuleiro de xadrez.

4

COMO TER ÊXITO

1. O enigma do ensino superior

Durante a maior parte do século XX, os Estados Unidos se destacaram pela qualidade de seu sistema de ensino superior e o percentual de jovens que o percorreram com êxito. Em meados dos anos 1990, seu índice de graduação era o mais alto do mundo, mais que o dobro da média dos países desenvolvidos.[1] Mas a hierarquia global da educação está mudando rapidamente. Muitos países, desenvolvidos ou em desenvolvimento, vivem hoje um inédito *boom* da formação superior, e mais ou menos ao longo da última década os Estados Unidos caíram para o 12º lugar no percentual de alunos com 25 a 34 anos que concluíram um curso universitário de quatro anos, ficando para trás numa lista diversificada da qual fazem parte o Reino Unido, a Austrália, a Polônia, a Noruega e a Coreia do Sul.[2]

O problema não é que o índice geral de conclusão do ensino superior tenha caído nos Estados Unidos — acontece que ele vem crescendo muito lentamente, ao passo que os índices de outros países dispararam.[3] Em 1976, 24% dos americanos com idade entre 25 e trinta anos tinham obtido um diploma universitário após curso de quatro anos;[4] trinta anos depois, em 2006, esse total tinha subido para apenas 28%. Entretanto, esse número aparentemente estático oculta uma crescente disparidade de classe. Entre

1990 e 2000, o índice de conclusão de bacharelado entre estudantes ricos com pelo menos um dos pais com formação universitária aumentou de 61% para 68%, ao passo que, de acordo com uma análise, o índice entre os jovens americanos mais desfavorecidos — estudantes do quartil de mais baixa renda cujos pais não têm formação universitária — *caiu*, de 11,1% para 9,5%.[5] Nesta era de desigualdades crescentes, essa tendência poderia parecer previsível: apenas mais um indicador do abismo cada vez maior entre as classes nos Estados Unidos. Mas vale a pena lembrar que a situação era muito diferente na maior parte do século passado.

Como os economistas Claudia Goldin e Lawrence Katz, de Harvard, indicaram em seu influente livro *The Race Between Education and Technology*, de 2008, a história da educação superior nos Estados Unidos do século XX foi, em essência, uma história de democratização. Apenas 5% dos americanos do sexo masculino nascidos em 1900 concluíram uma faculdade, e esses 5% faziam parte da elite em todos os sentidos: eram ricos, brancos, bem relacionados. Entre 1925 e 1945, contudo, o percentual de homens americanos que concluíram um curso universitário dobrou, passando de 5% para 10%,[6] e dobrou de novo entre mais ou menos 1945 e 1965, em grande medida graças às leis de reintegração que ajudaram milhões de soldados americanos recém-chegados da Segunda Guerra Mundial a cursar a faculdade. (No caso das mulheres, o aumento no índice de conclusão de estudos universitários foi bem modesto até o início da década de 1960, mas depois viria a ultrapassar em muito o aumento entre os homens.) Em consequência, os ambientes universitários do país tornaram-se menos elitistas e mais diversificados; filhos de operários sentavam-se ao lado de filhos de donos de fábricas nos auditórios e nos laboratórios. Nesses anos, "a sociedade americana caracterizou-se pela mobilidade ascendente no terreno educacional", escreveram Goldin e Katz.[7] "Cada geração alcançou um nível educacional que em muito superava o da anterior."[8] Mas agora esse avanço se deteve, ou pelo menos mantém-se estacionário, e o sistema de educação superior do país deixou de ser o instrumento da mobilidade social e crescente igualdade que foi durante tão grande parte do século XX.

Até recentemente, as políticas educacionais voltadas para os problemas do ensino superior americano centravam-se sobretudo na questão do acesso à universidade: como aumentar o número de jovens, especialmente em situação de desfavorecimento, que ingressam na faculdade depois de concluir o ensino médio.[9] Nos últimos anos, contudo, ficou claro que os Estados Unidos não têm exatamente um problema de *acesso* limitado e desigual à universidade; o problema é de *conclusão* limitada e desigual do curso universitário. Entre os 34 países-membros da Organização para a Cooperação e Desenvolvimento Econômico, ou OCDE, os Estados Unidos ainda ocupam um respeitável oitavo lugar no índice de matrículas em faculdades.[10] Mas em termos de conclusão do curso universitário — o percentual de estudantes que entram para a faculdade e se formam —, o país fica em penúltimo lugar, à frente apenas da Itália.[11] Não faz muito tempo, os Estados Unidos estavam na liderança mundial em matéria de universitários formados; hoje, estão na liderança mundial de desistentes.

O que mais intriga nesse fenômeno é o fato de isso ter ocorrido ao mesmo tempo em que o valor atribuído à formação universitária disparava. Hoje, uma pessoa com bacharelado pode ganhar 83% mais que alguém que tenha concluído apenas o ensino médio.[12] Esse bônus salarial para formação universitária, para usar o jargão econômico, está entre os mais altos do mundo desenvolvido[13] e vem aumentando acentuadamente desde 1980,[14] quando os americanos formados ganhavam apenas 40% mais que os que possuíam apenas o ensino médio completo.[15] Como Goldin e Katz explicam, o jovem que hoje em dia tenha condições de concluir uma faculdade mas não o faz "está deixando um monte de dinheiro no meio da rua".[16]

Ficamos, assim, diante de um enigma: por que tantos estudantes americanos abandonam a faculdade bem no momento em que um diploma universitário tornou-se tão valioso e tantos jovens no resto do mundo começaram a se formar no ensino superior?

2. A linha de chegada

Até agora, a melhor resposta para essa pergunta foi dada num livro de 2009 intitulado *Crossing the Finish Line: Completing College at America's Public Universities* (Cruzando a linha de chegada: concluir a faculdade nas universidades públicas americanas), resultado da colaboração entre dois ex-reitores, ambos economistas: William G. Bowen, reitor da Universidade de Princeton entre 1972 e 1988, e Michael S. McPherson, que durante quase dez anos foi reitor do Macalester College em Minnesota. Em virtude de sua posição no cenário educacional, Bowen e McPherson — juntamente com um terceiro coautor, um pesquisador chamado Matthew Chingos — conseguiram convencer 68 universidades públicas, além do College Board e do American College Test,* a lhes dar acesso a dados acadêmicos detalhados sobre cerca de duzentos mil alunos.[17] E encontraram nesses dados alguns fatos surpreendentes sobre quais são os estudantes que conseguem concluir a faculdade, quais os que desistem, e por quê.

Em certos meios, o fenômeno do abandono dos estudos universitários costuma ser explicado como um problema de ambição excessiva e pouco realista por muitos estudantes, especialmente os de baixa renda. O conservador Charles Murray argumentava em 2008, em seu livro *Real Education*, que a verdadeira crise no ensino superior americano não está no fato de que muito *poucos* jovens americanos concluem a formação universitária; o problema é que eles são *muitos*. Em virtude da tendência natural dos americanos para o "romantismo educacional", escreveu Murray, pressionamos para que cheguem à universidade estudantes que simplesmente não têm inteligência suficiente para isso.[18] Perdidos em meio a uma "névoa de esperança fantasiosa, eufemismos e igualitarismo bem-intencionado",[19] orientadores vocacionais nas escolas de ensino médio e funcionários do setor de admissão nas universidades estimulam alunos de pouco QI e baixa renda a frequentar faculdades demasiado exigentes do ponto de vista intelectual; e, quando esses alunos descobrem que não têm a inteligência necessária, eles desistem. Coautor de *The Bell Curve*, Murray talvez seja o determinista cognitivo mais conhecido do país, e sua tese em *Real Education* é uma expressão pura da hipótese cognitiva: o que importa para o sucesso é o QI, determinado bem cedo na vida; a educação não é tanto uma questão de oferecer capacitações, mas de sele-

* Organizações sem fins lucrativos responsáveis por aplicar, respectivamente, o SAT (Scholastic Assessment Test, ou Teste de Avaliação Escolar) e o ACT (American College Testing, ou Teste Americano para a Faculdade), os principais exames de seleção para educação superior nos Estados Unidos. (N. da E.)

cionar dentre os indivíduos aqueles de maior QI e lhes dar a oportunidade de cumprir seu potencial.

Entretanto, quando Bowen, McPherson e Chingos examinaram atentamente as informações obtidas, constataram que os alunos de baixa renda geralmente não estavam querendo ir além de sua capacidade ao escolher uma faculdade; na verdade, muitos frequentavam instituições bem *abaixo* daquilo a que podiam aspirar com suas médias no ensino médio e os resultados nos exames de admissão. Esse fenômeno, a que os autores deram o nome de subcorrespondência, não ocorria muito com estudantes abastados; era um problema que afetava quase exclusivamente adolescentes desfavorecidos. Na Carolina do Norte, o estado no qual os pesquisadores puderam reunir dados mais completos, 75% dos estudantes de alta renda cujas médias e notas em exames de admissão garantiriam ingresso nas universidades públicas mais concorridas do estado se matricularam numa delas. Para eles, o sistema funcionava. Mas dentre os estudantes que, embora dotados das mesmas excelentes credenciais acadêmicas, não tinham pais com ensino superior, apenas um terço optou por se matricular numa instituição altamente seletiva.[20] E o fato de escolher uma faculdade menos desafiadora não aumentava a probabilidade de que esses alunos muito qualificados chegassem a se formar; o efeito era exatamente o oposto. A subcorrespondência, pelo que constataram os autores, era quase sempre um grande equívoco.

Por mais importante que fosse, porém, a informação sobre a subcorrespondência não era a revelação mais surpreendente ou significativa de *Crossing the Finish Line*. Os autores também descobriram que a maneira mais precisa de prever se um estudante chegaria com êxito ao fim do curso universitário não eram seus resultados no SAT ou no ACT,* os dois testes padronizados de admissão à universidade.[21] Na verdade, constatou-se que, exceto nas universidades públicas mais concorridas, os resultados do ACT revelavam muito pouco sobre a probabilidade de um estudante concluir o ensino superior. De longe, o melhor fator de previsão era a média de notas do aluno no ensino médio.

* Ver nota na página 183. (N. da E.)

Para os profissionais envolvidos no processo de admissão nas universidades, essa descoberta foi um choque; em essência, ela desmentia um dos princípios básicos da meritocracia americana do fim do século XX. Em *The Big Test*, uma história dos testes padronizados de admissão na universidades, Nicholas Lemann explica que, nos anos posteriores à Segunda Guerra Mundial, o SAT foi criado por causa do crescente ceticismo quanto ao poder preditivo das notas no ensino médio.[22] Como se poderia esperar que o setor de admissão das faculdades comparasse um aluno com média X num colégio de um bairro privilegiado da Califórnia com um aluno com a mesma média num colégio do interior rural da Pensilvânia ou numa escola de um bairro pobre do South Bronx? O SAT foi concebido para resolver esse problema, fornecendo uma ferramenta objetiva capaz de resumir num único e indiscutível número a capacidade de um aluno de progredir na faculdade. Entretanto, nas instituições examinadas por Bowen, Chingos e McPherson, as notas do ensino médio acabaram se revelando excelentes elementos de previsão quanto à conclusão da faculdade, independentemente do colégio frequentado pelo aluno.[23] De fato, um aluno com média X num colégio de alta qualidade tinha uma probabilidade um tanto maior de se formar na universidade que um aluno de um colégio mais fraco com a mesma média, mas a diferença era surpreendentemente modesta. Segundo os autores: "Os estudantes com notas muito boas no ensino médio que tinham estudado em colégios não muito bons ainda assim se formavam em grande número em qualquer universidade que frequentassem."[24]

E quando Angela Duckworth, a guru do autocontrole e da determinação na Universidade da Pensilvânia, analisou as médias e as notas dos exames padronizados de alunos de ensino fundamental e médio, ela constatou que as notas nos exames padronizados podiam ser previstas pelos resultados de testes simples de QI e que as médias podiam ser previstas pelos resultados dos testes de autocontrole.[25] Ao compararmos as descobertas de Duckworth e as revelações de *Crossing the Finish Line*, chegamos a uma notável conclusão: a probabilidade de determinado estudante se formar numa boa faculdade americana não tem tanta relação, necessariamente, com seu grau de inteligência, mas com aquela mesma série de pontos fortes de caráter que gera médias altas no ensino fundamental e médio. "Do nosso ponto de vista", escreveram Bowen, Chingos e McPherson, "as notas do ensino médio revelam muito mais que o domínio de conteúdos. Revelam qualidades de motivação e perseverança — assim como a presença de bons hábitos de estudo e capacidade de administrar o tempo — que são um forte indicativo das chances de que um aluno venha a concluir um currículo universitário."[26]

Naturalmente, é possível que, uma vez que o aluno chegue à adolescência, essas habilidades e hábitos já não possam ser ensinados. Pode ser que a essa altura ele já os tenha adquirido ou não, e em caso positivo ele provavelmente se formará na universidade, e, caso contrário, não se formará. Mas pensemos na habilidade de Elizabeth Spiegel de reconstruir a capacidade de pensamento de seus enxadristas do ensino fundamental. Lembremos a maneira como Lanita Reed ajudou Keitha Jones a mudar completamente sua visão de mundo — basicamente ajudando-a a reprogramar a própria personalidade — na avançada idade de dezessete anos. Em cada caso, um professor ou mentor encontrou uma maneira de ajudar um aluno a alcançar uma transformação rápida e inesperada usando o que James Heckman chamaria de capacitações não cognitivas e David Levin, de pontos fortes de caráter. E se pudéssemos fazer o mesmo com uma quantidade grande de adolescentes: para ajudá-los não a dominar o xadrez ou convencê-los a parar de brigar na escola, mas a desenvolver exatamente as capacitações mentais e os pontos fortes de caráter necessários para concluir a faculdade?

3. Um em trinta

Jeff Nelson, o diretor executivo da OneGoal, não parece nenhum revolucionário à primeira vista. Bem aprumado, jovial e educado, ele tem no alto da cabeça um punhado de cabelo louro que lembra um pouco o personagem de quadrinhos Tintin. Veste-se com formalidade e segue uma agenda formal; certa vez, depois que combinei uma conversa por telefone com Nelson, ele me mandou um e-mail prévio listando todos os tópicos para nossa conversa, que incluíam três "objetivos" e dez minutos reservados para "encerrar o assunto". Parece sentir-se mais à vontade quando está cercado das típicas ferramentas do reformista educacional moderno — apresentações de PowerPoint, consultores de gestão, planos estratégicos, copos grandes de *latte* —, e, no entanto, sua visão de reforma da educação está muito longe de ser ortodoxa, representando um desafio profundo à hipótese cognitiva.

Nelson foi criado em Wilmette, abastada comunidade-dormitório que integra o confortável e afastado enclave de brancos ao norte de Chicago, onde John Hughes ambientou *Esqueceram de mim* e *O clube dos cinco*. Trata-se de uma cidadezinha de maioria democrata, santuário para causas progressistas e conceitos de justiça social, embora muitas vezes essas ideias sejam expressas de forma abstrata e distante, mediante doações à Anistia Internacional ou à Habitat para a Humanidade ou abaixo-assinados em apoio aos refugiados de Darfur. Porém, desde pequeno ele se sentiu atraído por uma questão mais próxima: os desafios enfrentados pelas crianças que crescem na metrópole 24 quilômetros ao sul de Wilmette. No oitavo ano, Nelson leu o livro *There Are No Children Here*,[27] de Alex Kotlowitz, a angustiante história de dois meninos afro-americanos que moravam no Henry Horner Homes, um conjunto habitacional lúgubre e perigoso de prédios altos no West Side de Chicago. O livro "meio que acabou com minha visão de mundo. Ele desencadeou algo em mim", disse Nelson.

Ele ingressou no New Trier Township High School, lendário na região de Chicago pelo belo campus e confortáveis instalações, tudo financiado pelos impostos das luxuosas residências de Wilmette e cidadezinhas adjacentes. Em seu livro *Savage Inequalities*, de 1991, o combativo jornalista Jonathan Kozol escolheu o New Trier como arquétipo do colégio privilegiado de bairros ricos, descrevendo seus salões de dança e de esgrima e suas aulas de latim e contrastando o "excesso de oportunidades"[28] de que desfrutavam seus alunos com a "negação de oportunidades" enfrentada pelos alunos do Du Sable High, um colégio do South Side que, nas palavras de Kozol, seria "evitado — ou provavelmente fechado — se servisse a uma comunidade branca de classe média".[29] Nelson leu o livro de Kozol na aula de sociologia em seu primeiro ano na Universidade de Michigan, o que serviu apenas para aumentar seu sentimento de urgência, sua determinação de encontrar uma maneira de reverter os padrões descritos por Kozol; de pôr ao alcance dos alunos de escolas como o Du Sable pelo menos algumas das oportunidades desfrutadas pelos estudantes do New Trier.

Depois de se formar, Nelson entrou para a Teach for America e foi trabalhar como professor de sexto ano no O'Keeffe Elementary, a cerca de um quilômetro e meio do Du Sable — uma escola pública imersa em pobreza e dificuldades no South Side. Ele era um professor talentoso, conseguindo elevar o domínio de interpretação de texto e matemática dos alunos a um nível dois anos superior com apenas um ano de trabalho, e no segundo ano conquistou o reconhecimento como melhor professor da Teach for America na região de Chicago. Ele treinava o time de futebol americano da escola, ajudou a criar um grêmio estudantil e se aproximou de muitos alunos, visitando-os em casa e conhecendo seus pais.

Desde o primeiro dia no O'Keeffe, Nelson conversava constantemente com os alunos sobre a faculdade. Todos eles eram afro-americanos oriundos de famílias de baixa renda, e poucos tinham pais com formação universitária — mas Nelson garantia que isso não tinha a menor importância; se eles se esforçassem, haveriam de entrar para a faculdade e se formar. Até que, numa manhã de abril de 2006, Nelson encontrou na primeira página do *Chicago Tribune* uma matéria que, baseada num relatório do Consortium on Chicago Schools Research (Associação de Pesquisa sobre as Escolas de Chicago), questionava essa premissa.[30] Segundo a associação, apenas 8% dos alunos que começavam a cursar o ensino médio nas escolas públicas de Chicago chegavam a concluir a formação universitária de quatro anos.[31] No caso dos meninos afro-americanos, a probabilidade era ainda menor: menos de um em cada trinta adolescentes negros que entravam no ensino médio se formaria na faculdade até os 25 anos.[32] Para Nelson, os números eram profundamente inquietantes: ainda que ele conseguisse criar a melhor turma de sexto ano da cidade, cabia perguntar se isso bastaria para ajudar seus alunos a superar probabilidades tão adversas.

A experiência de Nelson no O'Keeffe Elementary o convenceu de duas coisas: primeiro, que ele passaria o resto da vida trabalhando no campo da reforma educacional. E, segundo, que, apesar de seu sucesso na sala de aula, ele não tinha nascido para ser professor. Quando se preparava para deixar o O'Keeffe, o escritório nacional da Teach for America ofereceu-lhe emprego como diretor executivo da filial de Chicago, uma grande responsabilidade para alguém de 24 anos. Parecia o emprego dos sonhos, mas no último momento, por motivos que ele não entendia muito bem nem muito menos conseguia expressar, Nelson recusou. Foi uma decisão muito difícil. Dizer não à Teach for America "me deixou incrivelmente frustrado", contou-me ele. "Eu tinha chegado muito perto de encontrar a melhor maneira de causar grande impacto, mas por alguma razão aquele não parecia o papel adequado para mim."

A matéria do *Tribune* havia ajudado a convencê-lo de que estava faltando uma peça no panorama da reforma educacional, um programa, um sistema ou uma ferramenta capaz de ajudar garotos como seus alunos no O'Keeffe não só a chegar à faculdade como a se formar. "Eu queria desesperadamente encontrar ou criar uma organização que superasse a defasagem entre o ensino médio e o superior", disse-me. "Todos nós na Teach for America trabalhávamos muito e gerávamos resultados em sala de aula, mas, se a garotada não terminava a faculdade, de que adiantava?"

A recusa à oferta da Teach for America mergulhou Nelson numa crise pessoal, um período de profunda turbulência interior que durou quase seis meses. Ele sempre fora um sujeito hiperocupado, um *workaholic* até no ensino médio, e de repente ele não tinha nenhuma função oficial, nada a fazer além de pensar na vida, em seus rumos e significado. Naquele outono, recebeu alguns telefonemas de pais dos alunos do ano anterior no O'Keeffe. Seus filhos estavam agora no sétimo ano, e o avanço obtido no ano anterior começava a se esvair. Desorientados, esses pais perguntavam a Nelson o que podiam fazer para que os garotos voltassem aos trilhos. Um deles chegou a chorar ao telefone. Nelson não sabia o que dizer. Não sabia como ajudar.

Ele começou a rezar, em busca de respostas, de um pouco de alívio para sua crescente depressão. Começou um ritual de idas a diferentes templos: num dia, uma missa católica, em outro, um templo Baha'i. Passou a fazer terapia. Escreveu páginas e mais páginas de poesia. Foi um período estranho e intenso, e hoje, quando fala sobre esse momento, ele ainda não parece muito certo do que pensar a respeito. Mas ele acha que estava em busca de uma *vocação*. Estava tentando encontrar sua missão.

4. O chamado

Em janeiro de 2007, Nelson recebeu um telefonema de Eddie Lou, jovem investidor de risco de Chicago que poucos anos antes montara uma pequena organização sem fins lucrativos com dois amigos, incluindo Matt King, professor num colégio profissionalizante do South Side. A instituição incipiente, que eles batizaram de Urban Students Empowered Foundation, geria e sustentava um programa extraclasse que King desenvolvia para um punhado de alunos da Dunbar. Era uma espécie de preparatório intensivo para a universidade: King dava aulas para que os alunos pudessem melhorar suas médias e o desempenho no ACT, ajudava-os a escolher a faculdade, explicava o processo de obtenção de empréstimo estudantil e conversava com eles sobre como sobreviver na universidade. Apesar de pequeno — a primeira turma de sete alunos de King tinha terminado a escola e estava no primeiro ano da faculdade, e havia uma segunda turma de sete com alunos do último ano do ensino médio —, o programa gerava resultados impressionantes. As notas no ACT tinham aumentado, em média, de cerca de 15 para cerca de 18 ao longo do décimo primeiro ano do ensino médio, o que fez com que se deslocassem aproximadamente do décimo quinto percentil em nível nacional para o 35º percentil. Suas médias de notas também melhoraram, e todos os alunos que entraram para o programa chegaram à faculdade.

Lou, um empreendedor habitual que se envolvera em várias *start-ups* da área tecnológica, queria expandir o programa, então limitado a uma única turma extraclasse, mas King foi chamado para trabalhar como vice-diretor de uma escola *charter* da cidade e decidiu que não continuaria à frente do programa. Então os dois, junto com a terceira colaboradora, uma aluna de doutorado da Universidade Northwestern chamada Dawn Pankonien, começaram a buscar um novo diretor executivo, alguém capaz não só de retomar o programa de King, mas de transformá-lo em algo mais ambicioso. Entrevistaram mais de vinte candidatos, mas nenhum deles parecia certo para a função. Estavam a ponto de acabar com a iniciativa quando encontraram Jeff Nelson através de um conhecido em comum na Teach for America.

Naquele inverno, Nelson finalmente começava a ter a sensação de que saía do seu período de isolamento, e quando Lou telefonou parecia o momento perfeito. O conselho diretor — os três fundadores e uns dois sujeitos da área de finanças — ofereceu-lhe o cargo de diretor executivo, e ele logo tratou de aceitar, segundo me disse, "sem pesquisar muito sobre a organização". Se ele tivesse pesquisado, talvez teria descoberto antes do primeiro dia de trabalho que a organização carecia de funcionários, sede e plano de ação e tinha apenas 6 mil dólares no banco, o suficiente para cobrir os custos operacionais por dez dias. No fim desse primeiro dia, Nelson deu-se conta de que tinha recusado um emprego na maior e mais sólida instituição de reforma educacional do país para aceitar outro numa das menores e menos sólidas. Curiosamente, ele tinha a sensação de que fizera a escolha certa.

Nelson disse ao conselho diretor que precisava de seis semanas para apresentar um plano para o futuro da organização. Recrutou dois professores da Teach for America para trabalhar com ele como estagiários não remunerados durante as férias de verão. Pankonien também se ofereceu para trabalhar sem remuneração por alguns meses. Ela estava alugando um quarto no apartamento de um conhecido seu que trabalhava como operador na Mercantile Exchange, e o sujeito disse que eles poderiam usar o apartamento durante o dia, enquanto ele estava trabalhando. Essa então passou a ser a sede informal da organização naquele verão: os quatro sentados nos sofás da sala de estar de um operador da bolsa de *commodities*, usando seus próprios celulares e laptops. O único ativo da organização era uma impressora. Cinco anos depois, a Urban Students Empowered tem outro nome — OneGoal —, uma equipe administrativa de quinze pessoas, orçamento anual de 1,7 milhão de dólares e mais de 1.200 alunos de vinte colégios de Chicago matriculados num curso de três anos inspirado no programa de King, porém muito maior e mais intensivo.

Nelson está convencido de que os alunos com desempenho fraco no ensino médio podem se transformar de maneira relativamente rápida em universitários muito bem-sucedidos, mas que essa transição seria quase impossível sem a ajuda de um professor muito bom. Assim, Nelson e sua equipe percorrem a cidade para identificar e contratar professores de ensino médio motivados e ambiciosos, às vezes em escolas *charter*, mas em geral em colégios tradicionais de bairros de baixa renda de Chicago. (O Fenger é um exemplo.) A OneGoal assinou com a rede de escolas públicas de Chicago uma parceria inédita que lhe permite trabalhar diretamente com os professores e ajudá-los a aplicar os programas da organização. Os professores continuam contratados em tempo integral pela rede pública, mas recebem uma bonificação pelo trabalho extra. Uma vez contratado pela OneGoal, o professor passa a recrutar e selecionar uma turma de 25 alunos do décimo ano* — não os de médias mais altas, não os que já enxergam um caminho para a universidade, mas os de desempenho fraco que demonstram pelo menos alguma ambição. (A média desses alunos é de 8.) O professor então acompanha essa turma por três anos. Nos dois últimos anos do ensino médio, o programa da OneGoal é um curso acadêmico completo, com currículo estabelecido por Nelson e sua equipe. A turma em geral se reúne uma vez por dia até o fim do último ano. Quando os alunos estão no primeiro ano da faculdade, o professor mantém contato constante, por telefone, e-mail ou Facebook, respondendo a perguntas, promovendo conferências regulares pela internet e dando apoio e conselhos.

São três os principais elementos do currículo da OneGoal. O primeiro e mais objetivo é uma unidade intensiva de preparação para o teste ACT no primeiro ano, concebida para transmitir aos alunos conteúdos essenciais e estratégias para fazer provas a fim de elevar seus resultados do péssimo para o nada mal. Hoje em dia, os professores da OneGoal atendem aos padrões de Matt King, ajudando os alunos a melhorar o resultado no ACT em cerca de três pontos ao longo do penúltimo ano do ensino médio, passando-os do décimo quinto percentil para o 35º.

O segundo elemento é o que Jeff Nelson chama de "mapa para a faculdade". Ao planejar o currículo naquele primeiro verão, ele muitas vezes

* O décimo ano é o segundo do ensino médio americano e corresponde ao primeiro ano do ensino médio brasileiro. (N. da E.)

se via pensando no processo do New Trier: no colégio, o departamento de orientação vocacional emprega oito profissionais em tempo integral, que começam a trabalhar no planejamento universitário com os alunos e seus respectivos pais no início do décimo ano. "É uma máquina", disse-me Nelson, rindo. "Eles fornecem um caminho incrivelmente claro e estruturado que leva do meio do ensino médio até o dia em que o aluno pisa no campus da faculdade". Nelson reconhecia que não teria como transplantar integralmente a máquina preparatória do New Trier para o South Side. "Mas, na minha opinião, alguns elementos do New Trier", esclareceu, "podiam ser traduzidos para a realidade das escolas de baixa renda e fazer uma diferença enorme". Assim, os alunos da OneGoal recebem ajuda não só no processo seletivo, mas também em toda a estratégia de ingresso na universidade: a preferência por instituições de bom nível em vez de opções mais fracas; a decisão por uma faculdade perto ou longe de casa; a redação de textos atraentes para o processo seletivo; a busca de bolsas de estudo. (Certa manhã, numa turma da OneGoal em um colégio de Chicago, vi a orientadora vocacional da escola ler uma lista de bolsas de estudos cada vez mais obscuras. "Alguém aqui é grego?", perguntou. Vinte e cinco rostos negros e latinos olharam para ela com uma expressão cética. "Temos aqui alunos mestiços?", prosseguiu ela, com um tom esperançoso. "Sim", respondeu, impassível, um menino afro-americano de roupas impecáveis. "Negros do South Side e negros do West Side.")

Ainda assim, explicou Nelson, "ficou evidente que o mapa não bastaria. Podíamos dar aos alunos uma ideia perfeitamente clara de como chegar à faculdade, mas também precisávamos prepará-los para prosperar quando eles estivessem lá. Tínhamos de ensiná-los a ser muito eficazes".

Nessa terceira parte da equação, Nelson foi influenciado pela pesquisa do Consortium on Chicago Schools Research sobre o ensino médio, especialmente a contribuição de uma analista chamada Melissa Roderick. Num artigo de 2006, Roderick identificou que um dos componentes decisivos do sucesso universitário eram as "capacitações acadêmicas não cognitivas", incluindo "técnicas de estudo, hábitos profissionais, gestão do tempo, comportamento de buscar ajuda e habilidade de solução de problemas nas esferas social e acadêmica".[33] Tendo aproveitado a expressão *não cognitivo* da obra de James Heckman, Roderick escreveu que essas capacitações estavam no centro de uma dissociação cada vez mais grave entre os colégios e as faculdades e universidades dos Estados Unidos. Segundo ela, quando o sistema atual de ensino médio americano foi desenvolvido, o principal objetivo não era preparar os alunos para a faculdade, mas para o mercado de trabalho da época, no qual "o pensamento crítico e a capacidade de resolver problemas não eram muito valorizados".[34] (Era a época sobre a qual Bowles e Gintis, os economistas marxistas antiescrupulosidade, escreveram.) Portanto, no ensino médio tradicional dos Estados Unidos nunca houve a intenção de oferecer um lugar onde os alunos aprendessem a pensar criticamente, a desenvolver motivação interna ou a perseverar diante das dificuldades — todas elas capacitações necessárias para persistir na faculdade. Era, isso sim, um lugar onde basicamente os alunos eram recompensados por assistir às aulas e ficar acordados.

Segundo Roderick, essa fórmula funcionou por algum tempo. "Os professores de ensino médio podiam ter uma carga de trabalho pesada e ainda assim dar conta, pois esperavam que a maioria dos alunos trabalhasse pouco", disse ela.[35] "A maioria dos alunos conseguia o que eles e os pais desejavam, um diploma do ensino médio, com pouco esforço." Havia "um acordo implícito entre os alunos e os professores: 'Aguente o ensino médio, assista às aulas e comporte-se direito, e será recompensado'".

Mas o mundo mudou, e o ensino médio americano, não. À medida que aumentava o bônus salarial recebido pelas pessoas com ensino superior completo, os alunos de ensino médio manifestavam cada vez mais o desejo de também se formar na faculdade: entre 1980 e 2002, o percentual de estudantes do décimo ano que afirmavam querer pelo menos um diploma de graduação dobrou, passando de 40% a 80%.[36] Mas a maioria deles não tinha as capacitações não acadêmicas — os pontos fortes de caráter, como diria Martin Seligman — necessárias para sobreviver na universidade, e o ensino médio tradicional do país não dispunha de um mecanismo para ajudá-los a conquistá-las. É isso que Nelson vem tentando mudar, e ele acredita que esse terceiro elemento da estratégia da OneGoal está no cerne do sucesso incipiente do programa.

Desde o início Nelson sabia que não poderia refazer toda a experiência de ensino médio de seus alunos. Mas achava que talvez não precisasse. Ele acreditava que, ao ajudá-los a desenvolver as capacitações não acadêmicas mais adequadas para levá-los ao sucesso universitário, seria possível compensar de maneira relativamente rápida a grave defasagem de preparo acadêmico entre o estudante típico de último ano do ensino médio de um colégio público de Chicago e o calouro típico de uma universidade americana. Valendo-se mais de instinto do que de pesquisas, Nelson identificou cinco habilidades, que chamou de princípios de liderança, que os professores da OneGoal deveriam enfatizar: engenhosidade, resiliência, ambição, profissionalismo e integridade. Hoje essas palavras permeiam o programa, ainda mais que os sete pontos fortes de caráter destacados por Seligman e Peterson no KIPP Infinity.

"Sabemos que a maioria dos nossos alunos chegará à faculdade em desvantagem acadêmica em relação aos colegas", explicou-me Nelson certa manhã. "Podemos ajudá-los a obter resultados consideravelmente melhores no ACT, mas é improvável que consigamos superar a defasagem nesses testes, pelo simples motivo de que nossos alunos passaram por esse sistema de ensino atual. Mas também sabemos, e dizemos isso aos alunos, que há uma maneira de vencer essa disparidade. E a chave está nessas cinco capacidades de liderança."

5. ACE Tech

Durante quatro décadas, o conjunto habitacional Robert Taylor Homes, o maior de todos os que foram erguidos no pós-guerra na cidade de Chicago, projetou sua sombra no South Side: monólitos de concreto com 28 andares estendendo-se por cerca de três quilômetros numa estreita faixa de terreno entre a rua State e a rodovia Dan Ryan. Praticamente assim que a construção foi concluída, no início da década de 1960, os prédios começaram a mergulhar em decadência física, violência e caos, e nas décadas de 1970 e 1980 o Robert Taylor Homes era considerado, de acordo com o departamento de habitação de Chicago, "a pior favela dos Estados Unidos";[37] em 1980, um nono dos homicídios da cidade ocorria naqueles 37 hectares.[38] No auge do complexo, isto é, em seu pior momento, viviam no Robert Taylor Homes mais de 25 mil pessoas, das quais pelo menos dois terços eram crianças, e a maioria morava apenas com a mãe e dependia de assistência social.[39] O conjunto habitacional já não existe mais, demolido na última tentativa de renovação urbana de Chicago, mas nada foi construído em seu lugar. E, quando passamos de carro hoje pela rua State, vemos apenas um lúgubre vazio onde antes havia os prédios, estranho cenário pastoral urbano, uma mistura de grama, mato alto e concreto pontuada aqui e ali por algumas igrejas antigas que conseguiram evitar a demolição.

Na extremidade sul dessa longa faixa de vazio, na altura da rua 54, existe um pequeno conjunto de estruturas intactas: algumas casas, a maioria com as janelas fechadas por tábuas; uma loja de bebidas; uma pizzaria; uma loja de penhores; e a fachada de uma igreja batista, hoje fechada. E então, num prédio de tijolos azuis de dois andares, logo ao norte da igreja antiga, vamos encontrar o quê? Uma escola: o ACE Tech Charter High School. Considerando-se a desolação generalizada das imediações, é difícil imaginar que algo muito positivo possa sair daquele prédio, e na verdade o ACE Tech está longe de ser uma escola de alto desempenho: em 2009, apenas 12% dos alunos do penúltimo ano do ensino médio alcançaram ou superaram a média mínima do exame estadual de desempenho, e desde sua fundação em 2004 a escola nunca obteve a menção "progresso anual adequado", referência estabelecida pela lei federal No Child Left Behind. Mas foi no ACE Tech, pouco depois de Jeff Nelson assumir suas funções em 2007, que a OneGoal introduziu seus novos métodos. A princípio houve um programa extraclasse muito parecido com o de Matt King, realizado duas horas por semana com uma turma de alunos dos dois últimos anos do ensino médio; mais tarde, em 2009, Nelson introduziu o modelo de aulas em tempo integral com um professor e duração de três anos, modelo que hoje constitui o padrão da OneGoal. (É uma coincidência, talvez apropriada, o fato de o ACE Tech ficar a poucas quadras do Du Sable High, a escola que Jonathan Kozol, em seu *Savage Inequalities*, apresentou como o trágico contraponto da escola que Nelson frequentou, o New Trier.)

A pessoa responsável pela pioneira introdução de ambas as versões do programa OneGoal no ACE Tech foi Michele Stefl, professora de inglês hoje com trinta e poucos anos que cresceu nos bairros privilegiados do sudoeste de Chicago e começou a lecionar no ACE Tech em 2005. Ela foi uma das primeiras professoras contratadas pela OneGoal depois de Nelson assumir como diretor executivo. Acompanhei uma das turmas de Stefl na OneGoal ao longo do último ano, observando-a orientar os alunos no processo de admissão na faculdade. Houve inevitavelmente muitos momentos ruins para seus alunos — suspensões, casos de gravidez não planejada, reprovações nos exames de ingresso para a faculdade —, mas em meio ao Saara de fracassos que cercava o ACE Tech, a turma de Stefl parecia, na maior parte do tempo, um oásis de esperança e possibilidades.

Stefl não era uma educadora romântica; franca e pragmática, mostrava-se contundente a respeito das deficiências da escola e da realidade de que seus alunos estavam defasados. Certa manhã, já chegando ao fim o penúltimo ano dos alunos, ela lhes falou sobre as redações para o processo de admissão, dizendo que seriam um elemento essencial para que eles conseguissem entrar numa faculdade. "Lembrem-se de quem são seus concorrentes", disse. "Vocês estão disputando com gente que tira mais de trinta no ACT (cuja nota máxima é 36). Estão disputando com garotos que, falando com toda honestidade, receberam uma educação melhor que muitos de vocês. Estamos tentando compensar isso agora, mas o nível ainda não chegou aonde precisa chegar. O que, infelizmente, é uma injustiça, certo?" Ela mostrou um modelo de redação. "Portanto, é daqui que a coisa deve partir. Que experiências de vida trouxeram vocês até aqui?"

Ao selecionar essa turma para o programa da OneGoal, na primavera de 2009, quando eles estavam no segundo ano do ensino médio americano, Stefl tomara o cuidado de não escolher os estudantes com melhores notas ou os que viessem de famílias mais aptas; na verdade, fez exatamente o oposto: ao longo do processo, quando um aluno revelava que havia alguém com formação universitária em seu núcleo familiar, ela delicadamente lhe explicava que o programa não era destinado a alunos como ele, mas a colegas mais necessitados e com menos recursos. Em consequência, um dos seus maiores desafios foi convencer seus alunos na OneGoal de que cada um deles tinha potencial para alcançar o sucesso na vida, apesar das evidências em contrário presentes em seus bairros e, não raro, também em suas famílias.

Quando assisti à aula de Stefl, muitas vezes me pegava pensando na pesquisa que a psicóloga Carol Dweck, de Stanford, tinha realizado sobre a mentalidade de crescimento. Uma breve recapitulação: Dweck constatou que os alunos que consideravam a inteligência algo maleável se saíam muito melhor que os que acreditavam que ela fosse fixa. O projeto de David Levin no KIPP de Nova York expandia a ideia de Dweck sobre a mentalidade com a mensagem de que o caráter também é maleável. Aparentemente, Stefl tentava convencer seus alunos de que não só sua inteligência e seu caráter eram maleáveis, mas também o próprio *destino*; de que o desempenho no passado não era um indicador dos resultados futuros. Ela não pregava uma ladainha sobre autoestima vazia e esperança fantasiosa. Sua mensagem era que os alunos podiam crescer, melhorar e conquistar muito mais, mas seriam necessários muito trabalho, muita perseverança e muito caráter — ou, como eles diziam em sala de aula, dotes de liderança.

Quando conversei com Angela Duckworth sobre o programa da OneGoal, ela assinalou algo em que eu não tinha pensado: o componente de preparação para o ACT contido no currículo da OneGoal podia acabar atendendo a dois objetivos. Primeiro, no nível prático, aumentar em alguns pontos a nota dos alunos para que eles tivessem acesso a faculdades melhores. Mas, além disso, e talvez mais importante, a experiência de se aperfeiçoar os resultados numa prova anunciada como uma avaliação da inteligência constitui um reforço inesquecível da mensagem da mentalidade de crescimento: *É possível ficar mais inteligente. É possível se sair melhor.*

Alguns alunos de Stefl abraçaram essa mensagem com mais convicção que outros. Mesmo no último ano do ensino médio, muitos ainda pareciam não acreditar que tivessem direito de entrar para uma faculdade, e suas famílias nem sempre ajudavam a reforçar a mensagem de Stefl. Um rapaz que passou para a Universidade Purdue foi convencido pela mãe a optar pelo curso de dois anos na faculdade comunitária* da rua onde moravam, para não ficar tão longe de casa. Na outra extremidade do espectro — a extremidade otimista e confiante — estava Kewauna Lerma.

* O modelo das faculdades comunitárias americanas (*community colleges*) não possui equivalente no Brasil. São instituições de ensino superior de currículo menos especializado, com duração média de dois anos e voltadas, em geral, para estudantes que não têm condições de frequentar um curso universitário típico de quatro anos (seja por falta de tempo, problemas financeiros ou baixo nível acadêmico). (N. da E.)

6. Resultados de testes

Como relatei na Introdução, ao conhecer Kewauna Lerma durante seu penúltimo ano no ensino médio, fiquei impressionado com a reviravolta que ela havia promovido em sua vida: de uma infância problemática marcada por uma série de fatores de risco e tantas experiências adversas, passando por um período difícil de delinquência no ensino fundamental, até alcançar uma carreira bem-sucedida no ensino médio e uma intensa determinação de se sair bem na faculdade e no futuro. Nos dois anos em que mantivemos contato, sua vida doméstica nunca foi fácil, e sua família sempre viveu em situação financeira precária: sua mãe recebia cerca de 500 dólares por mês de auxílio por invalidez, o que representava, junto com um programa de assistência alimentar, toda a renda da família. Mas de alguma forma Kewauna conseguia ignorar as dificuldades do dia a dia na vida de pobreza do South Side e mantinha-se determinada a conquistar um futuro melhor. "Ninguém quer uma garota burra", disse ela numa das primeiras vezes em que conversamos. "Ninguém quer uma fracassada. Eu sempre quis ser uma daquelas empresárias que caminham pela cidade com uma maleta, ouvindo as pessoas cumprimentarem: 'Bom dia, senhorita Lerma.'" Kewauna sabia que, para conseguir pôr as mãos nessa maleta, ela precisaria pelo menos de um diploma de graduação e, embora ninguém de sua família jamais tivesse pisado numa faculdade, estava convencida de que podia e haveria de obter um.

No começo de seu último ano no ensino médio, Kewauna estava tomada pelos processos seletivos universitários. Mas ela estava só começando a aprender sobre o sistema — realmente havia uma Universidade DePaul e uma Universidade DePauw? — e no início mostrou uma tendência a exagerar um pouco. Em setembro, disse-me que pretendia tentar 23 universidades, entre as quais estavam algumas das mais competitivas, como a Duke e a Universidade de Chicago. Sob certos aspectos, a Duke não era uma meta assim tão impossível para Kewauna. Ela concluíra o ano anterior com nota máxima em praticamente todas as matérias, não obstante um plano de estudos bem exigente que incluía turmas especiais de álgebra II e literatura americana, além de disciplinas como sociologia e biologia. Mas havia um problema: ela não se saíra nada bem no ACT.

No primeiro simulado de ACT, no início do décimo primeiro ano, Kewauna tirou 11, resultado muito baixo que a posicionava no primeiro percentil em escala nacional, atrás de 99% dos alunos do mesmo nível no país. Ela se esforçou muito para se preparar para o ACT durante o décimo primeiro ano, estudando muitas horas por semana pela internet com um serviço chamado PrepMe contratado pela OneGoal, e, ao chegar no local para fazer o ACT oficial em abril, sentia-se muito mais preparada que na época do simulado. Mas ainda assim acabou sendo um dia frustrante para ela. Ainda havia na prova muita coisa que ela não sabia, e, mesmo em partes cujo conteúdo Kewauna conhecia, ela não conseguiu percorrer as questões com a rapidez que desejava. "Quando acabei a prova, eu estava chorando", contou-me ela. "Disse à srta. Stefl que achava que não ia conseguir entrar para faculdade nenhuma. Estava realmente furiosa comigo mesma." Cerca de um mês depois, chegaram os resultados, e ela tinha obtido 15. Era uma melhora de nada menos que quatro pontos desde o simulado, mas ela ainda estava apenas no décimo quinto percentil em nível nacional. A média das escolas públicas de Chicago é 17.[40] A mínima oficial do ACT para o ingresso nas universidades é 20. Os candidatos que entram para a Duke em geral obtêm mais de 30. (A nota máxima possível é 36.)

Charles Murray quase certamente teria considerado perturbadoras as ambições universitárias de Kewauna. Em *Real Education*, ele defendia que só os estudantes situados entre os 20% mais bem colocados nos exames de habilidade cognitiva devem frequentar uma universidade;[41] no seu mundo ideal, só os 10% do topo haveriam de fazê-lo. É de se supor que ele considerasse delirante alguém que se enquadre na metade inferior dos resultados de um exame padronizado, ou ainda no quinto inferior, como era o caso de Kewauna, e aspire seriamente a um lugar na universidade. "Enquanto for considerado tabu o fato de que a faculdade é intelectualmente exigente demais para a maioria dos jovens, continuaremos gerando expectativas absurdas e irreais para a próxima geração",[42] escreveu Murray. Os alunos situados no terço inferior dos resultados de testes cognitivos como o ACT não são adequados para a universidade, escreveu; além disso, "simplesmente não são inteligentes o bastante para saber ler e contar além do sentido mais rudimentar".[43]

Jeff Nelson encara o ACT de maneira muito diferente que Charles Murray. "Considero o ACT uma excelente maneira de avaliar a eficácia da educação recebida por alguém", disse-me ele. "Mas não considero que seja uma boa maneira de avaliar inteligência. A nota média inicial de nossos alunos gira em torno de 14, na casa do décimo percentil. E eu me recuso terminantemente a acreditar que 90% dos jovens nessa idade sejam de fato mais inteligentes que os alunos com os quais trabalhamos. O que *realmente* acredito é que 90% da população está recebendo uma educação melhor do que nossos alunos."

Para Nelson, trata-se, sob certos aspectos, de uma questão semântica. Podemos chamar de inteligência a qualidade avaliada pelo ACT, se assim preferirmos, mas, independentemente disso, segundo ele, a capacidade de alcançar uma nota alta no teste não é essencial para o sucesso e a persistência na faculdade. Nelson baseia essa convicção na leitura do trabalho de Melissa Roderick e do livro *Crossing the Finish Line*, mas também em experiências concretas com os muitos alunos da OneGoal que terminam o ensino médio e cursam faculdades que seriam inalcançáveis por seus resultados no ACT, e apresentam níveis de sucesso que esses resultados no ACT suporiam impossíveis. "Capacitações não cognitivas como resiliência, engenhosidade e determinação são excelentes para prever o sucesso na faculdade", comentou Nelson. "E podem servir de compensação parcial para nossos alunos pelas desigualdades que eles enfrentaram no sistema educacional." Segundo ele, uma aluna como Kewauna "vai aparecer no campus com muitas ferramentas para o sucesso que outros estudantes não possuem. E essas capacitações serão mais úteis para levá-la até o diploma do que uma nota boa no ACT".

7. As ambições de Kewauna

Quando estava no penúltimo ano do ensino médio, no fim da década de 1980, a mãe de Kewauna, Marla McConico, fez o teste do ACT com o resto de sua turma. Ela não lembra exatamente qual foi a nota, mas não foi muito boa. "Ao receber os resultados, eu me senti um verdadeiro fracasso", contou-me, quando estive com ela e Kewauna num dia de outono. "Pensei: 'Não vou conseguir entrar para a faculdade com isso.' Então nem me preocupei mais."

Kewauna era próxima da mãe, mas com frequência a relação era tensa, e às vezes a estratégia da menina para a vida parecia consistir em fazer exatamente o contrário do que a mãe havia feito quando tinha sua idade. Marla apaixonou-se pelo pai de Kewauna quando era adolescente e tomou uma série de decisões equivocadas por isso; Kewauna mantinha distância do namorado, decidida a não tomar suas decisões relacionadas à faculdade em função dos planos dele. Sua mãe abriu mão dos planos acadêmicos; Kewauna nunca largava os seus. Sua mãe perdeu o rumo após uma nota ruim no ACT; Kewauna estava decidida a superar a que ela tirou.

Contudo, ao longo do outono de seu último ano no ensino médio, Kewauna foi entrando num clima mais sombrio, e, quando conversei com ela certa tarde de meados de outubro, ela parecia estranhamente pessimista quanto ao futuro. Começara a receber os resultados das bolsas de estudo para as quais tinha se candidatado. A cada resposta de recusa, ela supunha que a causa era sua nota no ACT. "Estou ficando meio deprimida com essa situação", disse-me. "Eu me esforcei tanto para essas bolsas e realmente preciso do dinheiro para a faculdade."

Conversamos muito naquele dia sobre seus anos no Plymouth Middle School, que ela havia frequentado quando morava em Minnesota. Kewauna situava o início de boa parte de suas dificuldades acadêmicas atuais no sexto ano, quando, em virtude das notas baixas e do mau comportamento, ela foi transferida para uma turma de recuperação chamada WINGS (Asas). Oficialmente, a sigla WINGS juntava as iniciais em inglês de Trabalhar de Maneira Inovadora Agora pelo Sucesso na Graduação, mas Kewauna disse que no Plymouth os alunos brincavam que se chamava assim porque a turma passava o dia em sala de aula comendo asas de frango. Segundo ela, era um exagero — mas não completamente. "Nós nunca fazíamos *nada* naquela turma", disse. "Era para alunos que precisavam de ajuda, mas ninguém nos ajudou em nada. Nós não líamos. Não estudávamos. Ficávamos só jogando videogame, vendo filme e comendo pipoca. Era divertido, mas é por isso que hoje estou tendo dificuldades com o ACT. É por isso que não estou sendo aprovada para as bolsas de estudo. Era naquela época que deveríamos aprender pontuação, vírgula, metáfora, esse tipo de coisa. Quando as pessoas falam disso hoje, perguntam: 'Lembra quando aprendemos isso?' E eu tenho que dizer: 'Não, não lembro! Nunca aprendi nada disso.'"

O outro arrependimento de Kewauna é que, em seu primeiro ano de ensino médio no ACE Tech, quando teve a oportunidade de começar do zero, ela desperdiçou, matando aula, fazendo bagunça, saindo com os amigos em vez de estudar. Naquele ano, suas notas foram bem baixas. Ela foi reprovada até em educação física. "Eu não estava pensando no futuro", afirmou. "Naquela época, só queria me divertir." Kewauna tinha apenas catorze anos, e para ela nada era importante; só no ano seguinte, quando começou a se dedicar um pouco mais, ela descobriu que sua média de notas era cumulativa ao longo de todo o ensino médio, o que significava que suas notas do primeiro ano afetariam suas perspectivas em relação à universidade. Foi por isso que, nos dois últimos anos, ela ficou tão preocupada em manter uma média quase perfeita, tentando obter créditos extras, permanecendo na escola depois do horário para pedir ajuda aos professores. Ainda assim, às vezes ela falava do seu passado como se fosse uma mancha que nunca conseguiria apagar.

A faculdade na qual Kewauna estava mais interessada era a Universidade de Illinois em Urbana-Champaign, a faculdade-modelo do sistema universitário do estado, cotada pela revista *U.S. News & World Report* na décima terceira posição dentre as melhores do país. Urbana fica a cerca de duas horas e meia ao sul de Chicago, o que parecia uma boa distância para Kewauna: nem tão longe a ponto de ela ficar com saudade de casa, mas ainda assim distante o suficiente para que se sentisse independente. Ela visitara o campus numa excursão promovida pela OneGoal no penúltimo ano do ensino médio e simplesmente adorou: o gramado central, o centro acadêmico, as salas de leitura, o Applebee's. "É o meu sonho, o maior de todos, por favor me deixem entrar para essa faculdade", disse-me ela. "Se não conseguir, vou ficar chorando uns seis dias!"

Mas, no início de fevereiro, Kewauna tinha reduzido um pouco suas ambições universitárias. Candidatara-se à Universidade de Chicago, a instituição de maior prestígio no estado, mas me disse que não queria mais ir para lá, mesmo que passasse. Já havia sido aceita em algumas de suas opções de segurança, como a Universidade de Illinois em Chicago, mas esperava conseguir algo melhor. Não desistira de Urbana — que continuava sendo sua primeira opção —, mas agora tinha também uma segunda bem definida: a Universidade Western Illinois em Macomb, um pouco menos concorrida que Urbana, mas ainda assim com uma média de 21 no ACT de recém-aprovados, muito acima da nota de Kewauna. Ela tinha visitado a Western no ano anterior e se lembrava com carinho do lugar: "Eu me apaixonei pela faculdade", contou-me. "Realmente me senti à vontade lá. As pessoas eram simpáticas. Os alojamentos... tudo perfeito!"

Naquele inverno, ela adquirira uma visão mais estoica e criteriosa de seu futuro universitário do que tinha quando a conheci. "Se não entrar para uma das minhas preferidas, talvez seja porque não era para ser mesmo", disse-me. "Eu ficaria decepcionada, mas me esforçaria muito onde quer que fosse, e depois de um ou dois anos talvez conseguisse transferência para uma das minhas favoritas." Ela também decidira parar de se culpar pelos erros cometidos no primeiro ano do ensino médio. "Não posso ficar dizendo: 'Caramba! Eu estraguei completamente meu primeiro ano.' Já foi. Eu fiz e pronto, acabou. Foi uma lição para mim. E, quando eu entrar para a faculdade, não vou cometer os mesmos erros no primeiro ano. Vou estar 100% concentrada. Planejar tudo. Montar um cronograma, me organizar de verdade, me centrar, conhecer as pessoas certas."

O mês de fevereiro foi de ansiedade: Kewauna não parava de conferir o e-mail e ligar para o setor de admissão das faculdades para se certificar de que não faltava nenhum documento. Finalmente, no fim do mês, recebeu a boa notícia: tinha sido aprovada na Western Illinois. Em virtude de sua nota baixa no ACT, ela foi matriculada num programa especial de apoio aos calouros que lhe daria acesso a aconselhamento e orientação extra no primeiro ano. Três dos amigos mais próximos de Kewauna no ACE Tech também passaram para a Western, e juntos os três começaram a fazer planos para Macomb.

8. Superando a defasagem

Recentemente, Philip Babcock e Mindy Marks, economistas da Universidade da Califórnia, analisaram pesquisas sobre como os estudantes universitários empregavam o tempo desde a década de 1920 até o presente.[44]

Constataram que em 1961 o típico aluno de tempo integral no ensino superior passava 24 horas por semana estudando fora da sala de aula. Em 1981, esse tempo caíra para vinte horas por semana e, em 2003, eram catorze horas por semana, pouco mais que a metade do que era quarenta anos antes. Esse fenômeno atingia todas as faixas: "O tempo de estudo dos alunos de todos os subgrupos demográficos foi reduzido", escreveram Babcock e Marks, "tanto no caso dos que trabalhavam quanto no dos que não trabalhavam, em todos os cursos, e em faculdades de quatro anos de todo tipo, estrutura de graduação e nível de seletividade". E para onde tinham ido todas aquelas horas perdidas? Principalmente para socialização e recreação. Um outro estudo com 6.300 alunos de graduação na Universidade da Califórnia constatou que hoje em dia eles passam menos de treze horas por semana estudando, enquanto passam doze horas com os amigos, catorze horas consumindo entretenimento e se dedicando a *hobbies* variados, onze horas usando "computadores para diversão" e seis horas fazendo exercícios físicos.[45]

Para muitos observadores, essas estatísticas são alarmantes. Mas Jeff Nelson considera que essa situação é uma oportunidade para seus alunos. Ele me descreveu seu primeiro ano na Universidade de Michigan, quando fazia o que muitos outros garotos de classe média alta fazem no início da faculdade: não estudava muito. Para certos estudantes de famílias abastadas, o primeiro ano é para beber muito; para outros, é para entrar para uma fraternidade ou escrever no jornal da faculdade. Com certeza esse período nem sempre é desperdiçado, mas em geral não contribui muito para os resultados acadêmicos de um aluno. Portanto, Nelson encara o primeiro ano como um "período mágico" para os alunos da OneGoal, "durante o qual eles podem superar radicalmente a defasagem de desempenho". Em uma de nossas primeiras conversas, ele explicou assim sua teoria: "O primeiro ano na faculdade é um momento único. A maioria das pessoas que não precisaram perseverar muito entra para a faculdade e relaxa. Ou então vai a tudo que é festa. E, nesse momento, se os nossos alunos se esforçam bastante, construindo relações com os professores, estudando e se valendo de tudo que ensinamos, serão capazes de superar a defasagem. Vimos isso acontecer várias vezes: de repente, um aluno que podia estar três ou quatro anos atrasado no ensino médio conseguiu se recuperar de maneira considerável em relação aos colegas até o início do segundo ano."

Em seu primeiro período na Western Illinois, Kewauna fez alguns cursos introdutórios: inglês, matemática, sociologia. Nenhum deles foi fácil, mas o que ela considerou mais desafiador foi biologia — introdução às carreiras da saúde. O professor era muito popular, então a turma estava sempre cheia, e a maioria dos alunos era de classes mais ricas. No primeiro dia, Kewauna fez o que Michele Stefl recomendara: apresentou-se educadamente ao professor antes da aula e se sentou na primeira fileira, que até então era ocupada exclusivamente por garotas brancas. Os outros alunos negros tendiam sempre a ocupar assentos no fundo da sala, o que deixava Kewauna decepcionada. ("É o que eles *esperam* que a gente faça", disse ela quando conversamos pelo telefone naquele semestre. "Na época do movimento dos direitos civis, se alguém dissesse que a gente tinha que se sentar lá atrás, a gente não ia.")

Seu professor de biologia usava muitos termos científicos que Kewauna não conhecia. Ela armou então uma estratégia: toda vez que o professor usasse uma palavra que ela não entendia, ela a anotava e marcava com uma estrela vermelha. No fim da aula, esperava que todos os colegas que queriam falar com o professor tivessem sua vez e então lhe pedia para explicar cada uma das palavras assinaladas.

Na realidade, Kewauna passava muito tempo interagindo com os professores. Sempre os consultava na sala deles e mandava e-mails toda vez que tinha uma dúvida sobre as tarefas. Também tentou fazer amizade com um ou dois colegas em cada turma, para poder contar com alguém caso precisasse de ajuda nos trabalhos e não tivesse como recorrer ao professor. Durante seu programa de apoio no primeiro ano, conheceu um professor de redação — ela sempre tivera "dificuldades gramaticais", segundo me disse, além de problemas de ortografia e pontuação — e começou a repassar com ele cada trabalho que redigia, antes de entregar. Finalmente, em dezembro, achou que já havia assimilado o suficiente sobre vírgulas e orações coordenadas e subordinadas e entregou seu trabalho final de inglês sem repassá-lo com o professor de redação. E teve nota máxima.

Ainda assim, foi um semestre difícil para Kewauna. Ela estava sempre com pouco dinheiro e precisava economizar em tudo. A certa altura, ficou sem crédito no vale-refeição e simplesmente passou dois dias sem comer. Parecia que ela estudava o tempo todo. Cada trabalho era um desafio, e, no fim do semestre, ela praticamente passou três noites seguidas em claro estudando para as provas finais. Mas o esforço se refletiu nas notas finais daquele semestre: dois B+, um A e, em biologia, um A+. Quando conversei com ela alguns dias antes do Natal, ela parecia um pouco exausta, mas também orgulhosa. "Por mais pesado que seja, por mais cansativo que seja, não vou desistir", disse. "Não sou do tipo que desiste. Mesmo quando brincava de esconde-esconde na infância, eu ficava na rua até oito da noite, até encontrar todo mundo. Nunca desisto de nada, por mais difícil que seja."

As notas de Kewauna melhoraram ainda mais no segundo semestre, e no fim do primeiro ano sua média acumulada estava em 3,8, de um máximo de 4. Ainda faltavam três anos, tempo suficiente para as coisas darem errado, para revezes, erros e crises. Mas Kewauna parecia convencida do rumo que estava tomando e de sua motivação — uma convicção quase enervante. O que mais me chamava a atenção nela era sua capacidade de dominar sua prodigiosa habilidade não cognitiva — seja ela determinação, escrupulosidade, resiliência ou o poder de adiar a gratificação — em nome de uma recompensa distante que, para ela, era quase inteiramente teórica. Ela não *conhecia* de fato nenhuma empresária que carregava uma maleta pela cidade; na verdade, as únicas pessoas que ela conhecia que tinham cursado a faculdade eram seus professores. Era como se Kewauna estivesse participando de uma versão ampliada e avançada da experiência do marshmallow feita por Walter Mischel, só que, no seu caso, a alternativa era ter um marshmallow agora ou trabalhar muito por quatro anos, economizando o tempo todo aqui e ali, passando noites em claro, lutando e sacrificando-se para então ganhar não dois marshmallows, mas algum elegante doce francês do qual ela só tivesse uma noção muito vaga, como uma *madeleine*. E, milagrosamente, Kewauna optou pela *madeleine*, embora nunca tivesse provado uma nem conhecesse alguém que o tivesse. Simplesmente acreditava que seria deliciosa.

Nem todos os colegas de Kewauna na OneGoal se dedicarão com a mesma convicção. E ainda vai demorar pelo menos dois anos para descobrirmos se os dons de liderança que Kewauna e seus colegas aprenderam serão suficientes para fazê-los chegar ao fim de quatro anos de faculdade. Mas até agora os dados gerais da OneGoal em matéria de persistência são muito bons. Dos 129 alunos, incluindo Kewauna, que no início do ano letivo em 2009 entraram para a OneGoal no penúltimo ano do ensino médio em dez escolas de Chicago, 94 estavam matriculados em cursos universitários de quatro anos em maio de 2012. Outros catorze estavam matriculados em cursos de nível superior de dois anos, resultando num índice geral de persistência de 84%. Restavam apenas, portanto, 21 alunos que se desviaram do caminho que levaria à faculdade: doze deixaram a OneGoal antes do fim do ensino médio, dois entraram para as forças armadas depois da escola, dois terminaram o ensino médio mas não entraram para a faculdade e cinco ingressaram numa faculdade mas a abandonaram ainda no primeiro ano. Os números são menos espetaculares, mas ainda assim são impressionantes para a turma do programa-piloto, alunos para os quais a OneGoal era uma turma extraclasse semanal. Três anos depois do fim do ensino médio, 66% dos alunos que participaram do programa ainda estão matriculados numa faculdade. Esses dados tornam-se ainda mais significativos quando lembramos que os professores da OneGoal escolhem alunos com dificuldades para os quais parece particularmente baixa a probabilidade de entrar para a faculdade.

Jeff Nelson seria o primeiro a reconhecer que sua criação está longe de representar uma solução perfeita para a arraigada disfunção do sistema de formação de capital humano do país. O ideal seria dispormos de um sistema educacional e de apoio social capaz de fazer com que adolescentes do South Side *não* fiquem dois, três ou quatro anos atrasados no desempenho curricular. Por enquanto, contudo, a OneGoal e as teorias que a fundamentam parecem uma intervenção muito valiosa, um programa que, ao custo de cerca de 1.400 dólares por aluno ao ano, pode transformar adolescentes de desempenho acadêmico fraco e desmotivados de famílias de baixa renda em universitários bem-sucedidos.

5

UM CAMINHO MELHOR

1. Desistindo

No outono de 1985, quando eu era calouro na Universidade Columbia, na mesma situação precária que Kewauna Lerma viveu em 2011, fiz algo que ela está decidida a nunca fazer: abandonei a faculdade. Na época, pareceu uma decisão difícil e dramática, e ainda parece. Na verdade, é uma decisão que repensei muitas vezes nos últimos 25 anos, não raro com arrependimento. Certamente pensei muito nela durante as pesquisas para este livro. Quando me encontrava na sala 104 do ACE Tech Charter High School com Kewauna e o resto da turma da OneGoal de Michele Stefl, eu às vezes me sentia meio envergonhado, para ser sincero: concluir a faculdade era uma meta tão exigente para todos aqueles alunos, e muitas vezes cheguei a desejar que, quando eu tinha a idade deles, houvesse pensado nas minhas perspectivas universitárias com a mesma seriedade e responsabilidade que eles.

Não me passou despercebido que muitos dos pesquisadores sobre os quais escrevi neste livro — incluindo James Heckman, Angela Duckworth, Melissa Roderick e os autores de *Crossing the Finish Line* — consideram a decisão de largar o ensino médio ou a faculdade um sintoma de capacitação não cognitiva insuficiente: pouca determinação, pouca perseverança, escassa capacidade de planejamento. E acho que é verdade: eu carecia de algumas dessas importantes capacitações quando abandonei o curso. Mas a pesquisa para este livro também me proporcionou uma maneira mais generosa de interpretar aquela decisão. Isso me ocorreu durante minhas conversas com Dominic Randolph, o diretor do Riverdale Country School, que defendeu muito bem a noção de que o fracasso — ou pelo menos o risco concreto de fracasso — pode muitas vezes representar um passo fundamental no caminho para o sucesso. Randolph, como vimos, receava que seus alunos — a maioria de famílias ricas —, envolvidos na moderna máquina meritocrática de escolas particulares, professores particulares, faculdades de elite e carreiras garantidas, estivessem sendo prejudicados pela família, pela escola e até pela cultura ao serem privados de oportunidades legítimas para superar adversidades e, assim, desenvolver o caráter. "A ideia é que só se consegue cultivar a determinação e o autocontrole através do fracasso", disse-me Randolph. "E, na maioria dos ambientes muito acadêmicos do país, ninguém fracassa em nada."

Com base nas pesquisas que fiz para este livro, escrevi uma matéria sobre o KIPP, o Riverdale e a questão do caráter que foi publicada na *New York Times Magazine* em setembro de 2011.[1] A matéria provocou uma enxurrada surpreendente de mensagens dos leitores, e muitos deles diziam se identificar com as ideias de Randolph sobre fracasso e sucesso. Alguns postaram no site da revista comentários sobre suas próprias experiências. Foi, por exemplo, o caso de "Dave", que se apresentou como um dos alunos de que Randolph falava, aqueles que tiravam notas boas e recebiam muitos elogios mas não adquiriram a determinação que só os verdadeiros desafios ajudam a desenvolver. "Agora, na casa dos trinta", escreveu Dave, "muitas vezes me pergunto até onde eu poderia ter chegado se não tivesse tanto medo do fracasso nem uma tendência a evitar iniciativas em que meu sucesso não fosse garantido."[2]

Não muito depois da publicação da matéria, quando eu estava imerso nas pesquisas sobre a persistência na universidade, voltei a questionar minha decisão de deixar a faculdade. Por que eu fiz aquilo? Revirei uma caixa de papéis velhos daquela época em busca de pistas e encontrei uma carta de que quase havia me esquecido, uma longa exegese a respeito da minha decisão, que escrevi durante o feriado de Ação de Graças, no meu alojamento em

Columbia, naquele primeiro ano. Eram oito páginas com uma entrelinha simples — e, para dar uma ideia do nível tecnológico da época, foi escrita à mão. Peguei a carta — que tinha algumas manchas de café, mas ainda estava legível —, sentei-me no meu escritório, respirei fundo e a reli. Era, como se poderia imaginar, profundamente constrangedora. Não existe alma mais angustiada que a de um jovem de dezoito anos tentando tomar uma decisão capaz de mudar sua vida. Mas fiquei feliz por ter achado a carta e, apesar dos momentos de pirraça adolescente, senti compaixão por minha conflituosa versão mais jovem.

Eu fora um bom aluno no ensino médio, com notas boas nas provas da escola e nos testes padronizados. Cheguei à faculdade empolgado, mas confuso, perdido num campus e numa cidade em que não conhecia ninguém. Estava feliz por estar em Nova York, mas nem tão feliz por frequentar auditórios. Mesmo no ensino médio, embora eu fosse um aluno muito responsável, tinha sérias dúvidas quanto à minha relação com a educação formal. Eu tinha um lado rebelde — lia Kerouac na adolescência — e, como milhões de rebeldes em idade escolar, estava convencido de que o que estavam ensinando nas aulas não tinha importância, cara. E, naquele dia de novembro em Columbia, resolvi que já era o suficiente. "Estou recebendo educação há quinze anos e três meses, o que representa 84% da minha vida", escrevi, com típica exatidão (só para constar, eu estava contando a partir do primeiro dia do maternal). "Não conheço mais nada na vida além de ir à escola. A educação é um jogo, e vamos ser francos: sou bom nisso. Conheço as regras; sei desempenhar todas as tarefas exigidas. Sei até como vencer. Mas estou farto desse jogo. Quero pedir as contas."

Meu eu de dezoito anos escreveu que sempre era difícil parar de fazer alguma coisa na qual todos dizem que você é bom para passar a fazer algo completamente novo. Mas é exatamente o que eu sentia: precisava fazer algo incerto, arriscado; algo que eu não sabia se daria certo. O desafio que escolhi para mim mesmo foi realizar uma longa jornada, uma espécie de odisseia: eu pegaria parte do dinheiro destinado às mensalidades do semestre seguinte, compraria uma bicicleta e uma barraca e sairia pedalando sozinho, de Atlanta a Halifax, dormindo em parques e no quintal de desconhecidos. Era uma ideia estranha. Eu nunca tinha feito uma viagem longa de bicicleta antes, nem sequer uma curta sozinho. Nunca fora ao sul do país. Não era muito bom em falar com estranhos. Mas de alguma forma me sentia compelido a enfrentar aquela missão. Tinha a sensação de que poderia aprender mais na estrada do que no campus. "Pode ser um fracasso total, um desastre, uma catástrofe de proporções gigantescas", escrevi. "Pode ser o gesto mais irresponsável da minha vida. Mas também pode ser o mais responsável."

Dois ou três dias depois da publicação da matéria sobre o KIPP e o Riverdale na *New York Times Magazine*, um leitor me mandou um e-mail dizendo que achava que eu deveria ler o discurso de Steve Jobs na Universidade de Stanford em 2005. Esse leitor dizia que havia muitos paralelos entre as ideias de Jobs sobre o fracasso e o caráter e os debates que eu tentara reproduzir na matéria. Depois da morte precoce de Jobs, o discurso de Stanford passou a receber muita atenção, mas isso aconteceu semanas antes de ele morrer, e eu nunca tinha lido ou visto. Cliquei no link do YouTube enviado pelo leitor, vi Jobs falando e logo me dei conta de que não sabia muito sobre a história de vida dele. Assistindo àquele discurso, fiquei sabendo que Jobs abandonara a faculdade no primeiro ano — Universidade Reed, no Oregon. E, acreditem, se décadas depois de largar a faculdade você ainda estiver tentando justificar sua decisão, nada é mais reconfortante do que descobrir que um dos empresários mais criativos e bem-sucedidos da era moderna fez a mesma coisa. Além disso, ele não se arrependia. Em seu discurso, Jobs explicava que sair da faculdade tinha sido "uma das melhores decisões da minha vida".[3] Serviu, inclusive, para ele e para a Apple, num sentido muito específico: livre das disciplinas obrigatórias, Jobs passou a frequentar aulas mais interessantes, como uma matéria de caligrafia e tipografia. "Aprendi sobre fontes serifadas e não serifadas, sobre as variações de espaço entre diferentes combinações de letras, sobre o que é uma boa tipografia", disse Jobs. "Nada disso tinha a mais remota possibilidade de oferecer alguma aplicação prática em minha vida" — até, claro, uma década depois, quando ele e Steve Wozniak estavam projetando o Macintosh e decidiram incluir, pela primeira vez, formas criativas de tipografia num computador pessoal. Esse detalhe ajudou a distinguir o Mac de tudo que existia até então.

Mas o que mais me chamou a atenção no discurso de Jobs foi a história que ele contou sobre seu maior fracasso: sua demissão da Apple, a empresa que fundou, pouco depois de completar trinta anos. "O que tinha sido o elemento central da minha vida de adulto havia acabado, o que era devastador", disse ele. "Eu era um fracasso muito público." Ele falou sobre algo que não foi capaz de ver na época, mas que acabou ficando claro mais tarde: a experiência de um fracasso tão dramático permitiu que ele encontrasse uma nova orientação para si mesmo e para seu trabalho de uma forma que o levasse a seus maiores sucessos: a compra e a transformação da Pixar, o casamento, o retorno rejuvenescido à Apple. Dizia ele em seu discurso: "O peso de ser bem-sucedido foi substituído pela leveza de ser um iniciante, com menos certezas a respeito de tudo." Era, em minha opinião, exatamente o que eu buscava naquele alojamento de Columbia: a leveza de começar.

Mais ou menos um mês depois de escrever minha carta de desistência, eu de fato larguei a faculdade. Comprei uma bicicleta, uma barraca, um fogão portátil e uma passagem de avião para Atlanta, e de lá segui de bicicleta até Halifax, passando por muitas tempestades, pneus furados e encontros estranhos. Levei dois meses e, no fim da jornada, eu sentia que aquela tinha sido a melhor atitude da minha vida. Tentei fazer faculdade de novo alguns meses depois, de volta à minha terra, o Canadá: Universidade McGill, onde cerca de uma década depois Michael Meaney começaria a fazer descobertas tão incríveis a respeito das mamães ratas e seus hábitos de carícias e lambidas. Até que, três semestres depois, abandonei mais uma vez a faculdade para fazer um estágio na *Harper's Magazine*. Dessa vez, a saída foi para valer. Jamais voltei à universidade, jamais tive um diploma de graduação e, de maneira um tanto hesitante, comecei uma carreira de jornalista e editor. Não fundei a Apple, nem mesmo a NeXT (a empresa de informática criada por Jobs que fracassou), e, na verdade, passei as duas décadas seguintes me debatendo com algumas das mesmas questões que enfrentei naquele alojamento — *Devo me dedicar a algo em que seja bom ou a algo de que goste? Arriscar ou me garantir?* —, até que, numa outra manhã de outono, 24 anos depois de abandonar Columbia, acabei largando outra respeitada instituição de Nova York, o *New York Times*, mais uma vez sem muitas garantias.

Dessa vez, a estranha aventura em que me meti não foi atravessar metade do país de bicicleta, mas escrever um livro. Este.

2. Pais com alto CL

Hoje em dia, quando examino a questão do fracasso e do sucesso, penso não tanto nas minhas próprias perspectivas pessoais, mas sim nas do meu filho, Ellington. Imagino que já sou mais ou menos do jeito que vou ser. Mas e Ellington? Tudo é possível. Comecei a pesquisar para escrever este livro mais ou menos na época em que ele nasceu, e a publicação acontecerá pouco depois de ele fazer três anos, de modo que os anos em que trabalhei na obra coincidiram quase exatamente com o período da vida que, segundo os neurocientistas, é o mais importante para o desenvolvimento de uma criança. A experiência de escrever este livro — e principalmente de descobrir as pesquisas sobre o cérebro que abordei no Capítulo 1 — teve um efeito profundo na maneira como encaro a paternidade.

Quando Ellington nasceu, eu era como a maioria dos pais ansiosos que acreditam na hipótese cognitiva, achando que ele só teria sucesso na vida se eu lançasse mão de cartilhas de preparação cerebral e CDs de Mozart desde a maternidade o bombardeasse e com isso até que ele gabaritasse a prova de admissão do jardim de infância. Mas os neurocientistas cujo trabalho eu começava a estudar apontavam para uma direção diferente: sim, esses primeiros anos são extremamente importantes no desenvolvimento do cérebro de uma criança. Mas as capacitações mais importantes que ela adquire nesses anos não podem ser ensinadas com cartilhas.

Não digo que de repente parei de me preocupar com a capacidade de leitura e escrita, de adição e subtração de Ellington. Mas me convenci de que ele adquiriria essas capacidades específicas mais cedo ou mais tarde, independentemente do que eu fizesse, porque ele cresceria cercado de livros e tinha pais que gostavam de ler e não tinham dificuldade com os números. O que me deixava um pouco inseguro era o caráter dele.

Sim, pode parecer meio ridículo usar a palavra *caráter* para falar de um bebê. E é verdade também que o desenvolvimento do caráter de um indivíduo depende de todo tipo de interação misteriosa entre cultura, família, genes, livre-arbítrio e destino. Para mim, no entanto, a descoberta mais profunda dessa nova geração de neurocientistas é a ligação poderosa entre a química do cérebro infantil e a psicologia adulta. Esses cientistas descobriram que, bem abaixo dessas qualidades humanas nobres e complexas a que damos o nome de caráter, está a interação trivial e mecânica de substâncias químicas específicas no cérebro e no corpo dos bebês em desenvolvimento. A química não é o destino, claro. Mas esses cientistas demonstraram que a maneira mais confiável de gerar um adulto corajoso, curioso, gentil e prudente é certificar-se de que, na infância, o eixo hipotalâmico-pituitário-adrenal dele funcione bem. E como conseguir isso? Não se trata de mágica. Primeiro, cabe protegê-lo tanto quanto possível de traumas graves e estresse crônico; em seguida, ainda mais importante, devemos lhe proporcionar uma relação segura e acolhedora com pelo menos um dos pais, de preferência os dois. Esse não é todo o segredo do sucesso, mas é uma parte muito, muito grande.

Quando Ellington era bebê, a pesquisa que mais me influenciou foi a de Michael Meaney. É meio constrangedor admitir isso, mas, quando eu brincava com Ellington nessa época, muitas vezes pensei em filhotes de ratos. Na verdade, passei muito tempo meditando sobre como seria um pai humano com alto índice de carícias e lambidas. Percebi que aquelas ratas com alto CL não eram mães-helicóptero. Elas não ficavam o tempo todo em cima. Não passavam todo instante acariciando e lambendo os filhotes. Elas usavam o CL sobretudo numa situação muito específica: quando os filhotes estavam estressados. Era quase como se as mães tentassem lhes ensinar, pela repetição, uma habilidade valiosa: como lidar com seus sistemas de estresse inflamados e restaurá-los a uma posição de repouso. Acho que o equivalente para bebês humanos é a capacidade de se acalmar depois de um ataque de pirraça ou de um susto grande, e era isso que eu tentava ensinar a Ellington. Que fique claro: eu não lambia meu filho. Para ser sincero, nem fiz muitas carícias. Mas, se existe um equivalente humano para cuidados parentais de alto CL, tem a ver com muito carinho, abraços, conversa e tranquilização. E tanto eu quanto minha esposa, Paula, fizemos muito disso quando Ellington era pequeno. Acredito que o fato de termos agido assim na primeira infância dele terá feito mais diferença em seu caráter e, afinal, em sua felicidade e em seu sucesso do que qualquer outra coisa.

À medida que meu filho crescia, contudo, eu vim a constatar, como inúmeros pais antes de mim, que ele precisava de algo além de amor e abraços. Também precisava de disciplina, regras, limites; de alguém que dissesse não. E o mais essencial era alguma adversidade adequada para uma criança, de uma oportunidade de cair e se levantar por conta própria, sem ajuda. Isso foi mais difícil para Paula e para mim — era algo que vinha com menos naturalidade que o desejo de abraçar e reconfortar —, e sei que é apenas o início da longa luta que enfrentaremos, como todos os pais, entre nosso anseio de proporcionar o máximo possível ao filho, de protegê-lo de qualquer ameaça, e a consciência de que, se quisermos que ele realmente tenha êxito na vida, precisamos primeiro deixá-lo fracassar. Ou, mais precisamente, precisamos ajudá-lo a *lidar* com o fracasso. Essa ideia — a importância de aprender a lidar com os fracassos e aprender com eles — está presente na maioria dos capítulos deste livro. É o que Elizabeth Spiegel, a professora de xadrez, sabia fazer tão bem. Ela partia do princípio de que seus alunos fracassariam um bocado. Isso acontece com qualquer jogador de xadrez. Na opinião dela, sua função não consistia em evitar que eles fracassassem, mas em ensinar-lhes a aprender com cada fracasso, a encarar cada um com total honestidade, a entender exatamente por que tinham feito besteira. Spiegel acreditava que, se eles fossem capazes disso, se sairiam melhor da próxima vez. Exatamente como Steve Jobs na segunda vez na Apple.

Em minhas conversas com os professores e gestores do Riverdale Country School e, mais tarde, com os muitos professores, pais e ex-alunos de escolas particulares que tinham lido a matéria da *New York Times Magazine* sobre o caráter e queriam falar a respeito, era exatamente esta a maior preocupação deles: o fato de seus filhos estarem tão superprotegidos das adversidades que não desenvolviam a capacidade de superar o fracasso e aprender com ele. Durante minhas pesquisas em Riverdale, muitas vezes achei ter identificado uma ansiedade disseminada, ainda que incipiente, uma sensação de que havia algo errado nos canais tradicionais da busca meritocrática nos Estados Unidos, uma sensação de que os jovens estavam se formando em nossas melhores instituições de ensino superior com excelentes credenciais e uma habilidade afiada para fazer provas, mas não muito mais que lhes permitisse encontrar seu próprio caminho no mundo. Hoje em dia, nossas melhores universidades estão formando menos empreendedores,[4] menos iconoclastas e artistas; na verdade, menos tudo, exceto banqueiros de investimentos e consultores de gestão. Recentemente, o *New York Times* noticiou que 36% dos egressos de Princeton em 2010 se empregaram na indústria financeira,[5] e outros 26%, numa categoria que a universidade identifica como de serviços, que consiste, principalmente, em consultoria de gestão. Em outras palavras, mais de metade da turma entrava para o setor de bancos de investimento ou de consultoria — e isso depois do quase colapso da indústria financeira em 2008. (Antes da crise econômica, cerca de três quartos dos egressos de Princeton optavam por uma dessas duas carreiras.)

Alguns críticos observam que o fato de estarmos mandando tantos de nossos jovens mais inteligentes e talentosos para profissões que, digamos, não se destacam por um alto nível de realização pessoal ou por um grande valor social representa simplesmente a perpetuação do fenômeno do qual muitos professores de Riverdale me falaram: jovens que trabalhavam muito mas nunca precisaram tomar uma decisão difícil nem enfrentar um desafio concreto entravam para o mundo adulto competentes, mas perdidos. Em 2010, James Kwak, um professor de direito que mantém um blog de economia, escreveu um post instigante sobre essa questão, intitulado "Why Do Harvard Kids Head to Wall Street?"[6] (Por que os alunos de Harvard vão para Wall Street?). Depois de se formar em Harvard, Kwak, como muitos de seus colegas, foi trabalhar como consultor de gestão. E explicou que o motivo de esse caminho ser tão popular não é o dinheiro, embora isso não atrapalhe, mas o fato de as empresas fazerem com que esse caminho e a decisão de tomá-lo sejam muito fáceis e muito difíceis de resistir.

Segundo Kwak, o típico aluno de graduação em Harvard hoje em dia "é movido mais pelo medo de não ter sucesso do que por um desejo concreto de fazer algo em especial". As decisões pós-faculdade dos alunos das universidades de elite "são motivadas por duas regras principais: (1) restringir ao máximo as alternativas; e (2) fazer apenas algo que aumente a possibilidade de superdesempenho no futuro". Os responsáveis pela contratação de pessoal nos bancos de investimento e nas empresas de consultoria entendem essa psicologia e sabem explorá-la à perfeição: os empregos são competitivos e conferem status, mas o processo de candidatura e admissão é previsível e rígido. Esses contratantes também tentam convencer os jovens de que, se eles entrarem para a Goldman Sachs, a McKinsey and Company ou qualquer empresa do tipo, isso não será uma *escolha* de fato; eles apenas passarão uns anos ganhando dinheiro e, talvez, fazendo algum bem ao mundo, até que em dado momento do futuro tomarão a decisão *verdadeira* sobre o que querem fazer e o que querem ser.[7] "Para pessoas que não sabem como arranjar um emprego na economia aberta", escreveu Kwak, "e que concluíram cada etapa da vida se submetendo a uma prova para fazer a atividade de maior prestígio na etapa seguinte, tudo isso é natural".

3. Um desafio diferente

Para um aluno de graduação de Harvard, as dificuldades com os desafios do caráter podem conduzir a um emprego pouco inspirador num banco de investimentos. Contudo, para um adolescente criado no South Side de Chicago, elas podem levar à prisão, ou pelo menos ao Vivian E. Summers Alternative High School. E embora seja difícil argumentar que a sociedade precisa ajudar os jovens da elite a realizar seu potencial, é mais fácil defender que ela tem um importante papel a desempenhar no desenvolvimento das crianças que crescem em meio à pobreza e às adversidades. Liberais e conservadores divergem radicalmente a respeito do que o governo deveria fazer para ajudar as famílias que vivem na pobreza, mas praticamente todo mundo concorda que ele deve fazer *algo*. Ajudar a abrandar o impacto da pobreza e proporcionar aos jovens oportunidades de sair dela: ao longo da história, essa tem sido uma das funções básicas de qualquer governo nacional, da mesma forma que a construção de pontes e a defesa das fronteiras. Uma pesquisa sobre atitudes que o Pew Research Center vem realizando mostra que a maioria dos americanos concorda.[8] Embora o apoio da opinião pública à ajuda aos pobres tenha diminuído um pouco desde 2008, como costuma acontecer em épocas de dificuldades econômicas, uma clara maioria da população ainda concorda com afirmações como "O governo deve assegurar a cada cidadão alimentação adequada e moradia" e "É responsabilidade do governo cuidar de pessoas que não têm condições de cuidar de si mesmas". E quando a questão é colocada em termos de *oportunidade*, o consenso da opinião pública é muito mais claro e firme: desde 1987, quando o Pew começou a fazer essas perguntas, 87% a 94% dos consultados em cada pesquisa concordaram com a afirmação de que "Nossa sociedade deve fazer o necessário para garantir que todos tenham oportunidades iguais de sucesso".

Mas embora os americanos continuem, como sempre, comprometidos em ajudar seus vizinhos menos afortunados, *houve* uma mudança importante nas últimas décadas: o que antes era um ruidoso e acalorado debate sobre a melhor maneira de se combater a pobreza reduziu-se a um silêncio quase total. Na década de 1960, a pobreza era um tema importante no debate nacional. Nenhum intelectual que se prezasse podia ignorar a questão. Durante o governo Johnson, o lugar onde todos os jovens inteligentes e ambiciosos queriam estar em Washington era o Departamento de Oportunidades Econômicas, o centro de comando da Guerra contra a Pobreza. Na década de 1990, mais uma vez houve um vigoroso debate público sobre a pobreza, centrado sobretudo na questão da reforma da política de assistência social. Mas, agora, esses debates praticamente desapareceram. Temos um presidente democrata que passou os primeiros anos da carreira combatendo pessoalmente a pobreza, trabalhando nos mesmos bairros em que hoje atuam os militantes da YAP — fazendo um trabalho bem semelhante, na verdade. Na presidência, contudo, ele se manifestou menos sobre a pobreza do que todos os democratas que o antecederam no passado recente.

Não que a pobreza tenha desaparecido. Longe disso. Em 1966, no auge da Guerra contra a Pobreza, o índice de pobreza ficava pouco abaixo de 15%;[9] em 2010, era de 15,1%. E o índice de pobreza infantil é hoje consideravelmente *mais alto*.[10] Em 1966, esse índice era de pouco mais de 17%. Hoje chega a 22%, o que significa que algo entre um quinto e um quarto das crianças está crescendo na pobreza nos Estados Unidos.

Assim, se a pobreza é hoje uma questão tão importante quanto na década de 1960, por que será que praticamente paramos de falar sobre ela, pelo menos em público? Creio que a resposta tem a ver em parte com a psicologia dos intelectuais da esfera pública. A Guerra contra a Pobreza deixou algumas cicatrizes profundas nos idealistas cultos que a empreenderam, gerando uma espécie de distúrbio do estresse pós-traumático entre os especialistas em políticas públicas. O presidente Kennedy começou a falar em acabar com a pobreza mais ou menos na mesma época em que prometeu levar o homem à lua. O início da década de 1960 foi uma época de grande otimismo e esperança em Washington, e as missões Apollo atenderam a essa expectativa. Elas representaram uma grande vitória para o país e passaram a mensagem de que se os Estados Unidos, como nação, se dedicassem a determinado problema, poderiam resolvê-lo.

Só que não resolvemos a questão da pobreza. Algumas das iniciativas da Guerra contra a Pobreza foram eficazes, mas muitas, não. E várias outras pareciam causar mais danos que benefícios. E para aqueles que acreditam que o trabalho de pessoas inteligentes para o governo é capaz de resolver grandes problemas, é bem difícil aceitar essa verdade. É doloroso admitir que um avanço significativo na questão da pobreza revelou-se muito mais penoso do que imaginávamos — e é ainda mais doloroso reconhecer que, 45 anos depois, ainda não sabemos muito bem o que fazer.

Mais ou menos na última década, manifestou-se também uma outra tendência que ajuda a entender por que o debate sobre a pobreza desapareceu: ele se fundiu com o debate sobre a educação. Em geral, a educação e a pobreza eram abordadas de forma separada nos debates sobre as políticas públicas. Havia discussões sobre reformulação do ensino de matemática e do processo de alfabetização. E havia discussões sobre favelas, fome, assistência social e renovação urbana. Cada vez mais, no entanto, a conversa é uma só, que gira em torno da defasagem de desempenho entre ricos e pobres — do fato muito concreto de que, em geral, as crianças que crescem em famílias pobres nos Estados Unidos estão indo muito mal na escola.

São vários os motivos por trás dessa fusão. O primeiro remonta a *The Bell Curve*, o polêmico livro sobre QI publicado em 1994 por Charles Murray e Richard Herrnstein.[11] Apesar de apresentar uma conclusão que eu e muitos outros consideramos equivocada — de que as diferenças raciais nos testes de desempenho provavelmente são resultado de diferenças genéticas entre as raças —, o livro oferecia uma nova observação de grande importância: as notas nas provas escolares e nos testes de desempenho são excelentes fatores para prever todo tipo de resultado na vida, não só até onde a pessoa irá na escolarização e qual será seu salário quando ela sair da escola, mas também se ela cometerá crimes, se usará drogas, se virá a se casar ou a se divorciar. O que *The Bell Curve* mostrava era que o jovens que se saem bem na escola tendem a se sair bem na vida, venham ou não de um contexto de pobreza. E isso levou a uma ideia intrigante, com forte apelo para os reformadores sociais de todas as tendências políticas: se conseguirmos ajudar as crianças pobres a melhorar sua capacitação acadêmica e seus resultados escolares, elas poderão escapar do ciclo de pobreza por conta própria, sem mais esmolas ou outras formas de assistencialismo.

No fim da década de 1990 e no início dos anos 2000, essa ideia ganhou força em virtude de dois fenômenos importantes. Um deles foi a promulgação da lei No Child Left Behind, em 2001. Pela primeira vez havia uma lei que obrigava estados, municípios e escolas a reunir informações detalhadas sobre o desempenho dos alunos — e não apenas da população estudantil como um todo, mas também de subgrupos específicos: alunos de minorias, alunos de baixa renda, alunos de origem estrangeira com língua materna diferente do inglês. Quando esses dados começaram a ser compilados, foi impossível disfarçar ou negar a defasagem de desempenho que eles refletiam. Em todos os estados, em todas as cidades, em todos os níveis de escolaridade, em quase todas as escolas, os alunos de famílias pobres se saíam muito pior que os de classe média: ao fim do ensino fundamental, eles estavam em média dois ou três anos atrasados. E a defasagem de desempenho entre ricos e pobres piorava a cada ano.[12]

O outro fenômeno foi o surgimento de um grupo de escolas que pareciam desafiar a defasagem de desempenho: as escolas KIPP e outras do mesmo tipo, como o Amistad Academy, de New Haven, o Roxbury Prep, de Boston, e o North Star Academy, de Newark. A primeira leva de notas impressionantes obtidas pelos alunos de David Levin, Michael Feinberg e outros educadores atiçou a imaginação do público. Aparentemente, esses professores tinham bolado um modelo confiável e aplicável para o sucesso em escolas de comunidades carentes.

Assim, esses três fatos convergiram num potente silogismo para aqueles que se preocupavam com a pobreza: primeiro, os resultados nos testes de desempenho na escola têm forte correlação com os resultados na vida em geral, qualquer que seja o ambiente de origem do aluno. Segundo, as crianças de famílias de baixa renda se saíam muito pior nos testes de desempenho do que as crianças de famílias de renda média ou alta. E, terceiro, certas escolas, valendo-se de um modelo muito diferente daquele utilizado pelas escolas públicas tradicionais, conseguiram melhorar consideravelmente os resultados dos testes de desempenho das crianças de famílias de baixa renda. Conclusão: se pudéssemos reproduzir em escala nacional as realizações dessas escolas, poderíamos produzir um efeito drástico no impacto da pobreza sobre o futuro das crianças.

Essa era uma maneira muito diferente de se encarar a pobreza. E era empolgante para muitas pessoas, incluindo eu, sobretudo porque tantas outras experiências *não* tinham funcionado. Já havíamos tentado oferecer assistência social a mães pobres, subsídios habitacionais, policiamento comunitário, programas de assistência para educação, saúde e nutrição. E, na maioria das vezes, as crianças pobres continuavam se saindo pior. Mas agora parecia que, se conseguíssemos fazer com que as escolas públicas fossem mais eficazes — muito mais eficazes —, elas se tornariam uma ferramenta muito mais poderosa contra a pobreza do que qualquer outra solução anterior. Era uma ideia transformadora. E ela deu origem a um movimento: o movimento de reforma educacional.

4. Um outro tipo de reforma

No início do movimento, seus proponentes ainda não sabiam muito bem em qual direção seguiam. Tinham um objetivo em comum — um cenário nacional de escolas que atendessem às crianças de baixa renda com o mesmo bom desempenho que as escolas KIPP —, mas não estavam de acordo quanto quais seriam os mecanismos mais adequados para alcançar esse ideal. Seria por acaso um sistema de bolsas de auxílio? Um currículo nacional? Mais escolas *charter*? Turmas menores? Hoje, uma década depois, a maioria dos reformadores da educação se uniram em torno de uma questão específica: a qualidade dos professores. O consenso entre a maior parte deles é que o número de professores de desempenho insatisfatório é muito grande, especialmente nas escolas mais afetadas pela pobreza, e que a única maneira de melhorar o resultado dos alunos nessas escolas é mudar a maneira como os professores são contratados, treinados, recompensados e dispensados.[13]

Esse argumento tem suas origens intelectuais[14] em alguns artigos publicados no fim da década de 1990 e no início da década de 2000 por economistas e estatísticos, incluindo Eric Hanushek, Thomas Kane e William Sanders, que afirmavam ser possível identificar, por meio de um método estatístico conhecido como valor acrescentado, dois tipos de professores: os que conseguem elevar o nível de desempenho dos alunos regularmente e aqueles cujos alunos constantemente ficam para trás. Essa ideia levou a uma teoria de transformação: se um aluno de baixa renda e desempenho insatisfatório fosse designado durante vários anos seguidos a um professor de alta qualidade, suas notas melhorariam contínua e cumulativamente e, depois de três, quatro ou cinco anos, ele viria a superar a defasagem de desempenho em relação aos colegas mais ricos. E, para levar a ideia um pouco mais à frente: se os sistemas escolares e os contratos dos professores fossem reformulados de tal maneira que *todo* aluno de baixa renda tivesse um professor de alto desempenho, a defasagem de desempenho poderia ser totalmente eliminada.

Nos últimos anos, essa teoria foi adotada nos escalões mais altos do governo. Na verdade, a principal iniciativa educacional do governo Obama consistiu em oferecer aos estados incentivos competitivos para reformular ou emendar suas leis de regulamentação da profissão docente. Muitos estados aceitaram a oferta do governo federal, e agora diversos conceitos experimentais de compensação, avaliação e efetivação dos professores estão sendo testados, de diferentes formas, em sistema escolares de todo o país. Ao mesmo tempo, a Fundação Gates, que gasta mais dinheiro com a educação que qualquer outra organização filantrópica, iniciou, ao custo de 300 milhões de dólares, um projeto de pesquisa intitulado Measures of Effective Teaching (Medidas de ensino eficaz) para tentar dar uma resposta definitiva a perguntas sobre o que é um bom ensino e como criar um corpo docente nacional melhor.

Apesar desse consenso entre os reformadores, o esforço nacional para melhorar a qualidade dos professores tem gerado polêmica. Os sindicatos de professores, em particular, consideram-no uma tentativa não muito sutil de solapar muitas das garantias profissionais pelas quais eles lutaram durante as últimas décadas. E, qualquer que seja a sua opinião a respeito dos sindicatos, o fato é que as pesquisas sobre os professores ainda não responderam algumas questões importantes. Em primeiro lugar, ainda não sabemos como prever de maneira confiável quem será um professor de alto nível em determinado ano. Às vezes, um professor que parece ser um desastre de repente consegue grandes avanços com os alunos. Às vezes, um professor brilhante de repente começa a decair.[15] E ainda não sabemos se é verdade que um grupo de professores excelentes gere um efeito positivo cumulativo no desempenho de alunos de baixa renda. *Parece* fazer sentido que o trabalho de um professor de altíssimo nível ao longo de três anos consecutivos produza uma evolução três vezes maior no desempenho de um aluno do que faria se o trabalho durasse apenas um ano — mas é possível que não seja o caso. Talvez esse efeito se dissipe depois de um ano apenas. Até agora, não existem indícios concretos em qualquer das duas direções.

É verdade que durante muitos anos o sistema atual vem tendendo a destinar os professores mais fracos aos alunos com maior necessidade de ensino excelente. Esse é um problema sério. Mas de alguma maneira permitimos que a reforma do estatuto profissional do professor se transformasse na principal ferramenta de política educacional em nosso empenho de melhorar a vida das crianças pobres. E mesmo os estudos originais, aqueles assinados por Hanushek e outros que hoje são citados pelos reformadores, concluíam que as variações de qualidade dos professores provavelmente respondiam por menos de 10% da defasagem entre os alunos de alto e baixo desempenho.[16]

Essa é a desvantagem de se misturar o debate educacional com o debate sobre a pobreza: podemos nos desviar do problema central. Começamos a achar que a única questão importante é saber como melhorar a qualidade dos professores, quando na realidade se trata apenas de uma pequena parte de uma questão muito mais ampla e profunda: o que é possível fazer para melhorar consideravelmente as oportunidades de milhões de crianças pobres?

E, como o debate sobre a pobreza desapareceu em meio ao debate sobre a reforma educacional, também perdemos de vista outro fato importante: muitas das reformas escolares mais populares, inclusive as escolas *charter* de alto desempenho, parecem funcionar melhor com as crianças de baixa renda mais capacitadas e muitas vezes não funcionam bem com as menos capacitadas. O problema é que a maneira genérica com que o governo americano define necessidade financeira tende a encobrir esse fato. O único indicador oficial da situação econômica de um aluno de escola pública hoje é a inclusão dele no programa de subsídio à merenda escolar, um benefício governamental oferecido a qualquer família com renda anual inferior a 185% da linha da pobreza, o que, em 2012, significava 41.348 dólares para uma família de quatro pessoas.[17] Assim, quando determinada escola ou reforma é elogiada por melhorar os resultados dos alunos de baixa renda, precisamos ter em mente que a definição de baixa renda do governo cobre cerca de 40% das crianças americanas, inclusive algumas que crescem em famílias que muitos considerariam como de classe média ou classe média baixa.[18] (Nas escolas públicas de Chicago, apenas um oitavo dos alunos *não tem* direito ao subsídio da merenda.)[19] No conjunto dos alunos de baixa renda levados em conta pelo governo, cerca de metade é de fato pobre, ou seja, vive abaixo da linha da pobreza. E metade *desses* alunos, cerca de 10% das crianças americanas, cresce em famílias com renda abaixo de metade da linha da pobreza.[20] No caso de uma família de quatro pessoas, estamos falando de uma renda de menos de 11 mil dólares por ano.[21]

Os mais de sete milhões de crianças americanas que crescem em famílias com renda inferior a 11 mil dólares por ano[22] deparam-se com inúmeros obstáculos ao sucesso escolar que provavelmente não são enfrentados pelas crianças de famílias com renda anual de 41 mil dólares. Existem as considerações de ordem estritamente financeira: a família provavelmente não pode proporcionar condições adequadas de abrigo ou alimentação, para não falar de roupas novas, livros ou brinquedos educativos. Mas os obstáculos mais sérios ao aprendizado provavelmente transcendem o que a família pode ou não comprar. Quando uma família tem uma renda tão baixa, é quase certo que nenhum adulto na casa tem um emprego em tempo integral. Isso pode acontecer simplesmente porque há falta de empregos, mas também porque um dos pais (ou ambos) enfrenta outros obstáculos, como incapacitação, deficiências, depressão ou abuso de drogas. Estatisticamente, é provável que a criança seja criada por uma mãe solteira de baixa escolaridade que nunca se casou. Pela estatística, também há uma boa chance de que o responsável tenha sido denunciado a um organismo de proteção da infância por suspeita de abuso ou negligência.

Neurocientistas e psicólogos revelaram que os alunos criados nesse tipo de ambiente têm mais chance de apresentar um índice ACE elevado e menos chance de desfrutar, com seus responsáveis, dos relacionamentos de apego e segurança que amortecem os efeitos do estresse e do trauma; isso, por sua vez, significa que é provável que eles tenham funções executivas deficientes e dificuldade para lidar com situações estressantes. Na sala de aula, demonstram problemas de concentração, comprometimento das capacitações sociais, dificuldade de se aquietar e obedecer a instruções, e aquilo que os professores entendem como mau comportamento.

Apesar das grandes necessidades dessas crianças, os reformadores do sistema escolar não têm alcançado muito sucesso com a criação de intervenções que realmente funcionem; eles se saíram bem melhor com intervenções para crianças de famílias de baixa renda em situação mais confortável, as que ganham 41 mil dólares por ano. Na verdade, *ninguém* descobriu uma maneira confiável de ajudar crianças em situação de grande desvantagem. O que criamos foi um sistema desconjuntado e limitado de agências e programas governamentais que as acompanha de forma irregular ao longo da infância e da adolescência.

Esse sistema disfuncional começa nas clínicas sobrecarregadas do programa de assistência à saúde (o Medicaid) e prossegue nos departamentos de serviço social e proteção da infância e nas salas de emergência dos hospitais. Quando as crianças entram no sistema escolar, são levadas para educação especial, turmas de recuperação e escolas alternativas, e mais adiante, no caso dos adolescentes, para os programas do GED e os cursos de recuperação de créditos por computação, que muitas vezes permitem que o aluno obtenha um diploma de ensino médio sem um nível de formação decente. Fora da escola, o sistema abrange lares adotivos, reformatórios juvenis e agentes de liberdade condicional.

Nesse sistema, são poucas as agências particularmente bem geridas ou bem guarnecidas (não existe uma instituição equivalente à Teach for America mandando sucessivas levas de professores recém-formados jovens e idealistas para trabalhar nelas), e seus esforços raramente são bem coordenados. Para as crianças e as famílias atendidas, o trato com essas agências tende a ser frustrante, alienante e não raro humilhante. O sistema como um todo é extremamente oneroso e de incrível ineficiência, apresentando um índice muito baixo de sucesso; praticamente ninguém que passe por ele na infância chega a concluir uma faculdade ou atinge qualquer dos outros indicadores de uma vida feliz e bem-sucedida: uma boa carreira, uma família intacta, um lar estável.

Mas seria possível conceber um sistema totalmente novo para as crianças que enfrentam condições de profunda e constante adversidade em casa. Ele poderia começar com um abrangente centro de bem-estar pediátrico, como aquele que Nadine Burke Harris está tentando construir em Bayview-Hunters Point, com atendimento dedicado aos traumas e apoio de serviço social em cada consulta médica. Poderia continuar com intervenções nos cuidados parentais a fim de aumentar as chances de criação de apego e segurança, como a Attachment and Biobehavioral Catch-Up (ABC), programa desenvolvido na Universidade de Delaware. No maternal, poderia envolver um programa como o Ferramentas Mentais que promova funções executivas e autorregulação em crianças pequenas. Naturalmente, seria importante garantir que esses alunos estivessem em boas escolas: não escolas que os encaminhassem para turmas de recuperação, mas que fossem capazes de desafiá-los a desenvolver um desempenho de alta qualidade. E, qualquer que fosse a ajuda acadêmica que eles recebessem nas aulas, seria necessário complementá-la com intervenções sociais, psicológicas e de construção do caráter fora da sala de aula, como as que Elizabeth Dozier implantou no Fenger ou as que um grupo chamado Turnaround for Children realiza em várias escolas de baixa renda de Nova York e Washington. No ensino médio, seria bom para esses alunos contar com uma combinação do que a OneGoal e o KIPP Through College proporcionam: um programa que os direcione para o ensino superior e tente prepará-los para a faculdade não só pelo lado acadêmico, mas também na esfera emocional e psicológica.

Um sistema coordenado como esse, voltado para os 10% a 15% de alunos com maior risco de fracasso, seria caro, não resta dúvida. Mas com quase toda certeza seria mais barato do que o sistema limitado atual. Ele poderia não só salvar vidas, mas também poupar dinheiro, e não apenas a longo prazo, mas em curtíssimo.

5. A política da desvantagem

Pode ser incômodo falar da influência da família no sucesso e no fracasso das crianças pobres. Os reformadores educacionais preferem situar no próprio sistema escolar os principais obstáculos ao sucesso e têm como artigo de fé que as soluções para esses obstáculos também podem ser encontradas na própria sala de aula. Em compensação, os céticos muitas vezes culpam fatores extraescolares pelo baixo desempenho das crianças pobres, mas, quando eles relacionam tais fatores — e eu li muitas dessas listas —, tendem a escolher aqueles que não têm muito a ver com o funcionamento da família. Em vez disso, identificam sobretudo influências impessoais, como poluição ambiental, insegurança alimentar, habitação e atendimento de saúde inadequados e discriminação racial. Todos esses problemas são legítimos e importantes. Mas não representam de maneira precisa os principais obstáculos tantas vezes enfrentados pelas crianças pobres, principalmente as muito pobres, no caminho para o sucesso acadêmico: um lar e uma comunidade que geram altos níveis de estresse e a ausência de uma relação segura com um responsável que permita que essa criança consiga lidar com o estresse.

Desse modo, quando buscamos as causas fundamentais do baixo desempenho relacionado às condições de pobreza, por que tendemos a nos concentrar nos culpados errados e a ignorar aqueles que a ciência demonstra serem os mais danosos? Acho que há três motivos. O primeiro é que a própria ciência não é muito conhecida nem compreendida, e em certa medida não é compreendida por ser densa e de difícil penetração. Sempre que alguém precisar usar a expressão *hipotálamo-pituitária-adrenal* para explicar alguma coisa, vai ter problemas.

Em segundo lugar, aqueles de nós que não vivem em lares de baixa renda têm uma dificuldade compreensível de falar sobre as disfunções familiares dos mais pobres. É grosseria criticar os cuidados parentais alheios em público. É uma grosseria ainda maior quando se fala de pais que não têm as mesmas vantagens materiais que nós. E, quando a pessoa que faz os comentários é branca e os pais em questão são negros, o nível de ansiedade geral aumenta. É o tipo de conversa que inevitavelmente desperta questões dolorosas na política e na psique dos Estados Unidos.

Finalmente, há o fato de que a nova ciência da adversidade, em toda a sua complexidade, representa um grande desafio a certas convicções políticas profundamente arraigadas tanto à esquerda quanto à direita. Para os liberais, a ciência está dizendo que os conservadores estão certos numa questão essencial: *o caráter é importante*. Na ajuda aos jovens em situação de desvantagem, nenhuma ferramenta contra a pobreza é mais valiosa do que os pontos fortes de caráter que Keitha Jones, Kewauna Lerma e James Black tanto demonstram: escrupulosidade, determinação, resiliência, perseverança e otimismo.

O problema do típico argumento conservador sobre a pobreza é que, muitas vezes, ele para por aí: o caráter é importante... e ponto final. Não há muito que a sociedade possa fazer até que os pobres tomem jeito e tratem de desenvolver um caráter melhor. Enquanto isso, o resto da população não precisa se preocupar. Podemos passar sermões nos pobres e puni-los por não se comportarem da maneira como indicamos, e é aí que termina nossa responsabilidade.

Na verdade, contudo, a ciência sugere uma realidade muito diferente. Ela diz que os pontos fortes de caráter que tanto importam para o sucesso dos jovens não são inatos; não se manifestam como um passe de mágica, por sorte ou genética. E não são uma mera questão de escolha. Estão enraizados na química cerebral, moldados de forma mensurável e previsível pelo ambiente em que as crianças crescem. Isso quer dizer que todo mundo — a sociedade como um todo — pode fazer muita coisa para influenciar o desenvolvimento desses pontos fortes nas crianças. Hoje sabemos muito a respeito das formas de intervenção capazes de ajudar as crianças a desenvolver esses pontos fortes e capacitações, desde o nascimento até a faculdade. Os pais são um excelente veículo para tais intervenções, mas não o único. A ajuda transformadora também parte regularmente de assistentes sociais, professores, padres e pastores, pediatras e vizinhos. Podemos discutir se tais intervenções devem ser proporcionadas pelo governo, por organizações sem fins lucrativos ou por instituições religiosas, ou ainda por uma combinação dos três. Mas o que não dá para argumentar mais é que não há nada que podemos fazer.

Os proponentes de uma nova maneira de pensar a questão das crianças e das desvantagens muitas vezes fundamentam seus argumentos em termos econômicos: os Estados Unidos precisam mudar sua abordagem do desenvolvimento infantil, pois isso ajudará a poupar dinheiro e melhorar as condições econômicas. Jack Shonkoff, diretor do Centro de Desenvolvimento Infantil de Harvard, apresenta fortes argumentos de que um programa eficaz de apoio aos pais de crianças pobres quando estas ainda são pequenas seria muito menos oneroso e mais eficaz do que o método atual de bancar turmas de recuperação e treinamento profissional.[23] James Heckman levou esses cálculos um pouco adiante, considerando que o Perry Preschool gerava entre 7 e 12 dólares de retorno tangível para a economia americana a cada dólar investido.[24]

Todavia, por mais forte que seja o aspecto econômico, o argumento com que mais me identifico é de caráter puramente pessoal. Quando estou com jovens que vivem em meio a adversidades, não posso deixar de sentir duas coisas. Em primeiro lugar, raiva pelo que eles já perderam. Quando Kewauna fala da sensação de ser largada na sala do WINGS, em sua escola de ensino fundamental de Minnesota, vendo filmes e comendo pipoca enquanto os colegas aprendiam matemática e metáforas, eu me sinto exatamente como Elizabeth Spiegel se sentia ao se dar conta do pouco que James Black aprendera sobre o mundo além do tabuleiro de xadrez: fico furioso por Kewauna. Por causa disso, ela precisa se esforçar duas vezes mais hoje.

E devemos reconhecer que ela *realmente* está se esforçando duas vezes mais. O que leva à minha segunda reação: um sentimento de admiração e esperança quando vejo jovens tomando a decisão difícil e não raro dolorosa de seguir um caminho melhor, de se afastar do destino que podia parecer inevitável. James, Keitha e Kewauna se esforçam muito mais do que eu quando era adolescente para mudar e melhorar de vida. E, a cada dia que passa, sobem mais um degrau na escada para um futuro melhor. Para nós, contudo, não basta aplaudir seus esforços e esperar que um dia aumente o número de jovens capazes de seguir seu exemplo. Eles não chegaram a essa escada sozinhos. Só estão lá porque alguém os ajudou a subir o primeiro degrau.

Agradecimentos

A gratidão é um dos sete pontos fortes de caráter que os professores do KIPP e do Riverdale tentam inculcar em seus alunos, e fico feliz pela oportunidade de exercitá-la aqui por alguns parágrafos: espaço insuficiente para agradecer a todas as pessoas que me ajudaram com este livro, mas suficiente para mencionar pelo menos algumas.

Meu trabalho de reportagem contou com a generosidade e a sabedoria de muitos estudiosos e pesquisadores, mas me sinto particularmente grato a James Heckman, Clancy Blair, Nadine Burke Harris e Angela Duckworth, que não só compartilharam o profundo conhecimento de seus campos de atuação como me ajudaram a perceber relações que transcendiam os limites acadêmicos e científicos tradicionais: as ligações entre a psicologia do desenvolvimento e a economia do trabalho, entre a criminologia e a medicina pediátrica, entre os hormônios do estresse e a reforma escolar.

Agradeço também aos educadores que me permitiram acompanhar seu trabalho e foram muito atenciosos ao me explicar por que faziam o que faziam, especialmente Elizabeth Spiegel, Jeff Nelson, David Levin, Elizabeth Dozier, Dominic Randolph, Tom Brunzell, K.C. Cohen, Michele Stefl e Lanita Reed. Steve Gates talvez não se considere um educador, mas também o incluo nesta categoria; ele certamente me educou, e sua orientação e sua generosidade enriqueceram o período que passei em Roseland.

Sou muito grato às dezenas de jovens de Chicago, Nova York e São Francisco que me contaram suas histórias e responderam às minhas perguntas sobre suas vidas com sinceridade, perspicácia e gentileza, especialmente Keitha Jones, Monisha Sullivan, Thomas Gaston, James Black e Kewauna Lerma.

Muito obrigado a todas as pessoas que, na Houghton Mifflin Harcourt, fizeram deste livro uma realidade, especialmente minha editora, Deanne Urmy, cuja contribuição fica evidente a cada página. Sou grato ao meu agente, David McCormick, por sua fé inabalável neste projeto, e à minha agente de palestras Alia Hanna Habib, pelo apoio, pelo estímulo e pelos conselhos. Agradeço a Emmy Liss, que me ajudou na pesquisa; ela ampliou minha compreensão do que significa para uma criança crescer em condições de profunda desvantagem. Agradeço a Charles William Wilson, pela desenvoltura e meticulosidade com que conferiu as informações de boa parte do manuscrito. Sou grato também a Katherine Bradley e seus colegas da CityBridge Foundation pela ajuda e pelo apoio nas primeiras fases de meu trabalho.

Tenho uma dívida para com os amigos e colegas que leram esboços e partes desta obra e me ofereceram conselhos, incluindo Matt Bai e James Forman Jr., assim como dois excelentes editores de revistas, Vera Titunik e Daniel Zalewski, que ajudaram a transformar algumas das minhas pesquisas para este livro em matérias para a *New York Times Magazine* e a *The New Yorker*, respectivamente. Dois outros editores, ambos indispensáveis: quando eu não conseguia começar ou concluir um capítulo, meu primeiro telefonema era, invariavelmente, para Joel Lovell, que sempre tinha uma solução. E, depois de terminar uma primeira versão do livro, Ira Glass me orientou por algumas revisões importantes, lendo e oferecendo conselhos ao longo de vários rascunhos; tive a sorte de poder contar com seus olhos e ouvidos perspicazes.

Sou profundamente grato aos parentes e amigos que ofereceram apoio, conselhos e momentos de distração bem-vindos ao longo deste percurso, incluindo Susan Tough, Anne Tough, Allen Tough, Jack Hitt, Michael Pollan, Ethan Watters, Ann Clarke, Matt Klam, Kira Pollack, James Ryerson, Elana James e Ilena Silverman.

Acima de tudo, meu muito obrigado a Paula, Ellington e Georgie, pela ajuda, pelo apoio e pelo amor. Nos agradecimentos do meu último livro, prometi a Paula que este seria mais fácil, mas não foi. Mas, mesmo assim, ela manteve-se firme, com paciência, bom humor e uma grande dose de determinação. Os artigos acadêmicos nos quais mergulhei enquanto escrevia este livro me ensinaram muita coisa sobre a força transformadora do amor em família — mas esse conhecimento nada é em comparação ao que aprendo com ela a cada dia.

Notas sobre as fontes

Introdução

1: Para saber mais a respeito de Ferramentas Mentais, ver Paul Tough, "Can the Right Kinds of Play Teach Self-Control?", *New York Times Magazine*, 25 de setembro de 2009.

2: Garey Ramey e Valerie A. Ramey, *The Rug Rat Race* (Cambridge, MA: National Bureau of Economics Research, janeiro de 2010).

3: Kate Zernike, "Fast-Tracking to Kindergarten?", *New York Times*, 13 de maio de 2011.

4: Carnegie Task Force on Meeting the Needs of Young Children, *Starting Points: Meeting the Needs of Our Youngest Children* (Nova York: Carnegie Corporation of New York, 1994).

5: Betty Hart e Todd R. Risley, *Meaningful Differences in the Everyday Experience of Young American Children* (Baltimore: Paul H. Brookes, 1995).

6: James J. Heckman, John Eric Humphries e Nicholas S. Mader, "The GED", in *Handbook of the Economics of Education*, vol. 3, orgs. Eric A. Hanushek et al. (Oxford: Elsevier, 2011), p.455, figura 9.16. Para mais informações sobre a pesquisa GED efetuada por Heckman, ver James J. Heckman, Jingjing Hsse e Yona Rubinstein, "The GED Is a 'Mixed Signal': The Effect of Cognitive and Non-Cognitive Skills on Human

Capital and Labor Market Outcomes", artigo não publicado, revisado em março de 2002; e James J. Heckman e Yona Rubinstein, "The Importance of Noncognitive Skills: Lessons from the GED Testing Program", *American Economic Review*, vol. 91, nº 2 (maio de 2001).

7: Pedro Carneiro e James J. Heckman, "Human Capital Policy", in *Inequality in America: What Role for Human Capital Policies?*, orgs. James J. Heckman e Alan B. Krueger (Cambridge, MA: MIT Press, 2003), p.141.

8: James J. Heckman, Seong Hyeok Moon, Rodrigo Pinto, Peter A. Savelyev e Adam Yavitz, "The Rate of Return to the High/Scope Perry Preschool Program", *Journal of Public Economics*, vol. 94, nºs 1 e 2 (fevereiro de 2010). Para mais informações sobre a experiência Perry, ver James Heckman, Lena Malofeeva, Rodrigo Pinto e Peter Savelyev, "Understanding the Mechanisms Through Which an Influential Early Childhood Program Boosted Adult Outcomes", artigo não publicado, 23 de novembro de 2011.

9: James Heckman, Lena Malofeeva, Rodrigo Pinto e Peter Savelyev, "Enhancements in Noncognitive Capacities Explain Most of the Effects of the Perry Preschool Program", artigo não publicado, 13 de janeiro de 2010.

1. Como fracassar (ou não)

1: Michael Martinez, "City's Schools Now Thinking Small", *Chicago Tribune*, 20 de setembro de 1996.

2: Lynn Schnaiberg, "Scores Up But Schools No Better", *Catalyst Chicago*, março de 2001.

3: Martinez, "City's Schools".

4: Jody Temkin, "Last-Minute Decisions Keep Fenger on Its Toes", *Catalyst Chicago*, outubro de 1999.

5: Michael Martinez, "Magnet Programs to Expand in City Schools", *Chicago Tribune*, 16 de março de 2001.

6: David Mendell, "City Dropouts Target of Grant", *Chicago Tribune*, 18 de abril de 2006.

7: Sarah Karp, "If at First You Don't Succeed... Turnaround And Go Big", *Catalyst Chicago*, 16 de janeiro de 2009.

8: Mendell, "City Dropouts".

9: Karp, "If at First"; Sarah Karp, "Putting the Brakes on High School Transformation", *Catalyst Chicago*, 28 de abril de 2009.

10: Sarah Karp, "Youth Murders Up, Money for School Violence Prevention in Doubt", *Catalyst Chicago*, 28 de janeiro de 2011.

11: Tradução inglesa de Vincent Felitti, "Belastungen in der Kindheit und Gesundheit im Erwachsenenalter: die Verwandlung von Gold in Blei", *Zeitschrift für Psychosomatische Medizin und Psychotherapie*, vol. 48 (2002).

12: Shanta R. Dube et al., "Childhood Abuse, Household Dysfunction, and the Risk of Attempted Suicide Throughout the Life Span", *Journal of the American Medical Association*, vol. 286, nº 24 (26 de dezembro de 2001).

13: Ibid.

14: Robert Anda, "The Health and Social Impact of Growing Up With Adverse Childhood Experiences", artigo não publicado, www.acestudy.org.

15: Robert Anda, Vincent Felitti et al., "The Enduring Effects of Abuse and Related Adverse Experiences in Childhood: A Convergence of Evidence from Neurobiology and Epidemiology", *European Archives of Psychiatry and Clinical Neurosciences*, vol. 56 (2006). Para mais informações sobre dados relacionados a experiências adversas na infância, ver Vincent J. Felitti e Robert F. Anda, "The Relationship of Adverse Childhood Experiences to Adult Medical Disease, Psychiatric Disorders, and Sexual Behavior: Implications for Healthcare", in *The Hidden Epidemic: The Impact of Early Life Trauma on Health and Disease*, orgs. Ruth A. Lanius, Eric Vermetten e Clare Pain (Cambridge: Cambridge University Press, 2010); Valerie J. Edwards et al., "The Wide-Ranging Health Outcomes of Adverse Childhood Experiences", in *Child Victimization*, orgs. K.A. Kendall-Tackett e S.M. Giaromoni (Kingston, NJ: Civic Research Institute, 2005); e Vincent J. Felitti, Paul Jay Fink, Ralph E. Fishkin e Robert F. Anda, "An Epidemiologic Validation of Psychoanalytic Concepts: Evidence from the Adverse Childhood Experiences (ACE) Study of Childhood Trauma and Violence", in *Trauma und Gewalt*, vol. 1 (2006).

16: Anda, Felitti et al., "Enduring Effects".

17: Edwards et al., "Wide-Ranging Health Outcomes".

18: Maxia Dong et al., "Adverse Childhood Experiences and Self-Reported Liver Disease", *Archives of Internal Medicine*, vol. 163 (8 de setembro de 2003).

19: Dube et al., "Childhood Abuse".

20: Felitti e Anda, "Relationship of Adverse Childhood Experiences".

21: Felitti et al., "Epidemiologic Validation".

22: Nesta descrição da ação do estresse, baseio-me em Robert M. Sapolsky, *Por que as zebras não têm úlcera?* (São Paulo: W11 Editores, 2008); Seymour Levine, "Stress: an Historical Perspective", in *Handbook of Stress and the Brain, Part 1: The Neurobiology of Stress*, orgs. T. Steckler, N.H. Kalin e J.M. H.M. Reul (Amsterdã: Elsevier, 2005); e Center on the Developing Child at Harvard University, *The Foundations of Lifelong Health Are Built in Early Childhood* (Cambridge, MA: Center on the Developing Child, 2010).

23: Meu conhecimento do trabalho de Bruce McEwen vem de conversas que tive com ele, assim como de Bruce S. McEwen, "Protection and Damage from Acute and Chronic Stress", *Annals of the New York Academy of Sciences,* vol. 1.032 (2004); Sapolsky, *Por que as zebras não têm úlcera?*; e Teresa Seeman et al., "Modeling Multisystem Biological Risk in Young Adults: The Coronary Artery Risk Development in Young Adults Study", *American Journal of Human Biology*, vol. 22 (2010).

24: Seeman et al., "Modeling Multisystem Biological Risk"; e Teresa Seeman et al., "Socio-Economic Differentials in Peripheral Biology: Cumulative Allostatic Load", *Annals of the New York Academy of Sciences*, vol. 1.186 (2010).

25: Nadine J. Burke, Julia L. Hellman, Brandon G. Scott, Carl F. Weems e Victor G. Carrion, "The Impact of Adverse Childhood Experiences on an Urban Pediatric Population", *Child Abuse and Neglect*, vol. 35, nº 6 (junho de 2011).

26: Sara E. Rimm-Kaufman, Robert C. Pianta e Martha J. Cox, "Teachers' Judgments of Problems in the Transition to Kindergarten", *Early Childhood Research Quarterly*, vol. 15, nº 2 (2000).

27: Janis B. Kupersmidt, Donna Bryant e Michael T. Willoughby, "Prevalence of Aggressive Behaviors Among Preschoolers in Head Start and Community Child Care Programs", *Behavioral Disorders*, vol. 26, nº 1 (novembro de 2000).

28: Center on the Developing Child at Harvard University, "Building the Brain's 'Air Traffic Control' System: How Early Experiences Shape the Development of Executive Function", artigo nº 11 (Cambridge, MA: Center on the Developing Child, fevereiro de 2011).

29: Gary W. Evans e Michelle A. Schamberg, "Childhood Poverty, Chronic Stress, and Adult Working Memory", *Proceedings of the National Academy of Sciences*, vol. 106, nº 16 (2009).

30: Laurence Steinberg, "A Behavioral Scientist Looks at the Science of Adolescent Brain Development", *Brain and Cognition*, vol. 72 (2010).

31: Laurence Steinberg, "A Social Neuroscience Perspective on Adolescent Risk-Taking", *Developmental Review*, vol. 28, nº 1 (março de 2008); Laurence Steinberg, "A Dual Systems Model of Adolescent Risk--Taking", *Developmental Psychobiology*, vol. 52, nº 3 (abril de 2010).

32: Karen M. Abram et al., "Posttraumatic Stress Disorder and Trauma in Youth in Juvenile Detention", *Archives of General Psychiatry*, vol. 61 (abril de 2004).

33: Roseanna Ander, Philip J. Cook, Jens Ludwig e Harold Pollack, *Gun Violence Among School-Age Youth in Chicago* (Chicago: University of Chicago Crime Lab, 2009).

34: Dong Liu et al., "Maternal Care, Hippocampal Glucocorticoid Receptors, and Hypothalamic-Pituitary-Adrenal Responses to Stress", *Science*, vol. 277, nº 5.332 (12 de setembro de 1997).

35: Christian Caldji et al., "Maternal Care During Infancy Regulates the Development of Neural Systems Mediating the Expression of Fearfulness in the Rat", *Proceedings of the National Academy of Sciences*, vol. 95, nº 9 (28 de abril de 1998).

36: Christian Caldji, Josie Diorio e Michael J. Meaney, "Variations in Maternal Care in Infancy Regulate the Development of Stress Reactivity", *Biological Psychiatry*, vol. 48, nº 12 (15 de dezembro de 2000).
37: Ian C.G. Weaver et al., "Epigenetic Programming by Maternal Behavior", *Nature Neuroscience*, vol. 7, nº 8 (agosto de 2004); Robert M. Sapolsky, "Mothering Style and Methylation", *Nature Neuroscience*, vol. 7, nº 8 (agosto de 2004).
38: Patrick O. McGowan et al., "Epigenetic Regulation of the Glucocorticoid Receptor in Human Brain Associates with Child Abuse", *Nature Neuroscience*, vol. 12, nº 3 (março de 2009); Steven E. Hyman, "How Adversity Gets Under the Skin", *Nature Neuroscience*, vol. 12, nº 3 (março de 2009); Hanna Hoag, "The Painted Brain: How Our Lives Colour Our Minds", *Montreal Gazette*, 18 de janeiro de 2011.
39: Clancy Blair et al., "Salivary Cortisol Mediates Effects of Poverty and Parenting on Executive Functions in Early Childhood", *Child Development*, vol. 82, nº 6 (novembro/dezembro de 2011).
40: Clancy Blair et al., "Maternal and Child Contributions to Cortisol Response to Emotional Arousal in Young Children from Low-Income, Rural Communities", *Developmental Psychology*, vol. 44, nº 4 (2008). Ver também Clancy Blair, "Stress and the Development of Self-Regulation in Context", *Child Development Perspectives*, vol. 4, nº 3 (dezembro de 2010).
41: Gary W. Evans et al., "Cumulative Risk, Maternal Responsiveness, and Allostatic Load Among Young Adolescents", *Developmental Psychology*, vol. 43, nº 2 (2007).
42: Robert Karen, *Becoming Attached: First Relationships and How They Shape our Capacity to Love* (Nova York: Oxford University Press, 1998).
43: Meu conhecimento sobre o estudo de Minnesota deriva essencialmente de conversas com Byron Egeland, Alan Sroufe, Andrew Collins e outros pesquisadores; de L. Alan Sroufe, Byron Egeland, Elizabeth A. Carlson e W. Andrew Collins, *The Development of the Person: The Minnesota Study of Risk and Adaptation from Birth to Adulthood* (Nova York: Guilford Press, 2005); de Alan Sroufe e Daniel Siegel, "The Verdict Is In: The Case for Attachment Theory", *Psychotherapy Networker* (março/abril de 2011); e de Karen, *Becoming Attached.*

44: Sroufe et al., *Development of the Person*, p.132.

45: Ibid., p.133.

46: Ibid., pp.139-41.

47: L. Alan Sroufe, "Attachment and Development: a Prospective, Longitudinal Study from Birth to Adulthood", *Attachment and Human Development*, vol. 7, nº 4 (dezembro de 2005), p.357.

48: Sroufe et al., *Development of the Person*, p.211, 228; Shane Jimerson, Byron Egeland, L. Alan Sroufe e Betty Carlson, "A Prospective Longitudinal Study of High School Dropouts Examining Multiple Predictors Across Development", *Journal of School Psychology*, vol. 38, nº 6 (2000).

49: Sroufe et al., *Development of the Person*, p.210; Jimerson et al., "A Prospective Longitudinal Study".

50: Dante Cicchetti, Fred A. Rogosch e Sheree L. Toth, "Fostering Secure Attachment in Infants in Maltreating Families Through Preventive Interventions", *Development and Psychopathology*, vol. 18, nº 3 (2006).

51: Megan R. Gunnar, Philip A. Fisher e Early Experience, Stress, and Prevention Network, "Bringing Basic Research on Early Experience and Stress Neurobiology to Bear on Preventive Interventions for Neglected and Maltreated Children", *Development and Psychopathology*, vol. 18, nº 3 (2006).

52: Mary Dozier et al., "Developing Evidence-Based Interventions for Foster Children: An Example of a Randomized Clinical Trial with Infants and Toddlers", *Journal of Social Issues*, vol. 62, nº 4 (2006).

53: Kristin Bernard et al., "Enhancing Attachment Organization Among Maltreated Children: Results of a Randomized Clinical Trial", *Child Development*, vol. 83, nº 2 (março de 2012).

54: Heather Mac Donald, "Chicago's Real Crime Story", *City Journal*, inverno de 2010.

2. Como construir o caráter

1: Jay Mathews, *Work Hard. Be Nice: How Two Inspired Teachers Created the Most Promising Schools in America* (Chapel Hill, NC: Algonquin Books of Chapel Hill, 2009), p.160.

2: Abby Goodnough, “Structure and Basics Bring South Bronx School Acclaim”, *New York Times*, 20 de outubro de 1999.

3: Jodi Wilgoren, “Seeking to Clone Schools of Success for the Poor”, *New York Times*, 16 de agosto de 2000.

4: O KIPP dá atenção especial às estatísticas de seis anos de formação porque é a referência geralmente aceita em estatísticas de formação universitária. Na primavera de 2012, nove anos depois do prazo previsto para que os alunos da Turma de 2003 do KIPP Academy concluíssem o ensino médio, dois membros do grupo ainda estavam matriculados num curso universitário e com expectativa de se formarem naquele ano, o que elevaria a 26% o total de alunos graduados dessa turma. Três outros alunos concluíram cursos de ensino superior de dois anos. Os demais 25 alunos não obtiveram diplomas de ensino superior.

5: Martin E. P. Seligman, *Aprenda a ser otimista* (Rio de Janeiro: Nova Era, 2005).

6: Ibid.

7: Ibid.

8: Christopher Peterson e Martin E. P. Seligman, *Character Strengths and Virtues: a Handbook and Classification* (Oxford: Oxford University Press, 2004), p.4.

9: Ibid., p.9.

10: Ibid., p.15.

11: Ibid., p.10.

12: Ibid., p.4.

13: Ver, por exemplo, Roger Rosenblatt, “Teaching Johnny to Be Good”, *New York Times Magazine*, 30 de abril de 1995; e Charles Helwig, Elliot Turiel e Larry Nucci, “Character Education After the Bandwagon Has Gone”, trabalho apresentado in L. Nucci (presidente), “Developmental Perspectives and Approaches to Character Education”, simpósio realizado na reunião da American Educational Research Association, Chicago, março de 1997.

14: Social and Character Development Research Consortium, *Efficacy of Schoolwide Programs to Promote Social and Character Development and Reduce Problem Behavior in Elementary School Children* (Washington,

DC: National Center for Education Research, Institute of Education Sciences, U.S. Department of Education, 2010); Sarah D. Spark, "Character Education Found to Fall Short in Federal Study", *Education Week*, 21 de outubro de 2010.

15: David Whitman, *Sweating the Small Stuff: Inner-City Schools and the New Paternalism* (Washington, DC: Thomas B. Fordham Institute, 2008).

16: Ibid., p.3.

17: Martin E. P. Seligman, *Flourish: A Visionary New Understanding of Happiness and Well-Being* (Nova York: Free Press, 2011), p.103.

18: Angela Lee Duckworth e Martin E. P. Seligman, "Self-Discipline Outdoes IQ in Predicting Academic Performance of Adolescents", *Psychological Science*, vol. 16, nº 12 (2005).

19: Walter Mischel, "From Good Intentions to Willpower", in *The Psychology of Action: Linking Cognition and Motivation to Behavior*, orgs. Peter M. Gollwitzer e John A. Burgh (Nova York: Guilford Press, 1996); Jonah Lehrer, "Don't!", *New Yorker*, 18 de maio de 2009.

20: Lehrer, "Don't!".

21: Walter Mischel, Yuichi Shoda e Monica L. Rodriguez, "Delay of Gratification in Children", *Science*, vol. 244, nº 4.907 (26 de maio de 1989).

22: Calvin V. Edlund, "The Effect on the Behavior of Children, as Reflected in the IQ Scores, When Reinforced After Each Correct Response", *Journal of Applied Behavior Analysis*, vol. 5, nº 3 (outono de 1972).

23: Joy Clingman e Robert L. Fowler, "The Effects of Primary Reward on the I.Q. Performance of Grade-School Children as a Function of Initial I.Q. Level", *Journal of Applied Behavior Analysis*, vol. 9, nº 1 (primavera de 1976).

24: Steven D. Levitt e Stephen J. Dubner, *Freakonomics: O lado oculto e inesperado de tudo que nos afeta* (Rio de Janeiro: Campus, 2005).

25: Roland G. Fryer Jr., "Financial Incentives and Student Achievement: Evidence from Randomized Trials", *Quarterly Journal of Economics*, vol. 126 (2011); Roland G. Fryer, "Teacher Incentives And Student Achievement: Evidence from New York City Public Schools", artigo do National Bureau of Economic Research (NBER) nº 16.850 (Cambridge, MA: National Bureau of Economic Research, março de 2011); Roland G. Fryer Jr., "Aligning Student, Parent, and Teacher Incentives: Evidence from Houston Public Schools", artigo do NBER nº 17.752 (Cambridge, MA: National Bureau of Economic Research, janeiro de 2012); Amanda Ripley, "Should Kids Be Bribed to Do Well in School?", *Time* (8 de abril de 2010); Elizabeth Green, "Study: $75M Teacher Pay Initiative Did Not Improve Achievement", *Gotham Schools* (7 de março de 2011).

26: Carmit Segal, "Working When No One Is Watching: Motivation, Test Scores, and Economic Success", *Management Science* (abril 2012).

27: Ver, por exemplo, "Introduction: Personality and Industrial and Organizational Psychology", in *Personality Psychology in the Workplace*, orgs. Brent W. Roberts e Robert Hogan (Washington, DC: American Psychological Association, 2001); e Robert Hogan, *Personality and the Fate of Organizations* (Mahwah, NJ: Lawrence Erlbaum Associates, 2007).

28: Brent W. Roberts et al., "The Power of Personality: The Comparative Validity of Personality Traits, Socioeconomic Status, and Cognitive Ability for Predicting Important Life Outcomes", *Perspectives on Psychological Science*, vol. 2 (2007); Angela Lee Duckworth e Kelly M. Allred, "Temperament in the Classroom", in *Handbook of Temperament*, orgs. R.L. Shiner e M. Zentner (Nova York: Guilford Press, no prelo).

29: Samuel Bowles e Herbert Gintis, *Schooling in Capitalist America: Educational Reform and the Contradictions of Economic Life* (Nova York: Basic Books, 1976).

30: Ibid., p.130.

31: Ibid., p.135.

32: Ibid., pp.137-38.

33: Peterson e Seligman, *Character Strengths and Virtues*, p.515.

34: Tera D. Letzring, Jack Block e David C. Funder, "Ego-Control and Ego-Resiliency: Generalization of Self-Report Scales Based on Personality Descriptions from Acquaintances, Clinicians, and the Self", *Journal of Research in Personality*, vol. 39, nº 4 (agosto de 2005).

35: Terrie E. Moffitt et al., "A Gradient of Childhood Self-Control Predicts Health, Wealth, and Public Safety", *Proceedings of the National Aca-*

demy of Science, vol. 108, nº 7 (fevereiro de 2011). Ver também Paul Solman, "Self-Controlled Kids Prosper as Adults: 'Fatalistically Depressing'?", *PBS NewsHour*, 13 de junho de 2011.

36: Angela Lee Duckworth e Patrick D. Quinn, "Development and Validation of the Short Grit Scale (Grit-S)", *Journal of Personality Assessment*, vol. 91, nº 2 (2009); e Angela L. Duckworth, Christopher Peterson, Michael D. Matthewse Dennis R. Kelly, "Grit: Perseverance and Passion for Long-Term Goals", *Journal of Personality and Social Psychology*, vol. 92, nº 6 (2007).

37: Character Education Partnership, *Performance Values: Why They Matter and What Schools Can Do to Foster Their Development* (Washington, DC: Character Education Partnership, abril de 2008).

38: Madeline Levine, *The Price of Privilege: How Parental Pressure and Material Advantage Are Creating a Generation of Disconnected and Unhappy Kids* (Nova York: HarperCollins, 2006), p.21.

39: Ibid., p.30.

40: Suniya S. Luthar e Chris C. Sexton, "The High Price of Affluence", in *Advances in Child Development*, vol. 32, org. R.V. Kail (San Diego: Academic Press, 2004), p.143; Suniya S. Luthar e Karen D'Avanzo, "Contextual Factors in Substance Use: A Study of Suburban and Inner-City Adolescents", *Development and Psychopathology*, vol. 11, nº 4 (1999).

41: Luthar e Sexton, "High Price of Affluence", p.134.

42: Suniya S. Luthar e Shawn J. Latendresse, "Children of the Affluent: Challenges to Well-Being", *Current Directions in Psychological Science*, vol. 14, nº 1 (fevereiro de 2005), p.51.

43: Luthar e Sexton, "High Price of Affluence", p.135.

44: Dan Kindlon, *Too Much of a Good Thing: Raising Children of Character in an Indulgent Age* (Nova York: Hyperion, 2001), p.10.

45: Ibid., p.18, 246.

46: Whitman, *Sweating the Small Stuff*, p.3.

47: Mathews, *Work Hard*, p.214.

48: Tom Brunzell, "Kaboom! Confronting Student Resistance at the Moment of Impact: A Case Study of KIPP Infinity Charter School", tese não publicada (dezembro de 2006), p.1.

49: Ibid., p.20.

50: Seligman, *Aprenda a ser otimista*.

51: Angela Lee Duckworth, Teri Kirby, Gabriele Oettingen e Anton Gollwitzer, "Mental Contrasting with Implementation Intentions Improves Academic Performance Among Economically Disadvantaged Children", *Journal of Applied Developmental Psychology* (no prelo).

52: Ibid., p.7.

53: David A. Kessler, *The End of Overeating: Taking Control of the Insatiable American Appetite* (Nova York: Rodale, 2009), p.190.

54: Jeff Stone, Christian I. Lynch, Mike Sjomelinge e John M. Darley, "Stereotype Threat Effects on Black and White Athletic Performance", *Journal of Personality and Social Psychology*, vol. 77, nº 6 (dezembro de 1999).

55: Claude Steele, *Whistling Vivaldi: and Other Clues to How Stereotypes Affect Us* (Nova York: W.W. Norton, 2010), p.99.

56: Ver, por exemplo, Joshua Aronson, Carrie B. Fried e Catherine Good, "Reducing the Effects of Stereotype Threat on African American College Students by Shaping Theories of Intelligence", *Journal of Experimental Social Psychology*, vol. 38, nº 2 (março de 2002).

57: Carol S. Dweck, *Mindset: The New Psychology of Success* (Nova York: Ballantine Books, 2008).

58: Lisa S. Blackwell, Kali H. Trzesniewski e Carol S. Dweck, "Implicit Theories of Intelligence Predict Achievement Across an Adolescent Transition: A Longitudinal Study and an Intervention", *Child Development*, vol. 78, nº 1 (janeiro/fevereiro de 2007), p.251.

59: Catherine Good, Joshua Aronson e Michael Inzlicht, "Improving Adolescents' Standardized Test Performance: An Intervention to Reduce the Effects of Stereotype Threat", *Applied Developmental Psychology*, vol. 24, nº 6 (dezembro de 2003).

3. Como pensar

1: Dylan Loeb McClain, "For School, National Chess Champions in 3 Grades", *New York Times*, 20 de dezembro de 2008.

2: Mark Jacobson, "Mr. Times and His Knights of the Square Table", *New York*, 21 de maio de 2005.

3: 2010 National K-12 Championships, site da Federação Americana de Xadrez; ver http://www.uschess.org/tournaments/2010/k12/?page=RESULTS.

4: Bruce Weber, "Swift and Slashing, Computer Topples Kasparov", *New York Times*, 12 de maio de 1997.

5: Steven Levy, "Man vs. Machine", *Newsweek*, 5 de maio de 1997.

6: Weber, "Swift and Slashing".

7: Jonathan Levitt, *Genius in Chess: Discover and Develop Your Chess Talent* (Seattle: International Chess Enterprises, 1997), p.40.

8: Jonathan Rowson, "Beyond the Illusion of 'Talent'", *New in Chess*, junho de 2009.

9: Jonathan Rowson, *The Seven Deadly Chess Sins* (Londres: Gambit Publications, 2000), p.16.

10: Ibid., p.17.

11: Elizabeth Vicary, "North American Open Round Two: Why Am I Such a Huge Baby?", blog de Elizabeth Vicary, 31 de dezembro de 2007, http://lizzyknowsall.blogspot.com/2007/12/north-american-open-round-two-why-am-i.html. (O nome de solteira de Elizabeth Spiegel era Vicary. Ela se casou em 2011.)

12: Elizabeth Vicary, "I Hate Myself", blog de Elizabeth Vicary, 13 de julho de 2008, http://lizzyknowsall.blogspot.com/2008/07/i-hate-myself.html.

13: Elizabeth Vicary, "My Weekend: a Date, a Saturday Tournament, the Bus to Saratoga Springs", blog de Elizabeth Vicary, 2 de março de 2009, http://lizzyknowsall.blogspot.com/2009/03/my-weekend-date-saturday-tournament-bus.html.

14: Elizabeth Vicary, "Thoughts on Girls, High School Nationals", blog de Elizabeth Vicary, 20 de abril de 2010, http://lizzyknowsall.blogspot.com/2010/04/thoughts-on-girls-high-school-nationals.html.

15: Dylan Loeb McClain, "One Move Ahead of Opponents, and Two Ahead of Trouble", *New York Times*, blog City Room, 28 de junho de 2011.

16: Aaron e Claire Summerscale, *Interview with a Grandmaster* (Londres: Everyman Chess, 2001), p.126.

17: Matan Prilleltensky, "Choosing to Break 2200", *Chess Life Online*, 15 de janeiro de 2011.

18: Aaron e Claire Summerscale, *Interview*, p.128.

19: Malcolm Gladwell, *Fora de série: Outliers — Descubra porque algumas pessoas têm sucesso e outras não* (Rio de Janeiro: Sextante, 2008).

20: K. Anders Ericsson, Ralf Th. Krampe e Clemens Tesch-Romer, "The Role of Deliberate Practice in the Acquisition of Expert Performance", *Psychological Review*, vol. 100, nº 3 (1993).

21: Carlin Flora, "The Grandmaster Experiment", *Psychology Today*, 1º de julho de 2005.

22: David Shenk, *The Immortal Game: A History of Chess* (Nova York: Anchor Books, 2007), p.132.

23: Fred Waitzkin, "A Father's Pawn", *New York Times Magazine*, 13 de maio de 1990.

24: Dylan Loeb McClain, "A Chess Master Returns Older, and Maybe Wiser", *New York Times*, 27 de janeiro de 2008.

25: Mihaly Csikszentmihalyi, *Flow: The Psychology of Optimal Experience* (New York: Harper and Row, 1990), p.3.

26: Ibid.

27: Ibid., pp.53-54.

28: Robert M. Sapolsky, *Por que as zebras não têm úlcera?*

29: Meu conhecimento da pesquisa de Binet sobre o xadrez provém de Shenk, *Immortal Game*; Philip E. Ross, "The Expert Mind", *Scientific American*, agosto de 2006; e Adriaan D. de Groot, *Thought and Choice in Chess* (Amsterdã: Amsterdam Academic Archive, 2008).

30: Shenk, *Immortal Game*, p.127.

31: Ross, "The Expert Mind".

32: Michelle Cowley e Ruth M. J. Byrne, "When Falsification Is the Only Path to Truth", dissertação inédita, 2004.

33: Michelle Cowley e Ruth M. J. Byrne, "Chess Masters' Hypothesis Testing", dissertação inédita, 2004.

34: Ibid.; Mark Peplow, "Science Secret of Grand Masters Revealed", *Nature*, 6 de agosto de 2004; Jonathan Rowson, *Chess for Zebras: Thinking Differently About Black and White* (Londres: Gambit Publications, 2005), pp.35-36.

35: Elizabeth Vicary, "A Game That Made Me Cry", blog de Elizabeth Vicary, 3 de maio de 2011, http://lizzyknowsall. blogspot.com/2011/05/game-that-made-me-cry.html.

36: Elizabeth Vicary, "James Black's Master Celebration Party", blog de Elizabeth Vicary, 5 de setembro de 2011, http://lizzyknowsall.blogspot.com/2011/09/james-blacks-master-celebration-party.html.

4. Como ter êxito

1: Organização para a Cooperação e o Desenvolvimento Econômico (OCDE), *Education at a Glance: OECD Indicators* (Paris: OECD Centre for Educational Research and Innovation, 1995), p.20.

2: OCDE, *Education at a Glance 2011: OECD Indicators* (Paris: OECD Publishing, 2011), p.40, tabela A1.3a, resultados terciários de tipo A. (Esses dados referem-se a 2009, sendo os mais recentes disponíveis atualmente. Os Estados Unidos empataram em décimo segundo lugar com o Japão nessa categoria.)

3: Ibid., p.69, tabela A3.2.

4: "Percent of People 25 Years and Over Who Have Completed High School or College, By Race, Hispanic Origin and Sex: Selected Years 1940 to 2010", U.S. Census Bureau, Current Population Survey, Educational Attainment, tabela A-2, http://www.census.gov/hhes/socdemo/education/data/cps/historical/index.html.

5: William G. Bowen, Matthew M. Chingos e Michael S. McPherson, *Crossing the Finish Line: Completing College at America's Public Universities* (Princeton, NJ: Princeton University Press, 2009), p.27. Outros estudiosos consideram que os índices de conclusão do curso universitário vêm aumentando no caso dos estudantes desfavorecidos, ainda que mais lentamente que no caso dos estudantes ricos. Ver, por exemplo, Martha J. Bailey e Susan M. Dynarski, "Gains and Gaps: Changing Inequality in U.S. College Entry And Completion", artigo do NBER nº 17.633 (Cambridge, MA: National Bureau of Economic Research, dezembro de 2011).

6: Claudia Goldin e Lawrence Katz, *The Race Between Education and Technology* (Cambridge, MA: Harvard University Press, 2008), p.248.

7: Ibid., p.290.

8: Ibid., p.289.

9: David Leonhardt, "The College Dropout Boom", *New York Times*, 24 de maio de 2005; Sarah Turner, "Going to College and Finishing College: Explaining Different Educational Outcomes", in *College Choices: The Economics of Where to Go, When to Go, and How to Pay for It*, org. Caroline M. Hoxby (Chicago: University of Chicago Press, 2004), p.14; e Tamar Lewin, "Once a Leader, U.S. Lags in College Degrees", *New York Times*, 23 de julho de 2010.

10: OCDE, *Education at a Glance 2011*, p.316, tabela C2.1.

11: OCDE, *Education at a Glance 2008: OECD Indicators* (Paris: OECD Publishing, 2008), p.96, gráfico A4.2; p.92, gráfico A4.1.

12: David Leonhardt, "Even for Cashiers, College Pays Off", *New York Times*, 25 de junho de 2011.

13: OCDE, *Education at a Glance 2011*, p.150, tabela A8.2a.

14: Goldin e Katz, *The Race*, p.290, figura 8.1.

15: Leonhardt, "Even for Cashiers".

16: Goldin e Katz, *The Race*, p.325.

17: David Leonhardt, "Colleges Are Failing in Graduation Rates", *New York Times*, 9 de setembro de 2009.

18: Charles Murray, *Real Education: Four Simple Truths for Bringing America's Schools Back to Reality* (Nova York: Crown Forum, 2008), p.11.

19: Ibid., p.12.

20: Bowen, Chingos e McPherson, *Finish Line*, p.104, 110.

21: Ibid., p.113.

22: Nicholas Lemann, *The Big Test: The Secret History of the American Meritocracy* (Nova York: Farrar, Straus and Giroux, 2000).

23: Bowen, Chingos e McPherson, *Finish Line*, p.122.

24: Ibid.

25: Angela Duckworth, Patrick Quinn e Eli Tsukayama, "What No Child Left Behind Leaves Behind: The Roles of IQ and Self-Control in Predicting Standardized Achievement Test Scores and Report Card Grades", *Journal of Educational Psychology*, no prelo, 2011.

26: Bowen, Chingos e McPherson, *Finish Line*, p.123.

27: Alex Kotlowitz, *There Are No Children Here: The Story of Two Boys Growing Up in the Other America* (Nova York: Anchor Books, 1991).

28: Jonathan Kozol, *Savage Inequalities: Children in America's Schools* (Nova York: Crown Publishers, 1991), p.67.

29: Ibid., p.68.

30: Jodi S. Cohen e Darnell Little, "Of 100 Chicago Public School Freshmen, Six Will Get a College Degree", *Chicago Tribune*, 21 de abril de 2006. Depois da publicação da reportagem do *Tribune*, o relatório da associação foi atualizado e corrigido, mostrando que oito de cada cem alunos do primeiro ano do ensino médio de Chicago obteriam um diploma universitário, e não apenas seis de cada cem.

31: Melissa Roderick, Jenny Nagaoka e Elaine M. Allensworth, *From High School to the Future* (Chicago: Consortium on Chicago Schools Research, 2006).

32: Cohen e Little, "Of 100 Chicago Public School Freshmen, Six Will Get a College Degree"; Roderick, Nagaoka e Allensworth, *From High School to the Future*; conversa por e-mail com Emily Krone, do Consortium on Chicago Schools Research. A matéria do *Tribune* mostrou que a probabilidade era de quarenta; esse dado foi alterado com a modificação do relatório.

33: Melissa Roderick, *Closing the Aspirations-Attainment Gap: Implications for High School Reform* (Nova York: MDRC, abril de 2006), p.25.

34: Ibid., p.26.

35: Ibid., pp.22-23.

36: Ibid., p.3.

37: Pam Belluck, "Razing the Slums to Rescue the Residents", *New York Times*, 6 de setembro de 1998.

38: William Julius Wilson, *The Truly Disadvantaged* (Chicago: University of Chicago Press, 1987), p.25.

39: Ibid.

40: Rosalind Rossi, "CPS High School ACT Scores Go Down — and They Go Up", *Chicago Tribune*, 3 de novembro de 2011.

41: Murray, *Real Education*, p.67, 75.

42: Ibid., p.104.

43: Ibid., p.44.
44: Philip Babcock e Mindy Marks, "Leisure College, USA: The Decline in Student Study Time", *AEI Education Outlook* (Washington, DC: American Enterprise Institute for Public Policy Research, agosto de 2010); Philip Babcock e Mindy Marks, "The Falling Time Cost of College: Evidence from Half a Century of Time Use Data", dissertação inédita (24 de março de 2010).
45: Steven Brint e Allison M. Cantwell, *Undergraduate Time Use and Academic Outcomes: Results From UCUES 2006* (Berkeley, CA: Research and Occasional Paper Series, Center for Students in Higher Education, University of California, Berkeley, outubro de 2008).

5. Um caminho melhor

1: Paul Tough, "What If the Secret to Success Is Failure?", *New York Times Magazine*, 18 de setembro de 2011.
2: Ver http://community.nytimes.com/comments/www.nytimes.com/2011/09/18/magazine/what-if-the-secret-to-success-is-failure.html?permid=141#comment141.
3: "'You've Got to Find What You Love,' Jobs Says", *Stanford Report*, 14 de junho de 2005.
4: Paul Kedrosky e Dane Stangler, *Financialization and Its Entrepreneurial Consequences* (Kansas City, MO: Kauffman Foundation Research Series, março de 2011).
5: Catherine Rampell, "Out of Harvard, and Into Finance", *New York Times*, blog Economix, 21 de dezembro de 2011.
6: James Kwak, "Why Do Harvard Kids Head to Wall Street?", blog Baseline Scenario, 4 de maio de 2010, http://baselinescenario.com/2010/05/04/why-do-harvard-kids-head-to-wall-street/.
7: Marina Keegan, "Another View: The Science and Strategy of College Recruiting", blog DealBook, *New York Times*, 9 de novembro de 2011.
8: "September 22-25, 2011, Omnibus", Pew Research Center.
9: Carmen DeNavas-Walt, Bernadette D. Proctor e Jessica C. Smith, U.S. Census Bureau, Current Population Reports, *Income, Poverty, and*

Health Insurance Coverage in the United States: 2010 (Washington, DC: U.S. Government Printing Office, 2011), p.14, figura 4.

10: "Poverty Among Children", Congressional Budget Office, 3 de dezembro de 1984; DeNavas-Walt, Proctor e Smith, *Income, Poverty*, p.17, figura 4.

11: Richard J. Herrnstein e Charles Murray, *The Bell Curve: Intelligence and Class Structure in American Life* (Nova York: Free Press, 1994). Ver também James J. Heckman, "Lessons from the Bell curve", *Journal of Political Economy*, vol. 103, nº 5 (1995).

12: Sean F. Reardon, "The Widening Achievement Gap Between the Rich and the Poor", in *Whither Opportunity?*, orgs. Greg Duncan e Richard Murnane (Nova York: Russell Sage, 2011). Ver também Sabrina Tavernise, "Education Gap Grows Between Rich and Poor, Studies Say", *New York Times*, 9 de fevereiro de 2012.

13: Steven Brill relata como o movimento de reforma educacional veio a se transformar num movimento especificamente focado na qualidade dos professores em Steven Brill, *Class Warfare: Inside the Fight to Fix America's Schools* (Nova York: Simon and Schuster, 2011).

14: William L. Sanders e June C. Rivers, *Cumulative and Residual Effects of Teachers on Future Student Academic Achievement* (Knoxville: University of Tennessee Value-Added Research and Assessment Center, novembro de 1996); William L. Sanders e Sandra P. Horn, "Research Findings from the Tennessee Value-Added Assessment System (TVAAS) Database: Implications for Educational Evaluation and Research", *Journal of Personnel Evaluation in Education*, vol. 12, nº 3 (1998); Heather R. Jordan, Robert L. Mendro e Dash Weerasinghe, *Teacher Effects on Longitudinal Student Achievement: A Report on Research in Progress* (Dallas: Dallas Public Schools, julho de 1997); Kati Haycock, "Good Teaching Matters... A Lot", *Thinking K-16*, vol. 3, nº 2 (verão de 1998); Eric A. Hanushek, John F. Kain e Steven G. Rivkin, "Teachers, Schools, and Academic Achievement", artigo do NBER nº 6.691 (Cambridge, MA: National Bureau of Economic Research, agosto de 1998); Eric A. Hanushek, "Efficiency and Equity in Education", *NBER Reporter* (primavera de 2001); Robert Gordon, Thomas J. Kane e Douglas O. Staiger,

Identifying Effective Teachers Using Performance on the Job, Hamilton Project White Paper 2006-01 (Washington, DC: Brookings, 2006).

15: Ver, por exemplo, Michael Marder, "Visualizing Educational Data", dissertação inédita, Departamento de Física, Universidade do Texas em Austin, 9 de fevereiro de 2011; e Michael Marder, "Failure of U.S. Public Secondary Schools in Mathematics: Poverty Is a More Important Cause than Teacher Quality", artigo não publicado, 2011.

16: Hanushek, Kain e Rivkin, "Teachers, Schools"; Eric Eide, Dan Goldhaber e Dominic Brewer, "The Teacher Labour Market and Teacher Quality", *Oxford Review of Economic Policy*, vol. 20, nº 2 (verão de 2004), p.232.

17: United States Department of Agriculture Food and Nutrition Service, National School Lunch Program Fact Sheet (Washington: United States Department of Agriculture Food and Nutrition Service, outubro de 2011).

18: U.S. Census Bureau, Current Population Survey, 2011 Annual Social and Economic Supplement, http://www.census.gov/hhes/www/cpstables/032011/pov/ new01_185_01.htm.

19: Na primavera de 2012, 87% dos alunos das escolas públicas de Chicago foram considerados de baixa renda pelos padrões federais de educação. Página "Stats and facts", site Chicago Public Schools, http://www.cps.edu/about_cps/at-a-glance/pages/ stats_and_facts.aspx.

20: DeNavas-Walt, Proctor e Smith, *Income, Poverty*, p.19, tabela 6.

21: Ibid., p.61. Ver também Hope Yen e Laura Wides-Munoz, "Poorest Poor in US Hits New Record: 1 in 15 People", *Associated Press*, 3 de novembro de 2011.

22: DeNavas-Walt, Proctor e Smith, *Income, Poverty*, p.19, tabela 6.

23: Ver, por exemplo, Jack Shonkoff, discurso no NBC News Education Nation Summit, 26 de setembro de 2011, http://developingchild.harvard.edu/index.php/resources/multimedia/lectures_and_presentations/education_nation/.

24: James J. Heckman, Seong Hyeok Moon, Rodrigo Pinto, Peter A. Savelyev e Adam Yavitz, "The Rate of Return to the High/Scope Perry Preschool Program", *Journal of Public Economics*, vol. 94, nºˢ 1 e 2 (fevereiro de 2010).

Índice remissivo

1ª edição	JULHO DE 2017
impressão	GEOGRÁFICA
papel de miolo	PÓLEN SOFT 80G/M²
papel de capa	CARTÃO SUPREMO ALTA ALVURA 250G/M²
tipografias	MINION E BODONI